"十四五"高等职业院校现代学徒制示范教材
教育部第三批现代学徒制试点项目校企合作教材

快递业务操作实务

主　编　周　祺　邱学林　张润卓
副主编　梁晓龙　杨喜佳
顾　问　胡思久　郑子阳

中国财富出版社有限公司

图书在版编目（CIP）数据

快递业务操作实务／周祺，邱学林，张润卓主编．—北京：中国财富出版社有限公司，2020.7（2022.8 重印）

（“十四五”高等职业院校现代学徒制示范教材　教育部第三批现代学徒制试点项目校企合作教材）

ISBN 978－7－5047－7173－5

Ⅰ.①快…　Ⅱ.①周…②邱…③张…　Ⅲ.①快递—邮政业务—中国—高等职业教育—教材　Ⅳ.①F632

中国版本图书馆 CIP 数据核字（2020）第 099451 号

策划编辑	黄正丽	**责任编辑**	邢有涛　郭小草		
责任印制	梁　凡	**责任校对**	杨小静	**责任发行**	敬　东

出版发行	中国财富出版社有限公司		
社　　址	北京市丰台区南四环西路 188 号 5 区 20 楼	**邮政编码**	100070
电　　话	010－52227588 转 2098（发行部）		010－52227588 转 321（总编室）
	010－52227566（24 小时读者服务）		010－52227588 转 305（质检部）
网　　址	http：//www. cfpress. com. cn	**排　　版**	宝蕾元
经　　销	新华书店	**印　　刷**	宝蕾元仁浩（天津）印刷有限公司
书　　号	ISBN 978－7－5047－7173－5/F·3172		
开　　本	787mm×1092mm　1/16	**版　　次**	2020 年 8 月第 1 版
印　　张	14.5	**印　　次**	2022 年 8 月第 3 次印刷
字　　数	326 千字	**定　　价**	45.00 元

前　　言

当前，我国快递业发展如火如荼，快递行业新技术、新设备层出不穷，快递行业的法律法规、国家标准、行业标准也在迭代更新。在这样的大背景下，快递企业正努力摆脱粗放式的管理，提升员工素养，提高服务质量，以期由低端向中高端转型，在激烈的市场竞争中胜出。

本书面向高职院校物流管理专业以及快递运营管理相关专业，培养既掌握快递操作基本知识，又掌握快递管理知识，能够解决快递行业实际问题的人才。

本书按照快递企业运营的流程和岗位工作内容设计教学内容，建议教学计划48学时（包含过程考核），具体分配如下表所示。

项目名称	计划学时
项目一　快递行业认知	6
项目二　快件收寄作业	22
项目三　快件中转作业	12
项目四　快件派送作业	6
机动/考核	2

本书由辽宁经济职业技术学院周祺、张润卓和辽宁农业职业技术学院邱学林担任主编。其中，周祺负责全书的策划和统稿。项目一和项目二由周祺编写，项目三由邱学林编写，项目四由张润卓编写。

本书是教育部第三批现代学徒制试点项目校企合作教材，本书的编写得到了顺丰速运（沈阳）有限公司的大力支持。梁晓龙、杨喜佳担任副主编，从企业角度给出专业性建议，胡思久、郑子阳为本书企业顾问。在编写过程中，编者还参考了国家、行业最前沿的相关资料，限于篇幅原因，不能一一列出，在此一并表示衷心感谢。

由于编者水平有限，书中不妥之处，请读者批评指正。

编　者

2020年3月

目　录

项目一　快递行业认知 …… 1

任务一　快递服务概述 …… 1

任务二　快递地理知识 …… 25

任务三　快递安全知识 …… 37

项目二　快件收寄作业 …… 58

任务一　快递服务产品 …… 58

任务二　快件收寄准备 …… 68

任务三　收寄验视 …… 80

任务四　运单知识 …… 99

任务五　包装快件 …… 114

任务六　快件计费 …… 129

任务七　收寄后续处理 …… 141

项目三　快件中转作业 …… 148

任务一　快件中转处理 …… 148

任务二　总包接收 …… 162

任务三　快件分拣 …… 171

任务四　快件封发 …… 182

项目四　快件派送作业 …… 188

任务一　派送准备及规划 …… 188

任务二　快件派送及后续处理 …… 195

参考文献 …… 207

附录 …… 208

附录一　快递行业特许经营（加盟）合同（示范文本） …… 208

附录二　某快递企业运单背书 …… 216

附录三　国家和地区名称代码 …… 218

项目一　快递行业认知

任务一　快递服务概述

知识目标

1. 了解我国快递的发展历史；
2. 了解我国快递行业的现状；
3. 掌握快递的概念和基本流程。

能力目标

学生通过教师的引导和启发，能够通过阅读文献书籍和网络查询，对我国快递行业有一个初步的认识。

任务导入

破冰活动

5 个人一组，每组画出一个快递公司图标，并让其他组猜一猜公司名称。哪组画的图标大家都猜不出即获胜。

工具准备：A4 纸，彩笔。

在今天，快递对于我们来说已经不陌生了，不管是在城市还是在农村，随着电子商务的迅速发展以及交通运输的日益便利，快递营业网点可谓是遍布全国各地，从“七日达”到“三日达”，甚至“一日达”，快递的传送速度一次一次刷新着我们的认知，不管身处城市还是农村，都可以享受到极大的方便。我国的现代快递业虽然是从 20 世纪 80 年代才开始发展的，但与之类似的信息和实物的传递古已有之。

一、中国快递行业概述

（一）快递起源

在中国古代，那时交通不便，但人们，特别是政府与地方官员之间，也是需要传递文书或物件的，而早在那时，人们就通过各种各样的“快递”方式和制度保障了这种需求。

1. 夏商周：驲传制度，史上最早的快递

中国是世界上最早建立传递信息组织的国家之一。早在夏商时期，其实就已经有了“快递”，限于交通，大都是靠人力“捎带”，那时候的民间就有人靠此为生。殷墟挖掘出的甲骨文证实，在3000多年前的商朝，中国已有近似于快递的驲（rì）传制度。当时乘车传递的叫“驲”或“传”，乘马传递的叫“递”或“驿”，而此时的“快递”是丝毫没有私密性可言的，也没有任何的监管措施。

到了西周时期，政府发现“快递”能够提高办事效率，于是设立了相关官职。当时周王朝的官职中，便设置了主管邮驿、物流的官员“行夫”，对其职责要求是“虽道有难，而不时必达”。为了保障这些邮传人员的休息，政府都会在邮传途中建立一些称作“委”“馆”或“市”的休息场所。相比早期的驲传制度，此时的“快递业”因为有了朝廷的参与，变得更为规范，其可分为“徒遽”与“传遽”，前者是靠步行，后者是靠邮车，主要用于政令、军情的传递，民间并没有广泛使用。

2. 春秋：快递效率提升，驿站诞生

春秋时期，随着对“快递”需求的提高，快递业飞速发展，大力提速，便有了“马传”，用快马代替了脚力，近距离靠单骑，长距离靠接力，驿站便由此诞生，但在当时称呼并未统一，称“遽”或“邮”或“置”，实际上就是最早的驿站，每隔二十里（1里=500米）设立一站，供“快递员”休息和换马。“驿站”的设立极大地加快了文书和军令的传递，但同时，其安全性和保密性并没有得到保障。

3. 秦汉：快慢件的区分，快递业的规范和统一

秦朝快递行业有了更明确的规定，出现了快慢件之分。一般普通物品没有要求到达时间的，就一般配送；标注“马上飞递”的，以每天300里的速度传递；标注“十万火急”的那就要飞速传达。到了驿站，“快递员（或投递员）”甚至顾不上休息，便立刻换马启程，速度可达日行500里。

当时，“快递员”的服装也得到了一定的统一。秦代以水德自命，色彩上“尚黑”、数字上“尚六”。当时的车同轨一律为“舆六尺”，用于快递业务的马匹则是“乘六马”；上等投递员的着装都是黑色。到了汉代，黑色不受欢迎，投递员穿红色工作服，另外，投递员身上还背着“赤白囊”，即一种红白相间的专用邮包。

此外，“快递”的安全性也有了进一步的提高。以秦代为例，当时有严格的交接和登记制度。防止泄密最重要的手段是密封。秦时文书都是写在竹简上，所以传递之前都会将邮件捆扎妥当。在结绳处使用封泥，并盖上相关印玺，以防私拆；若文书写在绢素上则要装入书袋中。同时对投递员的素质也提出了硬性要求，不诚信的人不能担任投递员。

到了汉代，封装工具和手段更加丰富，外封套有函、篋、囊等，根据物件的形状、大小，分别装入不同的包装袋中。其中，“函”为一种小木盒，用来装简牍，上有木板盖，刻线三道，凿一小方孔，用绳子扎好后，方孔处要用封泥封好。

4. 隋唐：快递业兴盛，可运输生鲜

魏晋时期，魏国人陈群撰写了中国历史上第一部邮政法规——邮驿令。自此后，“快递业”高速发展，日益规范。到了隋朝，大运河的开通使快递业发展呈兴盛之势，相比陆路运输，顺水而为的水路运输更显优势，避开了翻山越岭，缩短了送达距离，速度更快。

唐朝时期，国际交流频繁，各国使节和官员公差往来大为增加，朝廷干脆改驿站为馆驿，以突出其迎来送往的“馆舍”功能，相当于如今的招待所。而在盛唐时，全国有1643个馆驿，200多个水驿，有2万多人从事驿站工作，可见当时“快递业”的繁荣。安史之乱时，公元755年12月16日，安禄山在范阳（今北京一带）起兵，远在长安的唐玄宗6天后收到消息，大致推算下来，日行距离已经超过了500里，在当时，可谓神速。此外，由于“快递”效率达到了前所未有的高度，唐时也开始流行用快递运送水产、水果。不仅有“一骑红尘妃子笑，无人知是荔枝来”，当时平原郡（今山东境内）进贡的螃蟹，也是使用“快递”运输。

由此看来，唐时“快递业”虽发展迅速，但“官方快递”也大都只为皇室及达官显贵服务，很少为民间所使用，可民间也有需求，于是，镖局应运而生。镖局主要运输大件货物，以镖局担保，并由专业的镖师护送，随着镖局业务发展，也出现了信镖、银镖、物镖、票镖、粮镖和人身镖等，可见，相对于“官方快递”，镖局的范围更广，且更看重货物的安全，这类似于如今的“运输保险制度”。

5. 宋元：快递效率进一步提升，管理进一步规范

到了宋朝，政府为文书的传递，建立了递铺。虽然跟“快递”有一字之差，但这个递铺更像现在的邮局，是递送官方文书与物资、捎带递送官员家信的组织。同驿站相比，递铺有三个长处：一是距离短、机构多；二是昼夜不停、接力传送；三是深入内地，具有规模庞大、四通八达的通信网。当时，“快递”的基本组织原则有两条：计程责限和依限传送。就是在规定时间内快速完成递送。按照时限可分为三种，即步递、马递和急脚递。顾名思义，就是走着送、骑马送、赶快跑着送，具体选择哪一种就得依据客户的要求了。

在宋代，需要寄送信件和物品时，要到递铺按响铜铃，铺兵听到铜铃就开始办理收寄或者交接手续。沿途驿站秣马以待，一听到铃声就立刻飞身上马，驰往下一站。同时，凡是交“急脚递”或“马递”传送的文书，要当着官员面实封装入筒内，叫作“实封入递”，相当于现在的收寄验视制度。宋朝制定的《金玉新书》是两宋递铺法规

总集，也是迄今为止我国古代较为完整的一部通信法规。

6. 明清：最早的“国际快递”以及最早的邮局

到了明朝，“快递业”的发展上升到新高度，那时运输有严格期限要求，如甘肃秦州卫（今甘肃天水）到北京3320里，限110天内到达。而最早的“冷运”也发展于此时，明代于慎行写道：“六月鲥鱼带雪寒，三千里路到长安。”鲥鱼是产于长江下游的一种名贵的鱼，经三千里路运到长安后尚能“带雪寒”，原来用的是“冰船”，有人将其称为世界上最早的“冷藏船”。随着国际贸易发展，明代的海外快递，还引进了今天常见的南瓜、玉米、番茄、烟草等。据《上海通志》记载，明朝永乐年间，出现民信局，又称信局，上海县有协兴昌等信局，这应是当今邮局的前身。

到了清朝，驿递体系更加完善，驿、站、塘、台、所、铺统称邮驿，快递速度可达一天600里。咸丰年间，冯桂芬效仿西方，建立了邮政局。1913年，北洋政府宣布，全国驿站撤销。

（二）现代快递业发展历程

现代快递业在20世纪60年代末起源于美国。以DHL（敦豪航空货运公司）为代表的国际私营快递公司首先推出了紧急文件专递业务，以后逐渐扩大到限时实物寄递，其客户群主要是商贸类客户。

1980年，中国邮政开办全球邮政特快专递业务，并于1984年开办国内特快专递业务，开创中国快递业先河。

1993年，申通、顺丰分别在浙江和广东成立，但当时民营快递企业无法获得营业牌照，被称为“黑快递”。1994—2002年，詹际盛和詹际炜、聂腾云、喻渭蛟以及赖梅松分别在杭州、上海创立天天、韵达、圆通和中通快递。至此，快递行业的“三通一达”全部成立。

2003年，顺丰开辟航运市场，与扬子江快运签下合同，扬子江快运的5架737全货机全部由顺丰租下，其中3架用于承运快件。顺丰成为国内第一家使用全货运专机的民营快递企业。

2007年，京东自建物流，电商企业正式进入快递业。

2009年，《中华人民共和国邮政法》经过修订，首次明确快递企业的法律地位。至此，民营快递企业有了牌照。

2009年11月11日，淘宝平台首次提出“双十一”“光棍节”，并借此推行网销打折活动，当天的销售额达5200万元，众多快递企业来不及反应，严重爆仓，耗费几周时间才将所有快件处理完毕。2013年，马云嗅到了快递行业的商机，投资3000亿元建立菜鸟网络。

2015年9月16日，申通、天天宣布重大战略重组，两家企业将展开在运营、产品、信息技术、快件“最后一公里”等领域的资源整合，其目的是加快推进企业的服务水平，提升企业的服务能力。

2015 年 11 月 11 日，快递运送速度大有改观，“双十一”后的一周内有超过 94% 的物流订单已经发货，累计 2.4 亿个包裹完成签收。

2016 年，圆通借壳大杨创世，正式登陆 A 股。同年，申通在深交所上市，截至当日收盘，申通报 30.22 元/股，涨幅 0.13%。2017 年 1 月 18 日和 2 月 24 日，韵达和顺丰在深圳证券交易所分别登陆资本市场。

2017 年 7 月 13 日，顺丰正式宣布，顺丰大型物流无人机总部基地项目落户成都双流自贸试验区，该项目总投资 7.4 亿元。第一阶段将致力于开展大型物流无人机的相关试验工作，第二阶段将完成四川省区域内的无人机运行网络和基地建设；2020 年起，开始向全国复制推广。顺丰称届时将实现无人机支线网络对接顺丰的全国航空网络。同年 7 月 26 日，京东宣布京东无人机飞行服务中心正式启用。京东无人机飞行服务中心隶属于京东 × 事业部，该中心集无人机研发测试、运营调度、维护保养、人才培养、物流配送等多项功能于一体。快递正式开启无人机时代。

2018 年，天猫“双十一”物流订单量超过 10 亿单，中国快递进入一天 10 亿件包裹时代。作为中国经济的一匹“黑马”，快递业在稳增长、调结构、惠民生等方面扮演着日益重要的角色。

（三）中国快递业的现状及发展趋势

根据中华人民共和国国家邮政局发布的数据，近几年我国快递业务量逐年上升。2019 年，全国快递服务企业业务量累计完成 635.2 亿件（见图 1－1－1），同比增长 25.3%；业务收入累计完成 7497.8 亿元，同比增长 24.2%（见图 1－1－2）。

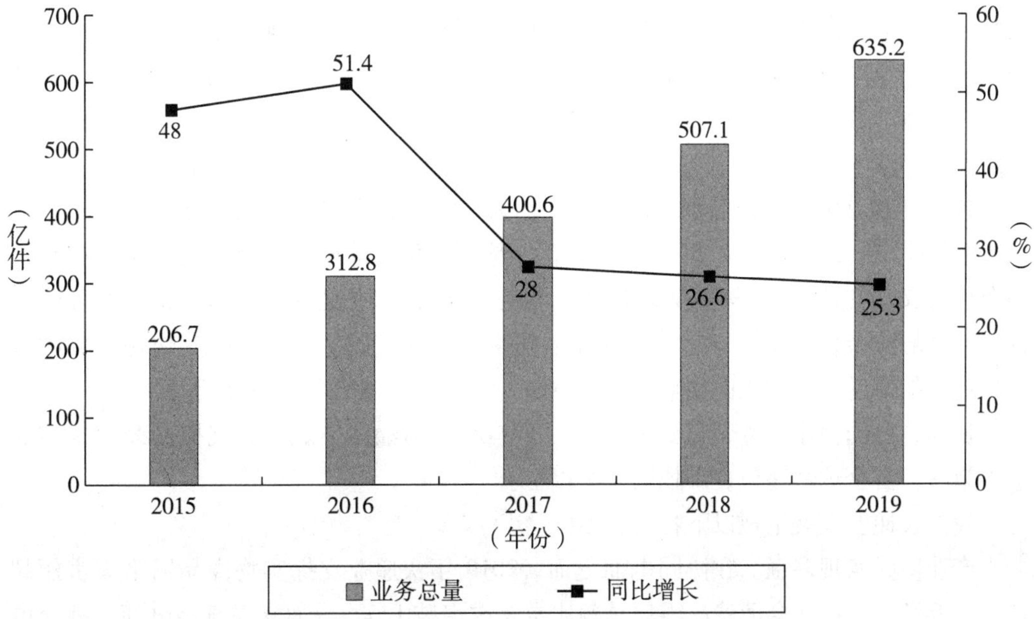

图 1－1－1　2015—2019 年全国快递服务企业业务量

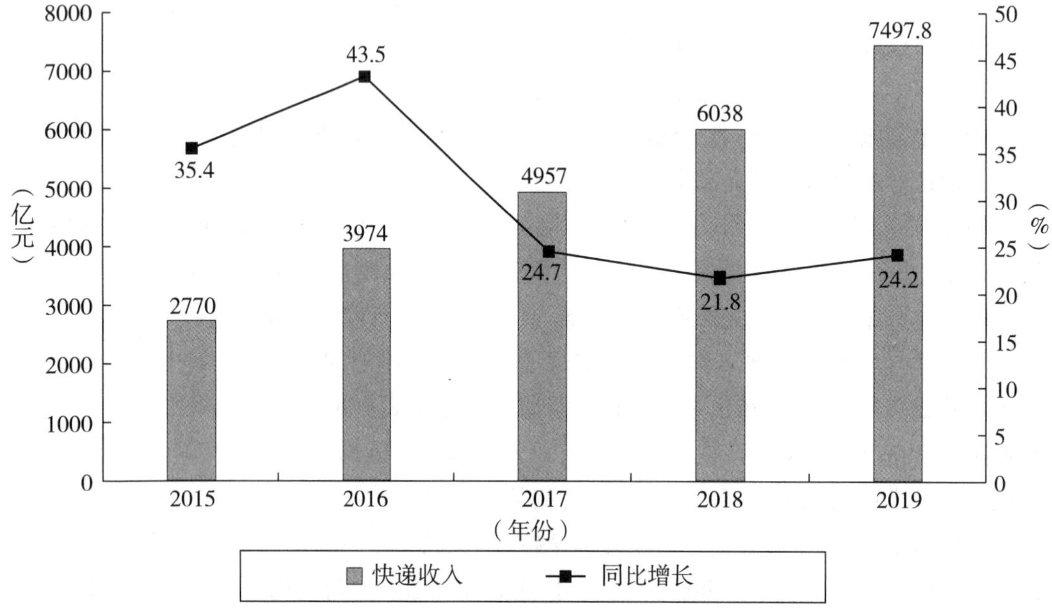

图 1－1－2　2015—2019 年全国快递业务收入

在我国，国内异地快递业务是主流。异地业务量累计完成 510.5 亿件，同比增长 33.7%；同城业务量累计完成 110.4 亿件，同比下降 3.3%；国际/港澳台业务量累计完成 14.4 亿件，同比增长 29.9%。

快递业务以东部为主。2019 年，东、中、西部地区快递业务量比重分别为 79.7%、12.9%和7.4%，业务收入比重分别为 80.2%、11.3%和 8.5%。与 2018 年同期相比，东部地区快递业务量比重下降0.2 个百分点，快递业务收入比重上升 0.2 个百分点；中部地区快递业务量比重上升 0.6 个百分点，快递业务收入比重上升 0.1 个百分点；西部地区快递业务量比重下降 0.4 个百分点，快递业务收入比重下降 0.3 个百分点。

2019 年快递业务量排名前十的城市分别为广州市、金华（义乌）市、深圳市、上海市、杭州市、北京市、苏州市、东莞市、揭阳市和成都市。值得一提的是，广州市和金华（义乌）市是 2019 年仅有的两个快递业务量超 50 亿件的城市。快递业务收入排名前五的城市依次是上海市、广州市、深圳市、北京市、杭州市，其快递业务收入合计占全部快递业务收入的比重达到 66.6%，较上年同期下降 1.9 个百分点。

目前，我国快递业务量已经超过美、日、欧发达经济体之和，规模连续六年稳居世界第一，占全球快递包裹市场的一半以上。

我国快递业发展呈现以下特征。

产业协同实现多赢。在协同电商方面，2019 年快递业支撑实物商品网络零售额超过 8.5 万亿元，占社会消费品零售总额比重首次突破 1/5，成为支撑直播电商、社交电商、生鲜电商等新业态快速壮大的重要力量。在协同现代农业方面，2019 年全国共打造快递服务现代农业“一地一品”年业务量超百万件项目163个，农村地区年收投快件超过150亿件，支撑工业品下乡和农产品进城超过8700亿元，有效释放农村消费潜力，促进城乡消费比缩小至2.1∶1。精准扶贫工作取得积极成果，“寄递+农村电商+农特产品+农户”产业扶贫模式取得良好成效，帮助销售农产品3.67亿元，近20万贫困人口受益。在服务制造业方面，全国制造业业务量过百万件项目276个，业务收入过百万元项目510个，年支撑制造业产值达到1万亿元。在服务跨境电商方面，综合物流、海外仓建设加快推进，新增23条国际货运航线，国际快递网络和海外仓服务分别覆盖全球60多个和50多个国家及地区，支撑跨境网购零售额4400亿元，为跨境电商实现38.3%的高速增长提供重要保障，为我国深度参与全球供应链体系构建创造良好条件。

服务质量改善明显。2019年快递服务满意度得分为77.3，分值提升创三年新高。72小时准时率为79.26%。快递服务有效申诉率为百万分之零点五，首次降到千万级别，改善幅度达75%，居七年之首。对快递企业有效申诉处理满意率为97.3%，同比增长0.2个百分点。在行业同质化竞争日趋激烈之际，服务质量成为快递企业增强消费者黏性的重要因素。

基础能力有效提升。2019年快递业综合利用各方资源，加速推进基础设施建设，全国已建成快递物流园区402个。分拨中心新建、改建、扩建进程加快，自动化、半自动化分拣设备占比稳步提高，快递业已累计建成自动化流水线超过5000km。自主航空运输能力提升明显，主要品牌快递企业的自主航空公司周航班量在总货运航班量中的占比接近六成。航空网络布局推进加快，新增国际货运航线23条，快递业自有货运航空公司执飞货运航线数达百余条，通航点近百个。公铁联运深入推进，高铁快递开通线路达451条，快递干线运输结构不断优化。

智能科技普遍应用。大数据、云计算不断增强数字化管理效能，寄递路由动态优化，流量流向精准预测，仓配一体合理布局。无人机技术日渐成熟，场景应用多元丰富，飞越天堑构筑致富通途。无人车不断测试升级，逐步从研发测试向规模化商用发展。智能仓建设加速，人机协同应对复杂场景，效率精度倍数提升。电子运单弥补行业短板，使用率高达98%，隐形面单推广迅速，有效增强信息保护，为行业基础数据数字化奠定坚实基础。北斗导航迅速普及，区块链加快应用，在快递服务安全性、优化商业模式等方面均表现出较大潜力，科技创新正助推服务质量进一步提高。

城市网络便捷共享。2019年城市快递服务网络加快升级，便利化、规范化、多元化、共享化特征明显。平均每万人1.4个快递网点，每百平方千米有2.1个快递网点，末端网点布局合理优化。在共享化方面，主要城市布设智能快件箱已达40.6万组，新增13.4万组，增幅接近50%，箱递率超10%，为末端投递提供有效补充。城市快递末端公共服务站达8.2万个，快递末端公共服务平台建设稳中有进，共同配送探索前行，共享多元的末端服务格局可以更好地满足人民寄递需求。

农村网络延伸下沉。2019年快递业积极落实乡村振兴战略，大力推动“快递下乡”，尤其是加大内蒙古、广西、四川、贵州等省份（自治区）快递乡镇网点覆盖建设。农村地区快递网点超 3 万个、公共取送点达 6.3 万个，乡镇快递网点覆盖率达 96.6%，同比提升 4.2 个百分点，为推动农村电商发展、农村消费升级提供重要助力。

普惠发展成效明显。2019 年快递业务收入占国内生产总值的比重为 7.6‰，同比提高近 0.1 个百分点，快递业务收入增速是国内生产总值增速的 4 倍，在稳预期方面发挥重要作用。人均快件使用量达 45 件，较上年增加 9 件，增幅再创新高。快递企业日均服务 3.5 亿人次，每日平均服务增加 0.7 亿人次，相当于每天 4 个人中有 1 人在使用快递服务。生产生活对快递服务的需求度不断提升。从业人员权益保障和职业发展保障能力增强，新增社会就业 20 万人以上，在稳就业方面做出积极贡献。

2020 年快递业将面临更加复杂多变的内外部环境，但稳中向好的基本趋势不会改变。

市场结构优化调整。农村网络由乡镇向村庄不断延伸，城乡普惠度大幅提升；城市群集聚效应持续显现，中西部地区与二三线城市加快追赶，区域均衡度不断改善；服务体系、业态模式更加多元，服务领域加速向专业化和价值链高端延伸，赋能实体经济能力稳步增强。生态环保成为行业共识，加速构建中转循环化、末端减量化、运输减排化、仓储节能化发展体系，提升绿色化、精细化发展能力，推动行业不断向零碳排目标迈进。

同质化竞争有待突破。在运营能力方面，主要品牌快递企业谋求服务差异化，增加高铁极速达、医药寄、特瞬送、优递达、快递到车等服务产品，减少转运次数，增加分拨频次，应用智能客服，不断增强服务弹性，提高服务效率。在便捷性方面，273 个城市出台规范快递车辆通行政策，覆盖率达 81%，辽宁等 12 个省份实现全覆盖，末端通行难题有效改善。企业在促进服务质量提升的同时推动市场份额进一步集中。

智能化发展日趋加速。5G 与工业互联网将促进行业与智能制造深入融合；区块链技术将从概念构建加快向场景落地转变；大数据、云计算、人工智能通过信息互联、深度学习，不断加速行业数字化发展进程；无人技术逐渐成熟，作业效率倍数提升，“无接触式”配送将为消费者带来更加便捷安全的服务体验。

快递服务海外网络进一步拓展。我国快递行业在迅猛发展的同时，虽然国际交流合作也在深入推进，目前已与世界 200 多个国家和地区建立了通邮关系，但国内市场跟国际市场不平衡的“短板”仍需要补齐。从快递业务量来看，国际快递业务仅占一个零头，与国际物流公司仍有较大差距。因此，未来快递企业将“走出去”，配合跨境电商出口多元化的需求，首先在东南亚地区突破，然后拓展欧美日韩、新兴市场国家和“一带一路”沿线国家、地区的市场。

二、快递服务的定义与业务流程

（一）快递服务定义

《快递市场管理办法》规定：快递服务是快速收寄、分发、运输、投递（派送）

单独封装具有名址的信件和包裹等物品，以及其他不需储存的物品，按照承诺时限递送到收件人或指定地点，并获得签收的寄递服务。WTO（世界贸易组织）和《万国邮政联盟公约》明确规定快递服务属于通信服务。

1. 快递与邮政的区别

快递服务不同于邮政业普遍服务中的基本寄递服务。快递服务从属于邮政业，受到国家邮政监督管理部门的监管。快递与邮政的区别如表 1－1－1 所示。

表 1－1－1　快递与邮政的区别

项目	快递	邮政
性质	由市场主导，是企业为有支付能力的部分成员提供的商业服务，属于竞争性商业服务产品	由政府主导，国家为保障公民通信权益而向所有公民提供的公共服务，是非竞争性服务产品
企业运行	自负盈亏，优胜劣汰	出现政策性亏损时，国家给予专项补贴
国家政策	享有较少的国家特殊政策优惠	国家给予邮政企业较多优惠政策，如减免税收，邮车通行便利，报关便利，港口、机场等设施使用的便利等
网点覆盖	国内网点多设在成熟或发达地区，乡镇村等落后地区网点稀少；国际网点多与加盟商以合作方式开展，数量有限	全国全覆盖；国际方面通过万国邮政联盟实现覆盖主要国家
经营范围	以商务文件、资料、小型物品为主	以私人信件、包裹为主
服务标准	以多层次、多样化的服务品种，提供"门到门""桌到桌"的直达服务	提供统一化、标准化的服务
传递渠道	国际、国内快递通过企业自身的网络或航空货运代理进行快件运输和投递	在国内通过各地邮局实现连续投递，在国际间通过万国邮政联盟实现连续投递
定价机制	按照服务效率、服务程度、市场供求关系或环节流程决定价格	低价原则，全国统一的固定资费标准

2. 快递与物流的区别

快递与现代物流关系密切，它是第三方物流的重要组成部分，但与物流服务存在一些区别。快递与物流的区别如表 1－1－2 所示。

表 1－1－2　快递与物流的区别

项目	快递	物流
服务形式	"门到门""桌到桌"	形式不限
封装要求	使用带有本企业标识的封装品，单独封装	符合运输要求即可
内件性质	严格执行禁限寄物品的规定	符合运输要求即可

续　表

项目	快递	物流
受理方式	填写快递运单	签订运输委托合同
规格要求	有规格、重量的上限	符合运输要求即可
作业方式	收寄、运输、分拣、派送，无存储功能	运输、存储、配送、加工等
时限要求	快速及时，一般要求在 3 天以内	双方约定
市场准入	经营邮政通信业务许可	经营道路运输业务许可（普通仓储没有许可，只有保税仓库有） 保税货物仓储物流业务许可
标准体系	邮政快递业务相关标准	物流标准化相关规定
主管部门	邮政管理部门	交通、流通与综合管理部门

相关知识与拓展

区分快件和内件

快件：快递服务组织依法收寄并封装的信件和包裹的统称。

内件：快件去除封装物后的文件和物品的统称。

（二）快递服务的特点

快递服务与传统的邮政业普遍服务和第三方物流企业提供的物流运输服务有本质的区别，具体来说，快递有如下特点。

（1）快递服务的本质反映在一个“快”字上，快速是快递服务的灵魂。

（2）快递服务是“门到门”“桌到桌”的便捷服务。

（3）快递服务需要具有完善、高效的服务网络以及合理的覆盖网点。

（4）快递服务能够提供业务全程监控和实时查询。

（5）快递服务要求快件须单独封装、具有名址、有重量和尺寸限制，并实行差别定价和付费结算方式。

（三）快递业务流程

1. 快递业务流程

（1）国内快递服务的主要服务环节。

国内快递服务是指从收寄到投递的全过程均发生在中华人民共和国境内的快递服务。国内快递服务的主要服务环节为收寄、分拣、封发、运输、派送以及查询、投诉和申诉、赔偿等。国内快递流程如图 1 - 1 - 3 所示。

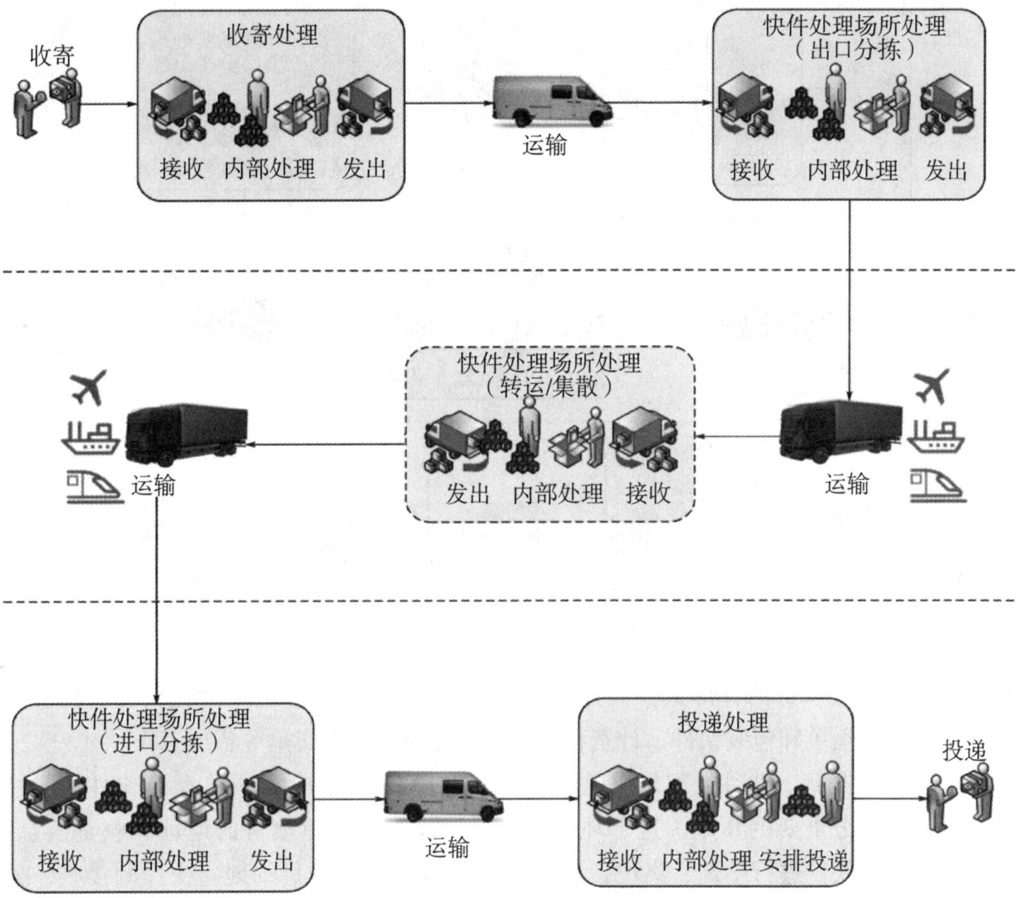

图 1－1－3　国内快递流程

（2）国际快递服务的主要服务环节。

国际快递服务包括国际进境快递服务和国际出境快递服务。国际及港澳台快递业务流程与国内快递业务一样，都要经过收寄、分拣、封发、运输和派送等环节。其主要区别在于：国际快件在进境和出境过程中，需要接受我国和有关国家海关的进出境检查，必须办理通关手续。国际快递流程如图 1－1－4 所示。

2. 快递流程四大环节

快递流程是指快件传递过程中，逐渐形成的一种相对固定的业务运行与操作的顺序和环节。按照快递业务运行顺序，快递流程主要包括快件收寄、快件处理、快件运输和快件派送（投递）四大环节。在快递流程四大环节中，不仅每个环节存在大量的作业运转工作，而且各个环节之间也需要密切配合、有效组织，从而保证快件传递的动态过程科学、高效。

快递流程四大环节的具体内容如下。

（1）快件收寄。快件收寄是快递流程的首要环节，是指快递企业在获得订单后由快递员上门服务，完成从客户处收取快件和获得收寄信息的过程。快件收寄分为上门

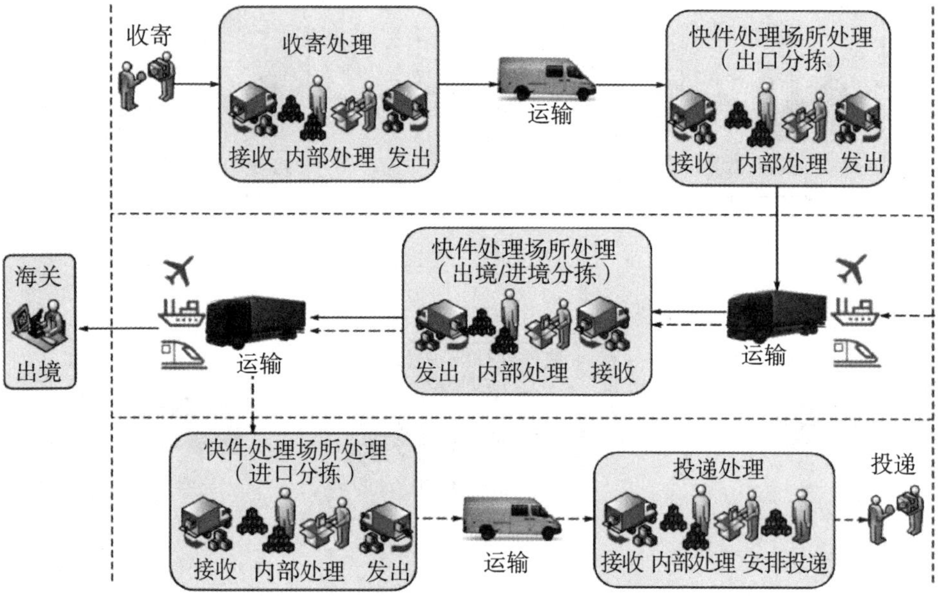

图1－1－4 国际快递流程

揽收和营业网点收寄两种形式，其任务主要包括：验视寄件人身份信息、验视快件、指导客户填写运单和包装快件、计费称重、快件运回、交件交单等各项工作。

（2）快件处理。快件处理是快递流程中贯通上下环节的枢纽，在整个快件传递过程中发挥着十分重要的作用。这个环节主要是按照客户运单填写的地址和收寄信息，将不同流向的快件进行整理、集中，再分拣并封成总包发往目的地。快件的接收、分拣、封包、发运是将快件由分散到集中、再由集中到分散的处理过程，它不仅包括组织快件的集中和分散，还涉及控制快件质量、设计快件传递频次、明确快件运输线路和经营转运关系等内容。

（3）快件运输。快件运输是指在统一组织、调度和指挥下，按照运输计划，综合利用各种运输工具，将快件迅速、有效地运达目的地的过程。快件运输主要包括航空、公路和铁路三大方式。这三种运输方式各具特点，经营方式、运输能力和速度也各不相同。快递企业可根据快件的时效与批量等实际要求，选择合适的运输方式来保证快速与准确地将快件送达客户。随着市场经济的飞速发展，航空运输在快件运输中日趋普遍，地位日益提高。

（4）快件派送。快件派送是指业务员按运单信息，上门将快件递交收件人并获得签收信息的过程。快件派送是快递服务的最后一个环节，具体工作包括：进行快件交接、选择派送路线、核实客户身份、确认付款方式、提醒客户签收、整理信息和交款等。快件派送工作不仅是直接保证快件快速、准确、安全地送达客户的最后一环，也是同客户建立与维护良好关系的一个重要机会。

3. 快递流程基本要求

为了保证以最快的速度、以尽可能低的成本和尽可能便捷的方式，将快件安全、准确地从寄件人送达收件人，快递作业整个流程必须遵循相关要求与原则。

快递流程的基本要求如下。

（1）有序流畅。快递流程有序流畅包含三个方面内容：一是工作环节设置合理，尽量不出现重复、交叉的工作环节；二是每一工作环节内运行有条不紊，操作技能和方法运用合理，尽量减少每个岗位占用的时间；三是各工作环节之间衔接有序，运行平稳。上下环节之间应相互配合，保证节奏流畅。

（2）优质高效。优质高效是整个快递服务的生命线。优质，一方面是指最大限度地满足各类客户的需求，提供多层次的服务产品；另一方面是指本着对客户负责的精神，保证每个工作环节的质量，为客户提供优良的服务。高效，是指整个快递流程必须突出“快”的特点，这就要求网络设计、营业网点布局、流程管理合理有效；工具、设备和运输方式的选择能够满足信息和快件快速传递的要求。同时，为保证流程的优质高效，还应合理配置人员，加强员工培训，提高员工素质。

（3）成本节约。控制和节约成本应贯穿于整个快递业务流程。应该尽量减少和压缩不必要的快件中转环节，降低运输消耗，合理配置工具和设备，节约使用物料，充分利用一切可重复使用的资源，以降低快递成本，节约社会资源。

（4）安全便捷。安全是快递服务始终遵循的基本原则之一。在整个快递流程中，必须最大限度地降低可能会引发快件不安全的一切风险，保证快件在收寄、包装、运输、派送等过程中免受损坏和丢失；确保信息及时录入、准确传输，不发生丢失和毁灭等。同时，要体现方便客户的人性化服务，在服务网点设置、营业时间安排、上门收寄和派送服务等方面应体现出便捷的服务特点，以满足客户需求。

（四）快递业务网络

快递业务网络是指实现快件收寄、分拣、封发、运输、投递等所依托的快件传递网络和信息传输网络的总称。快递服务是通过网络实现的，其中快件是通过快件传递网络传递的，快件信息是通过信息传输网络传输的。

1. 快件传递网络的构成

快件传递网络是由快递呼叫中心（客服中心）、收派处理点或营业网点、中转中心和运输线路按照一定的原则和方式组织起来并在调度运营中心的指挥下，按照一定的运行规则传递快件的网络系统（见图 1－1－5）。快件传递网络的各个节点必须步调一致、紧密衔接，才能实现快件的高效传递。

（1）客服中心。

客服中心也称客户服务中心，是快递企业普遍使用的系统。主要通过电话、网络受理客户寄件订单、信息查询、客户投诉、索赔等业务。

（2）营业网点。

营业网点是快递企业收寄和派送快件的基层站点，其功能是收寄某一城市某个地区的快件，以及将所属本区域的快件进行分拣和派送。

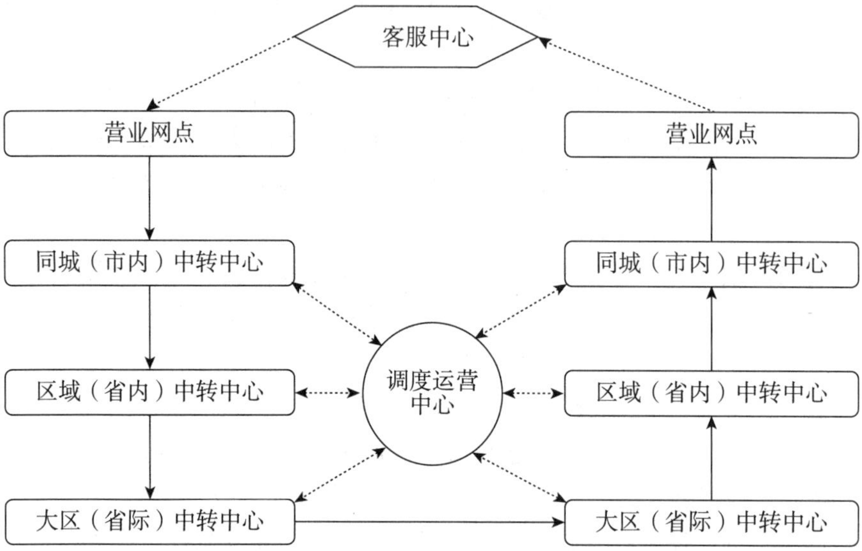

图 1－1－5　以客服中心下单为例的快件传递网络

注：图中实线表示运输线路，虚线表示信息传递。

营业网点的设置，一般根据当地居民生活水平、人口密度、交通运输资源状况以及公司发展战略等因素来综合考虑。我国目前快递营业网点的分布情况是：城市多于农村，东部地区多于西部地区。

（3）中转中心。

中转中心是快件传递网络的节点，主要负责快件的集散，具体工作任务是分拣、封发、中转快件。快递企业一般根据业务范围和快件量来设置不同层级的中转中心。例如，一般全国性快递企业设置三个层次的中转中心（大区或省际中心—区域或省内中心—同城或市内中心）；区域性快递企业设置两个层次的中转中心；同城快递企业设置一个层次的中转中心。

中转中心的层级中，层级最高的是大区或省际中心，主要承担各大区或省际的快件集散任务，也承担本地区快件的处理任务，一般规模较大，主要建于全国交通枢纽城市，如北京、上海、广州等。第二层级是区域或省内中心，主要承担区域内或省内快件的集散任务，也承担本市快件的处理任务，一般建于省会城市。第三层级是同城或市内中心，主要承担本市快件的集散任务，规模较小。

随着快件单量的不断增长，快递行业技术含量也在不断上升。快件中转中心的处理方式也从手工操作向半机械化和全自动化处理方式转变。

（4）运输线路。

运输线路是指快递运输工具在营业网点、中转中心之间以及所在地区的车站、机场之间，按固定班次及规定路线运输快件的行驶路线。运输线路按所需运输工具可分为航空运输线路、火车运输线路、汽车运输线路和水运线路。

运输线路和运输工具是保证快件快速、准确送达客户的物质基础之一，是实现快件由分散（各营业网点）到集中（各中转中心）再到分散（各营业网点）的纽带。

（5）调度运营中心。

调度运营中心是控制并保证快件传递网络按照业务流程有序运行的指挥中心。它需要按照预定业务运营计划和目标实行统一指挥，合理组织、调度和使用全网络的人力、物力和财力资源，纠正快件传递过程中出现的偏差或干扰，确保网络迅速、高效的良性运转。

2. 快件传递网络的层次划分

每一个企业的快件传递网络都是一个有机的整体，不同的企业对快件传递网络又划分出不同的层次。一般来说，全国性的快递企业将网络分为三个层次：大区/省际网、区域/省内网、同城/市内网。

（1）大区/省际网。

大区/省际网主要承担省际的快件传递任务，连接各大区或省际中转中心（包括国际快件中转中心），通过陆路运输和航空运输组成一个复合型的高效快递运输干线网络。例如，某快递企业根据东北、华北、华中、华南、华东、西北、西南七大区域，并在沈阳、北京、武汉、广州、上海、西安、成都设立大区中转中心。每个中转大区中心主要负责大区间的快件传递。

大区/省际网是整个快件传递网络的关键环节，又最容易出现堵塞和其他问题，必须建立统一有序的指挥调度系统，及时进行信息反馈，以确保网络畅通无阻。

（2）区域/省内网。

区域/省内网是大区/省际网的延伸，与同城/市内网联系密切，在快件传递网络中起着承上启下的作用。区域/省内网以区域或省内中转中心为依托，通过以汽车、火车运输为主的运输线路与其他中转中心相连接。例如，浙江省的省内中转中心设在杭州，浙江省地处华东大区，那么杭州中转中心的上级中心就是上海。

（3）同城/市内网。

同城/市内网是由同城或市内中转中心与若干个营业网点组成，除负责快件的收寄和派送外，还负责快件的分拣、封发等工作。例如，浙江省的绍兴市就设有一个中转中心，负责绍兴市辖区的快件中转，其上级中心就是杭州中转中心，与其同等级的中转中心还有金华中转中心、宁波中转中心等。

3. 信息传输网络

在快件传递的过程中，快件相关信息也在不断更新。这些信息包括快递的运单信息、总包信息、路由信息以及快件在每个节点的信息。传输这些信息的网络就叫作信息传输网络。

信息传输网络由物理系统和软件系统两大部分组成。物理系统包括信息采集和处理设备、信息传输线路以及信息交换、控制与存储设备。软件系统包括操作系统、数据库管理系统和网络管理系统。

目前，快递企业基本具备快递信息系统，为客户提供快件传递过程中的节点信息，方便客户查询和接收快递。同时，快递企业也利用信息系统中的数据对业务进行统计、分析。

三、快递服务的分类

快递服务的分类依据有多种：按照寄达范围，分为国内快递、国际快递、港澳台快递三大业务种类；按照所有制形式，分为国有、民营、外资三大主体；按照运输方式，分为航空、公路、铁路三种方式；按照快递企业经营模式，分为加盟型和直营型两种类型。

（一）国内快递、国际快递

1. 国内快递

国内快递是从收寄到投递的全过程均发生在中华人民共和国境内的快递业务。国内快递又分为同城快递、省内异地快递、省际快递三类。

同城快递是指寄件地和收件地在中华人民共和国境内同一城市的快递业务。例如，寄件地在北京市海淀区，收件地在北京市房山区，快件从北京市的海淀区送往房山区，这一快件即为同城快递。同城的概念原则上是指同一城市，但由于快递企业网络结构划分不同，各快递企业对同城地域范围的界定会有所不同。

省内异地快递是指寄件地和收件地分别在中华人民共和国境内同一省、自治区中不同地区的快递业务。例如，寄件地在河北省唐山市，收件地在河北省石家庄市，快件从河北省的唐山市送往石家庄市，这一快件即为省内异地快递。

省际快递是指寄件地和收件地分别在中华人民共和国境内不同省、自治区、直辖市的快递业务。例如，寄件地在河北省唐山市，收件地在广东省深圳市，快件从河北省唐山市送往广东省深圳市，这一快件即为省际快递。

省内异地快递和省际快递统称为国内异地快递。国内异地快件量占总快件量比重最大，约为75%。国内异地快递业务主要是区域内的业务和区域间的业务。区域内的业务可以通过公路运输或铁路运输完成，区域间的业务一般要依赖航空运力。

2. 国际快递

国际快递是指寄件地和收件地分别在中华人民共和国境内和其他国家或地区（中国香港特别行政区、中国澳门特别行政区、中国台湾地区除外）的快递业务，以及其他国家或地区间用户相互寄递但通过中国境内经转的快递业务。目前我国每年跨境快递量约20亿件，占我国快递年业务量的3%，跨境快递业务收入占我国快递业务收入的8%。

国际快递服务是技术密集、资本密集和管理密集型业务，也是快递服务领域利润最高的业务，在业界一般称为高端业务。国际快递服务提供商必须具备足够的航空和地面运输能力、枢纽中心和遍布世界主要国家和城市的投递网络、先进的信息跟踪和控制技术。

目前，参与国际快递业务的企业主要是四大外资快递企业，以及中国邮政速递物流股份有限公司（EMS）、民航快递有限责任公司、航空货运代理公司等。中国国际市场的快递业务分布不均衡，外资企业占中国国际快递的市场份额约70%以上，而EMS所占有的市场份额每年都在下降，目前所占有的市场份额不足20%。中国的国际快递服务主要依赖民用航空公司的商业航班和各国邮政制定的邮路，国际快递的时效和能力受到限制，网络的效率也有待进一步提高。

我国快递业发展“十三五”规划中明确指出，要鼓励骨干快递企业实施国际化发展战略，打造国际快递品牌。其实早在2010年，顺丰就在新加坡设立了营业网点，打响了进军海外的第一枪。随后的几年，顺丰相继在东南亚、北美等国家和地区开通快递服务，截至2018年年底，顺丰国际标快/国际特惠业务覆盖美国、欧盟、俄罗斯、加拿大、日本、韩国、东盟、印度、巴西、墨西哥、智利等54个国家和地区；国际小包业务覆盖全球225个国家及地区。

在“一带一路”倡议的牵引下，中国将和世界各国互联互通、互利共赢，跨境贸易和商务活动也将越来越频繁。为顺应国际贸易、跨境电商发展大趋势，顺丰和UPS（美国联合包裹运送服务公司）于2017年5月宣布在香港成立合资公司，助力双方共同开发和提供国际物流产品，聚焦跨境贸易，拓展全球市场。该合资公司的成立有利于顺丰优化国际物流网络，提升企业的国际竞争力。

（二）国有、民营、外资三大主体

按照所有制形式划分，我国快递行业中快递企业主要分为国有快递企业、民营快递企业和外资快递企业三类。民营快递企业占据最大市场份额。2018年，国有快递企业、民营快递企业、外资快递企业业务量占全部快递与包裹市场比重分别为12.3%、86.2%、1.5%，国有快递企业、民营快递企业、外资快递企业业务收入占全部快递与包裹市场比重分别为11%、83.6%、5.4%。

1. 国有快递企业

国有快递企业主要以EMS、中外运空运发展股份有限公司、民航快递有限责任公司（简称民航快递）为代表。

2. 民营快递企业

民营快递企业以顺丰、“通达系”等为代表。我国民营快递企业大多成立于北京、上海、广东等长三角、珠三角和京津冀地区，但随着近几年快递业的飞速发展，重点民营快递企业的业务范围基本可以覆盖全国，甚至延伸到海外。

在民营快递企业中，顺丰、中通快递股份有限公司（简称中通）、韵达快递（简称韵达）、上海圆通速递有限公司（简称圆通）、申通快递（简称申通）、百世快递六大巨头处于领先地位。2018年，六大民营快递巨头市场占有率合计超过七成，达71.74%。

3. 外资快递企业

改革开放初期，外资快递企业以合资合作的方式陆续进入中国市场。1980 年 6 月，日本海外新闻普及株式会社（OCS）经中华人民共和国对外贸易部和海关总署批准，与国内当时最大的外贸运输企业——中国对外贸易运输（集团）总公司（简称中国外运）签订了我国第一个快件代理协议。1984 年，美国联邦快递公司（FedEx）进入中国；1986 年，德国敦豪航空货运公司（DHL）与中国外运成立合资公司——中外运 敦豪；1988 年，美国联合包裹运送服务公司（UPS）与中国外运建立合作关系；同年，荷兰 TNT 快递公司进入中国市场（TNT 已于 2017 年 5 月被 FedEx 收购）。随着 2001 年中国加入世界贸易组织（WTO），外资快递公司陆续获得在华经营许可，外资快递企业开拓了国内服务，可以在指定范围内收寄和派送包裹。目前来看，外资快递企业主要的业务方向是国际快件业务，其国内快件业务量占行业总量仅为 1.5%。

（三）航空、公路、铁路三大运输方式

按照快递运输方式划分，可分为航空快递、公路快递、铁路快递三种。航空快递主要依托航空公司和机场，由于速度快，航空运输是远距离快递最常用的方式。公路快递是区域内快递和同城快递最常使用的运输方式。铁路快递通过行李车快运，运量大，且安全、准时，适用于大件物品和一些航空禁运物品的远途运输。近几年，也有快递公司在业务量高峰期运用高铁对现有运力进行补充，也取得了良好效果。此外，水路运输在特殊情况下也发挥了一定作用。

拓展阅读

让快递“跑”起来　顺丰牵手中铁“坐”高铁

2018 年 8 月 29 日，中国国家铁路集团有限公司（以下简称铁总）所属中铁快运股份有限公司（以下简称中铁快运）和深圳顺丰泰森控股（集团）有限公司（以下简称顺丰）成立的合资公司中铁顺丰国际快运有限公司（以下简称中铁顺丰）在深圳揭牌成立。合资公司中，中铁快运占股 55%，顺丰占股 45%。

这是顺丰与铁总合资成立的第一家公司，在快递行业尚属首例。为啃下“铁老大”这块“硬骨头”，顺丰花了 6 年时间。

2012 年 3 月，广州铁路首次尝试高铁运送快件业务，其中首批签订运输合同的快递公司就包括顺丰。不过，由于当时高铁覆盖率和中高端物流诉求不高，初次合作浅尝辄止。2013 年，划归中国国家铁路集团有限公司的中铁快运又在京广线、京沪线上与快递企业合作试点高铁运送快件。而顺丰和中铁快运的正式合作始于 2014 年 8 月。当时，顺丰参与铁路电商班列的运营，并作为主要客户使用京沪班列，以此替代了公路干线的大量顺丰运输车辆。

2016年“双十一”，一张电商包裹“坐高铁”的照片刷屏网络，这是铁总首次利用高铁资源服务电商市场。顺丰与中铁快运达成合作，最终使用了149条高铁列车线路。一年后的“双十一”，高铁列车线路使用量上升到192条，增幅29%。

基于双方前期的合作，2017年年底，顺丰和中铁快运联合研发了高铁极速达产品和高铁顺手寄产品，首创“高铁+”的新模式，开启高铁网络与顺丰快递网的深度融合。

顺丰方面提供的数据显示，截至2018年8月，高铁极速达产品已扩展到44个城市，使用了161条线路、254列车次，产品共计收件量150.8万票，预计年底将完成320万票。另外，已有33个城市69个高铁站开通顺手寄产品服务。

资料来源：https：//baijiahao. baidu. com/s? id = 1610235837619611533&wfr = spider&for = pc.

（四）加盟型快递与直营型快递

近几年，民营快递企业的发展有目共睹。我国快递企业中存在两种经营模式，一种是加盟（特许经营）模式，另一种是直营模式。加盟模式以申通、中通、韵达等企业为代表；直营模式以EMS、顺丰为代表。

1. 加盟（特许经营）模式

加盟是现阶段我国快递服务普遍存在的经营方式，是品牌企业（也称被加盟企业）许可其他经营者（也称加盟企业）统一品牌运作的一种经营体制。商业特许经营（以下简称特许经营），是指拥有注册商标、企业标志、专利、专有技术等经营资源的企业（以下称特许人），以合同形式将其拥有的经营资源许可其他经营者（以下称被特许人）使用，被特许人按照合同约定在统一的经营模式下开展经营，并向特许人支付特许经营费用的经营活动。根据《快递市场管理办法》的规定，加盟网点需要获得快递业务经营许可。

加盟型快递主要指采用加盟模式的快递终端营业网点。加盟型快递，采用了深度外包的模式，一单快递从收件到派件，经过的收件端加盟商、总部干线、派件端加盟商三个部分之间没有任何股权关系，而是通过线下的物流网络、后台系统组织起来。加盟型快递实际上就是一个开放的、庞大的社会化“线下互联网”。

加盟型快递的优点是：加盟商众多，每个加盟商都分担了所在区域的启动成本，所以对于总部来说减少了启动资金的投入；加盟商比较熟悉当地市场，甚至有现成客户，有利于快递企业快速扩张。加盟型快递也有一些缺点，如加盟型快递企业一般管理松散，加盟商对公司没有认同感和归属感；服务水平参差不齐，有的加盟商对网点管理比较规范，服务水平较高，有的加盟商对网点和员工疏于管理，常导致快件延误、破损、丢失，投诉率非常高；加盟关系不稳定，加盟商经营的网点效益不好可能很快就倒闭，经营状况好又担心总部对其收购；人才流动大，加盟网点无法为员工提供合理的发展空间和福利待遇，导致人才流失；市场定位低，加盟型快递因为管理上、权属上的特殊性，很难为跨区域的大型企业提供质量稳定的服务，因此不易开发双向客户。

相关知识与拓展

阅读附录一：快递行业特许经营（加盟）合同（示范文本）。

2. 直营模式

直营，就是指由公司总部直接投资经营，以一个品牌为主导，在各地投资设立分公司或子公司的经营管理模式，相对于特许加盟连锁模式来说，被称为直营公司连锁模式。直营型快递中从总部到末端的整个网络全部自行建设，包括人员、车辆、飞机、场站、设施、分拨中心全部自有，是封闭的。

直营模式的优点有：经营管理统一化，易发挥整体优势；网点由总部统一管理，服务规范、一致，员工素质较高；人才队伍稳定，员工待遇较好，注重员工培训，员工有晋升渠道和发展空间，员工归属感强；信息化程度高，全公司统一管理，总公司的经营战略能统一实施，在技术引进和开发上有一定优势。相比而言，直营模式也有一定缺点：由于整个网络全部由总公司自行投资，在企业扩张方面如果资金不足，很难在短时间内形成规模；公司组织系统层级较多，容易产生官僚化经营；运营成本较高，缺乏价格竞争优势。

拓展阅读

2019 中国快递公司排名：韵达冲到第二，榜首快递量是顺丰 2 倍

有数据显示国内的快递业务量，从五年前首次超过百亿件，到 2018 年的 507.1 亿件，每年始终保持着 20% 以上的增速。2019 年 5 月，快递业务量再创新高，同比增长 25.2%，达 52.3 亿件。有行业报告预测，今年业务量将突破 600 亿件！在快递业务迅猛发展的同时，竞争也越发激烈。全峰、国通、如风达等小玩家纷纷被淘汰或出局。而对于顺丰和“三通一达”这些巨头来说，布局的脚步更是一刻也不能停。通过整理各家企业的营业报告，我们不难发现，行业格局正在重新洗牌。

2019 年 6 月，中通率先发话，宣布 5 月快递业务量超 10 亿件，这意味着他们日均业务量超 3200 万件，是顺丰的 2 倍多。对于对快递行业有所了解的人来说，看到这样结果并不会感到意外。近些年，中通始终以单量排名第一的状态领跑行业，其依靠 5500 多辆的长途货运卡车，打败顺丰、圆通、申通等对手。

此前不久，中通董事长赖梅松提出，2019 年要坚持“平台大而强，末端小专精”的战略，加速扩张，争取全年业务量增速超出行业平均增速至少 15 个百分点。为此，他们正加大加快基建设施和智能科技研发的投入，争取到 2020 年，部分分拨中心实现

无人化操作。

排在榜单第二名的是韵达，值得注意的是他们的月业务量达到 8.68 亿件。表现同样非常抢眼，这主要得益于电商持续增长，以及自身服务水平提升的因素。有业内人士分析表示，韵达在“通达系”中率先实现100%自营中转中心，这对其提高效率、降低成本起到了很大作用。

紧随其后的是圆通和申通，分别完成 7.18 亿件和 5.97 亿件。其中，圆通表现不俗，日均业务量超过 2000 万件，这是继中通、韵达之后的第三家。不过在各大企业为争夺市场而采取低价策略的同时，他们的单票收入持续下降，这似乎也在所难免。而申通的单票收入同样出现略微下降，但在业务量和营收上，均实现超过四成上涨。

从业务量上来看，顺丰排在榜单的第五名，仅有 3.46 亿件。而且在营收和业务量这两个重要业务指标上，相比于申通和韵达的大幅增长，顺丰的表现均不尽如人意，各项数据始终维持在 10% 的较低水平。但在单票收入上，占据着绝对优势，是其他三家的近 8 倍。从这里可以看到不同的企业定位。“通达系”主要在拼规模，获取更多的数据量。而顺丰则是在拼高端市场，开始转型将自己打造成为综合物流之王，而不单单只是快递企业。

有业内人士分析认为：目前快递业竞争已进入了新的阶段，以量论英雄的时代已然过去。与业务量相比，快递单价和服务质量决定一个企业的发展。考虑未来市场仍有巨大的发展潜力和空间，行业竞争将会越发激烈。

案例来源：http：//finance. sina. com. cn/stock/relnews/cn/2019 – 06 – 22/doc – ihytcerk8647696. shtml.

四、快递业务员职业道德

快递业务员是使用快递专用工具、设备和应用软件系统，从事国内、国际及港澳台地区的快件揽收、分拣、封发、转运、投递、信息录入、查询、市场开发、疑难快件处理等工作的人员。快递业务员是对快递企业工作人员的统称。在快递行业中，一般将营业网点的收派人员称为快递员；将营业网点的仓库管理人员称为仓管员；将中转中心的一线工作人员称为运作员；将客户服务部门的一线工作人员称为客服。

1. 职业道德的定义和特点

道德是人类特有的，是调整人与人、人与社会以及人与自然之间关系的行为规范的总和。这种规范是靠社会舆论、传统习惯、教育和内心信念来维持的。职业道德是职业品德、职业纪律、专业胜任能力以及职业责任等的总称，是人们在从事职业活动的过程中形成的一种内在的、非强制性的约束机制。

职业道德从属于社会的一般道德原则，但它作为道德生活的一个特殊领域，又有着自己的特点，如下所示。

（1）职业性。职业道德的内容与职业实践活动紧密相连，鲜明地表达职业义务、职业责任和职业行为上的准则，反映特定职业活动对从业人员行为的道德要求。

（2）实践性。职业行为过程就是职业实践过程，只有在实践的过程中，才能体现出职业道德的水平。职业道德的作用是调整职业关系，对从业人员职业活动的具体行为进行规范，解决现实生活中的具体道德冲突。

（3）规范性。规范性是指根据职业活动的具体要求，对人们在职业活动中的行为用条例、章程、守则、制度、公约等形式做出规定。

（4）继承性。在不同的社会经济发展阶段，同一种职业因服务对象、服务手段、职业利益、职业责任和义务相对稳定，职业行为道德要求的核心内容将被继承和发扬，从而形成被不同社会发展阶段普遍认同的职业道德规范。

2. 快递业务员职业道德具体要求

根据《快递员国家职业技能标准》的规定，快递业务员职业道德内容主要体现为快递业务员的职业守则。快递业务员的职业守则主要包括：遵纪守法，诚实守信；爱岗敬业，勤奋务实；团结协作，准确快速；保守秘密，准确安全；衣着整洁，文明礼貌；热情服务，奉献社会。这六方面的内容全面概括了快递业务员在从事快递服务过程中所应履行的基本职责和义务，既体现了快递业务员应具有的职业道德的特殊性，又体现了服务行业职业道德规范的普遍含义。

（1）遵纪守法，诚实守信。

快递业务员应严格遵守国家的各项法律法规和企业内部的规章制度。俗话说，没有规矩，不成方圆，只有人人都自觉遵纪守法、照章办事，社会秩序才能保持良性运转。快递业务员还应重信誉、守信用。快递业务员直接面对每一位客户，一定要实事求是、信守承诺，才能赢得客户的信任，为企业树立良好的形象。

（2）爱岗敬业，勤奋务实。

快递业务员要热爱快递事业，树立责任心和事业心，踏踏实实地勤奋工作。另外，随着信息、通信等高科技的快速发展，现代快递行业的综合科技含量也越来越高，快递从业人员需要学习和掌握的科技文化知识也越来越多。因此每一位快递业务员必须努力学习与快递相关的知识，刻苦钻研快递业务，才能为客户提供多元化的高效服务，并促进快递行业又好又快地发展。

（3）团结协作，准确快速。

团结协作是由快递业务工作的特性决定的。快递业务是一整套的业务流程，是由各个环节甚至不同地区的员工分工合作完成的，因此快递业务员在工作中重视团结、协调与合作，就显得尤为重要。

准确快速是因为快递服务最根本的制胜点反映在“快”上。只有各个快递环节都能保证准确、无误，才能将快件准时送达。

（4）保守秘密，准确安全。

保守秘密是由快递服务的特殊属性决定的。快递业务员所负责寄递的快件，很有可能会涉及客户的个人隐私、商业秘密或国家机密，这就要求快递业务员要保守秘密，绝对不准对外界透露，否则，将侵害客户的权益，严重的还会受到法律的制裁。

准确安全要求快递业务员在工作过程中，必须保证快件的安全，将快件完好无损地送到客户手中。另外，也要注意保护好生产工具和自身的人身安全。

（5）衣着整洁，文明礼貌。

快递员需要直接面对客户进行收寄和派送，其外表和精神面貌直接代表了企业的形象和素质。因此，快递企业要求一线员工工作时间着工装，并保持工装整洁，在向客户提供服务时，要主动、热情、耐心，做到眼勤、口勤、手勤、腿勤，对老、幼、弱、孕客户给予更为周到细致的服务和帮助。

（6）热情服务，奉献社会。

热情服务，奉献社会是职业道德规范的最高要求。快递业务员要有高度的责任心和使命感，应本着全心全意为人民服务的精神，以饱满的热情投入到快递工作中，以积极进取的心态在工作中追求卓越、奉献社会。

3. 快递行业服务意识培养和提升

快递行业为客户提供的产品是无形的服务。客户服务是企业与客户交流的一个完整过程，包括听取客户的问题和要求，对客户的需求做出回应，并探询新的需求等内容。服务具有无形性、非储存性、同时性、主动性，服务品质会在过程中被衡量、被检验、被确认。服务的最终对象是人，要满足客户情绪和需求的多样性，需要服务方主动提供服务，因此，增强快递业务员的服务意识非常重要。服务好坏严重影响客户的去留。

（1）服务水平的衡量。

在影响客户满意度指标中，有一个关键因素是企业或企业员工的服务意识导致的行为，以及造成这些行为的原因。是这些行为或行为的原因导致了客户满意或不满。一般将服务水平划分为五个等级，如图 1－1－6 所示，越往上服务意识和行为越好，客户满意度越高。

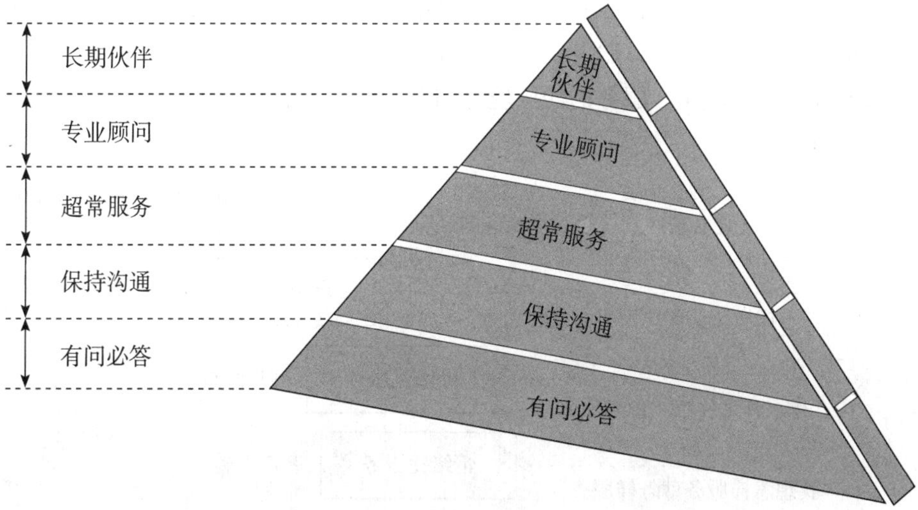

图 1－1－6　服务水平的五个等级

服务意识主要体现在以下两个方面。

①态度。客户对快递业务员的态度极为敏感，他们常常通过员工的情绪来体验服务态度，并在自己的精神上产生某种感受。服务态度是使客户在感官上、精神上感受到的亲切、温暖、舒适、安全等情感。以礼节、礼仪为媒介，通过面部表情、语言、神态等来表达良好的情绪和亲切的态度。提升服务态度是提高服务质量的基础，提升服务态度就必须提高快递业务员的主动性、创造性和积极性，以及基本素质和职业道德，使客户在交流互动中能感受到亲切、温暖、舒适和美好的情感。

②行为。行为是人们对内外环境因素刺激所做出的能动反应。人的行为可分为外显行为和内在行为。外显行为是可以被他人直接观察到的行为，如言谈举止；而内在行为则是不能被他人直接观察到的行为，如意识、思维活动等，即通常所说的心理活动。提升服务意识必须改变内在的思想意识和思维方式，进而真实地改变人的外显行为，以提升服务水平的等级。

（2）服务水平的提升。

提升服务水平，可以从以下三个方面入手。

①客户会从时间、快递业务员、场所、服务内容、服务方式五个方面具体衡量企业的服务水平。因此快递业务员可以从这五个方面提升自己，例如，控制回应客户的时间，缩短客户等候的时间；端正服务态度，掌握沟通技巧；保持服务场所整洁；注重服务细节，提供完整服务；主动征询客户意见等。

②把握服务的五个要素，即情感、适当、规范、稳定、效率。能带给客户美好难忘感觉的服务是最好的服务，但企业也要在服务质量和服务成本之间找到平衡。同时，快递企业要统一标准，保证在不同时间、空间，客户对同一产品享受的服务是一致的。快递企业也应按照承诺时效，完成快件的送达。

③服务境界不同，客户的反应和体验不同。当客户在企业的服务中，体验到企业利他的动机和真实的情感时，服务就进入最高的境界——客户被感动。人在被感动时，一个忠诚的客户就形成了。服务的四层境界如图 1 –1 –7 所示。

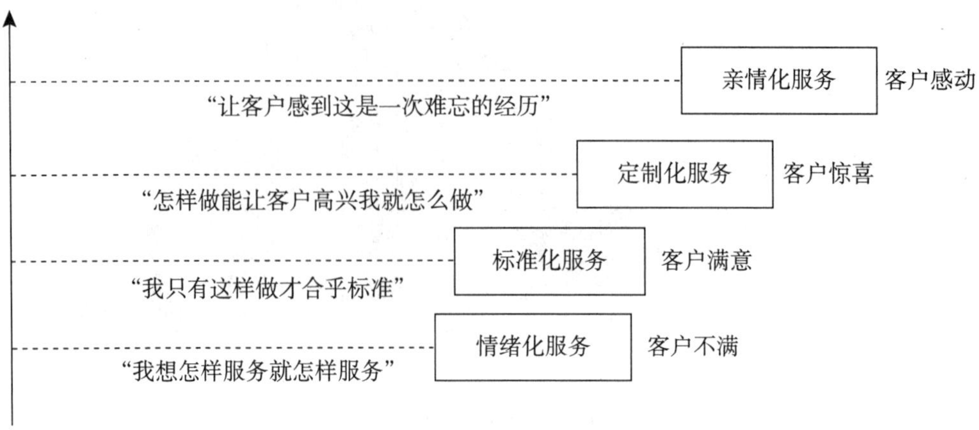

图 1 –1 –7　服务的四层境界

任务二　快递地理知识

知识目标

1. 掌握中国行政区域划分；
2. 了解中国的交通运输；
3. 了解百家姓知识。

能力目标

学生通过学习能够区分快件始发地和目的地所在的国家/地区、省份和城市，能够区分快件中转运输的具体方式，能够识读生僻姓氏。

任务导入

比一比，谁说出的省会城市较多。

一、中国快递地理

（一）中国行政区域划分

行政区域划分是一个国家为了进行分级管理而实行的国土和政治、行政权力的划分。具体来说，就是国家根据政治和行政管理的需要，根据有关法律规定，充分考虑经济联系、地理条件、地区差异、民族分布、风俗习惯等客观因素，将全国的地域划分为若干层次大小不同的行政区域，设置相应的地方国家机关，实施行政管理。

《中华人民共和国宪法》规定，中华人民共和国的行政区域划分如下：

（1）全国分为省、自治区、直辖市。

（2）省、自治区分为自治州、县、自治县、市。

（3）县、自治县分为乡、民族乡、镇。

直辖市和较大的市分为区、县。自治州分为县、自治县、市。

自治区、自治州、自治县都是民族自治地方。

《中华人民共和国宪法》第一章总纲第三十一条规定：国家在必要时得设立特别行政区。我国现有香港和澳门两个特别行政区。

目前，我国一级行政区，即省级行政区共 34 个，包括 23 个省、5 个自治区、4 个直辖市、2 个特别行政区。

相关知识与拓展

全国行政区划分自助查询系统

全国行政区划分信息查询平台移动客户端如图1-2-1所示。

苹果版下载　　安卓版下载

图1-2-1　全国行政区划分信息查询平台移动客户端

在历史上和习惯上，各省级行政区都有简称。省级人民政府驻地称省会（首府），中央人民政府所在地是首都。北京是中国的首都。乡镇是中国最基层的行政单位（见表1-2-1）。

表1-2-1　省级行政区域划分和简称

省级行政区	简称	行政中心	省级行政区	简称	行政中心
北京市	京	北京	天津市	津	天津
上海市	沪	上海	重庆市	渝	重庆
河北省	冀	石家庄	山西省	晋	太原
青海省	青	西宁	辽宁省	辽	沈阳
吉林省	吉	长春	黑龙江省	黑	哈尔滨
香港特别行政区	港	香港	澳门特别行政区	澳	澳门
浙江省	浙	杭州	江苏省	苏	南京
福建省	闽	福州	安徽省	皖	合肥
山东省	鲁	济南	江西省	赣	南昌
湖北省	鄂	武汉	河南省	豫	郑州
广东省	粤	广州	湖南省	湘	长沙
新疆维吾尔自治区	新	乌鲁木齐	广西壮族自治区	桂	南宁
四川省	川或蜀	成都	贵州省	贵或黔	贵阳
云南省	云或滇	昆明	西藏自治区	藏	拉萨
陕西省	陕或秦	西安	甘肃省	甘或陇	兰州
内蒙古自治区	内蒙古	呼和浩特	宁夏回族自治区	宁	银川
海南省	琼	海口	台湾省	台	台北

（二）我国主要经济发展区域

改革开放之初，沿海率先发展战略使东部地区一马当先，保持领先地位，当时形成了三大经济圈。进入2000年后，随着西部大开发、中部崛起、东北振兴等区域发展战略的实施，特别是党的十八大以来“一带一路”倡议、京津冀协同发展和长江经济带战略的实施，丰富了我国区域经济发展总体战略布局，完善了政策体系，形成了四大板块和三个支撑带的空间战略格局。

1. 三大经济圈

改革开放后，国家鼓励东部地区率先发展。相继设立了深圳、珠海、汕头、厦门和海南5个经济特区，以及大连、秦皇岛等14个经济技术开发区，之后又相继把长江三角洲、珠江三角洲、闽南三角洲等开辟为沿海经济开放区。进入新世纪后，国务院先后批准上海浦东新区和天津滨海新区为全国综合配套改革试验区，先行试验一些重大的改革开放措施。东部沿海地区依靠本身的区位优势和改革开放的先发优势，抢抓发展机遇，实现率先发展，成为经济持续快速增长的“龙头”。长三角、珠三角和京津冀三大都市经济圈成为引领我国区域经济发展的“三大引擎”。

（1）长三角经济圈。

长三角经济圈以上海为中心，南京、杭州为副中心。

（2）珠三角经济圈。

珠三角经济圈面临南中国海，包括广州、深圳、佛山、东莞、惠州、中山、珠海、江门、肇庆等市。近年来又提出了“泛珠三角”的概念，其包括广东、福建、江西、湖南、广西、海南、四川、贵州、云南九个省区和香港、澳门两个特别行政区，简称“9+2”。

珠三角经济圈是亚太地区最具活力的经济区之一，是有全球影响力的先进制造业基地和现代服务业基地、南方地区对外开放的门户、中国参与经济全球化的主体区域、全国科技创新与技术研发基地、全国经济发展的重要引擎，有“南海明珠”之称。

（3）环渤海经济圈。

环渤海经济圈是以京津冀为中心，以辽东半岛、山东半岛为两翼的环渤海滨海经济带，京津冀地区是环渤海经济圈的核心。环渤海经济区是一个复合的经济区，由三个次级的经济区组成，即京津冀圈、辽东半岛圈和山东半岛圈。

环渤海经济圈主要包括北京、天津、河北、山东、辽宁，也就是三省两市的“3+2”经济区域。环渤海地区拥有丰富的海洋资源、矿产资源、油气资源、煤炭资源和旅游资源，也是中国重要的农业基地。

2. 四大板块

我国的经济区域划分为东部、中部、西部和东北四大地区。国家重新调整区域发展的布局目的是促进区域经济协调发展。具体要求是：积极推进西部大开发，有效发挥中部地区的综合优势，支持中西部地区加快改革发展，振兴东北地区等老工业基地，鼓励有条件的东部地区率先基本实现现代化，逐步形成东、中、西部经济互联互动、优势互补、协调发展的新格局。四大地区具体内容如下。

（1）东北地区：辽宁省、吉林省、黑龙江省。

（2）东部地区：北京市、天津市、河北省、上海市、江苏省、浙江省、福建省、山东省、广东省、海南省。

（3）中部地区：山西省、安徽省、江西省、河南省、湖北省、湖南省。

（4）西部地区：内蒙古自治区、广西壮族自治区、重庆市、四川省、贵州省、云南省、西藏自治区、陕西省、甘肃省、青海省、宁夏回族自治区、新疆维吾尔自治区。

3. 三个支撑带

2015 年中国政府工作报告首次把“一带一路”、长江经济带和京津冀协同发展明确为“三个支撑带”。过去“四大板块”彼此分割，现在“三个支撑带”就是要打通板块，实现区域一体化。统筹实施“四大板块”和“三个支撑带”战略组合，是我国区域发展新的重大布局，有利于形成持续发展的战略支撑。

（1）一带一路。

“一带一路”（The Belt and Road，B&R）是“丝绸之路经济带”和“21 世纪海上丝绸之路”的简称，2013 年 9 月和 10 月由中国国家主席习近平分别提出建设“新丝绸之路经济带”和“21 世纪海上丝绸之路”的合作倡议。“一带一路”旨在借用古代丝绸之路的历史符号，积极发展与沿线国家的经济合作伙伴关系，共同打造政治互信、经济融合、文化包容的利益共同体、命运共同体和责任共同体。

①丝绸之路经济带三大走向如下：

一是从中国西北、东北经中亚、俄罗斯至欧洲、波罗的海；

二是从中国西北经中亚、西亚至波斯湾、地中海；

三是从中国西南经中南半岛至印度洋。

② 21 世纪海上丝绸之路两大走向如下：

一是从中国沿海港口过南海，经马六甲海峡到印度洋，延伸至欧洲；

二是从中国沿海港口过南海，向南太平洋延伸。

（2）长江经济带。

长江经济带横跨中国东中西三大区域，是中央重点实施的战略之一，是具有全球影响力的内河经济带，东中西互动合作的协调发展带，沿海、沿江、沿边全面推进的对内对外开放带，也是生态文明建设的先行示范带。长江经济带覆盖上海、江苏、浙江、安徽、江西、湖北、湖南、重庆、四川、云南、贵州 11 个省市，面积约 205.23 万 km^2，人口和生产总值均超过全国的 40%。

2016 年 9 月，《长江经济带发展规划纲要》正式印发，确立了长江经济带“一轴、两翼、三极、多点”的发展新格局：“一轴”是以长江黄金水道为依托，发挥上海、武汉、重庆的核心作用，推动经济由沿海溯江而上梯度发展；“两翼”

分别指沪瑞和沪蓉南北两大运输通道，这是长江经济带的发展基础；“三极”指的是长江三角洲城市群、长江中游城市群和成渝城市群，充分发挥中心城市的辐射作用，打造长江经济带的三大增长极；“多点”是指发挥三大城市群以外地级城市的支撑作用。

（3）京津冀协同发展。

京津冀城市群由首都经济圈的概念发展而来，包括北京市、天津市以及河北省的保定、廊坊、唐山、石家庄、沧州、秦皇岛、承德、张家口、衡水、邢台、邯郸共11个地级市。

京津冀三省市定位分别为：北京市为“全国政治中心、文化中心、国际交往中心、科技创新中心”。天津市为“全国先进制造研发基地、北方国际航运核心区、金融创新运营示范区、改革开放先行区”。河北省为“全国现代商贸物流重要基地、产业转型升级试验区、新型城镇化与城乡统筹示范区、京津冀生态环境支撑区”。

二、中国的交通运输

我国快递运输主要采取航空、陆运（包括公路和铁路）运输方式，水路运输使用相对较少。

（一）航空运输

我国航线以大城市为中心，在大城市之间建立干线航线，同时辅以支线航线，由大城市辐射至周围小城市。按起讫点的归属不同将航线分为国际航线和国内航线。国内航线又可分为干线航线和支线航线。干线航线是指连接北京和各省会、直辖市或自治区首府或各省、自治区所属城市之间的航线，如北京—上海航线、上海—南京航线、青岛—深圳航线等。支线航线则是指一个省或自治区之内的各城市之间的航线。

截至2018年年底，我国航空运输企业达60家，通用航空企业共计423家，我国航线总数达4206条，其中，国内航线3420条、国际航线786条；共有235个颁证运输机场，全行业运输机队规模达3638架，共有旅客吞吐量千万级机场37个，三千万级机场10个。三千万级的机场是：北京首都、上海浦东、广州白云、成都双流、深圳宝安、昆明长水、西安咸阳、上海虹桥、重庆江北、杭州萧山。

我国目前有中国国际航空公司、中国南方航空公司和中国东方航空公司等主要航空公司（见表1－2－2），近些年来民营航空公司发展迅速，如春秋航空股份有限公司、上海吉祥航空有限公司，值得一提的是，顺丰航空是国内首家由民营快递顺丰速运创立的航空公司，是我国目前最大的民营货运航空公司，兼顾远、中、短程的梯队运力可以全面支撑顺丰航空通航50余城，形成了覆盖国内、辐射国际的货运航线网络。

表 1-2-2　　　　中国主要航空公司标志、代码

序号	航空公司名称	标志	公司代码
1	中国国际航空公司	AIR CHINA 中国国際航空公司	CA
2	中国南方航空公司	中国南方航空 CHINA SOUTHERN	CZ
3	中国东方航空公司	中國東方航空 CHINA EASTERN	MU
4	海南航空公司	海南航空 HAINAN AIRLINES	HU
5	深圳航空公司	深圳航空 Shenzhen Airlines	ZH
6	上海航空公司	上海航空公司 SHANGHAI AIRLINES	FM
7	山东航空公司	山東航空公司 SHANDONG AIRLINES	SC
8	厦门航空公司	厦门航空 XIAMENAIR	MF
9	四川航空公司	四川航空 SICHUAN AIRLINES	3U

（二）公路运输

公路运输是快递运输系统的组成部分之一。公路运输一般是指汽车运输，可以实现“门到门”服务。在地势崎岖、人烟稀少、铁路和水运不发达的边远和经济落后地区，公路为主要运输方式，起着运输干线作用。

2018 年年末全国公路总里程 484.65 万 km，比上年增加 7.31 万 km。公路密度 50.48km/百 km^2。全国四级及以上等级公路里程 446.59 万 km，二级及以上等级公路里程 64.78 万 km，高速公路里程 14.26 万 km，其中国家高速公路里程 10.55 万 km。另外，国道里程 36.30 万 km，省道里程 37.22 万 km，农村公路里程 403.97 万 km，其中县道里程 54.97 万 km，乡道里程 117.38 万 km，村道里程 231.62 万 km。

相关知识与拓展

我国公路的分类

我国的公路等级按不同的划分标准有不同的分类，按行政等级可以划分为国家公路、省公路、县公路、乡公路、专用公路五类；按使用年限及交通量可以分为高速公路、一级公路、二级公路、三级公路、四级公路五类，下面将详细介绍后者的分级标准。

高速公路指能适应年平均昼夜小客车交通量为 25000 辆以上、专供汽车分道高速行驶，并全部控制出入的公路，其使用年限为 20 年。

一级公路是指用来给车辆划分行驶方向、分车道行驶的公路。任何车型的车都可以行驶，假如换算成小客车，一天平均有 2 万 ~3 万辆通行。四车道每天为 1.5 万 ~3 万辆，六车道每天为 2.5 万 ~5.5 万辆，其使用年限为 20 年。

二级公路一般能适应各种车辆通行，折合成中型载重汽车，年平均昼夜交通量为 3000 ~7500 辆。其使用年限为 15 年。

三级公路同二级公路差不多，也是要适合每种车型的通行，如果把它换算成中型载重汽车，一天大概有 1000 ~4000 辆车通行，比前面两级都少，其使用年限最多为 10 年。

四级公路和二、三级公路的定义相同，有一点区别就是它有单车道和双车道之分，单车道的通行量少于 200 辆，双车道的通行车辆小于 1500 辆，其使用年限最多为 10 年。

1. 普通国道网

改革开放初，国民经济迅速增长，交通需求急剧增加。由于交通基础设施建设严重滞后，交通运输全面紧张，1991 年，国家提出“五纵七横”国道主干线系统建设规划，并于 2007 年底贯通。“五纵七横”国道主干线总规模约 3.5 万 km，连通首都、各省省会、直辖市、经济特区、主要交通枢纽和重要对外开放口岸，约覆盖全国城市总人口的 70%。

“五纵”指同江—三亚、北京—珠海、重庆—湛江、北京—福州、二连浩特—河口。“七横”指连云港—霍尔果斯、上海—成都、上海—瑞丽、衡阳—昆明、青岛—银川、丹东—拉萨、绥芬河—满洲里。

《国家公路网规划（2013—2030 年）》按照“主体保留、局部优化，扩大覆盖、完善网络”的思路，调整拓展普通国道网，计划到 2030 年，普通国道网将由 12 条首都放射线、47 条北南纵线、60 条东西横线和 81 条联络线组成，总规模约 26. 5 万 km。

2. 国家高速公路网

国家高速公路网由 7 条首都放射线、9 条南北纵线、18 条东西横线组成，约 8. 5 万公里，简称“7918 网”。具体路线如下。

（1）首都放射线（7 条）。

首都放射线是指北京—哈尔滨、北京—上海、北京—台北、北京—港澳、北京—昆明、北京—拉萨、北京—乌鲁木齐。

（2）南北纵线（9 条）。

南北纵线是指鹤岗—大连、沈阳—海口、长春—深圳、济南—广州、大庆—广州、二连浩特—广州、包头—茂名、兰州—海口、银川—昆明。

（3）东西横线（18 条）。

东西横线是指绥芬河—满洲里、珲春—乌兰浩特、丹东—锡林浩特、荣成—乌海、青岛—银川、青岛—兰州、连云港—霍尔果斯、南京—洛阳、上海—西安、上海—成都、上海—重庆、杭州—瑞丽、上海—昆明、福州—银川、泉州—南宁、厦门—成都、汕头—昆明、广州—昆明。

此外包括 5 条地区性环线以及若干条并行线、联络线等。

根据《国家公路网规划（2013—2030 年）》国家高速公路网路线方案表，呼北高速主要控制点为：呼和浩特、和林格尔、右玉、朔州、岢岚、吕梁、吉县、运城、三门峡、灵宝、卢氏、西峡、淅川、十堰、房县、保康、远安、当阳、宜都、石门、慈利、张家界、新化、武冈、新宁、资源、荔浦、平南、桂平、玉林、北海（铁山港区），全长大约 2628km，计划 2020 年 12 月全线贯通。银百高速起点在宁夏回族自治区的银川，途经甘肃省的庆阳，陕西省的咸阳、西安、安康，重庆市的城口、万州、涪陵，贵州省的道真、湄潭、瓮安、贵阳、罗甸，广西壮族自治区的乐业、凌云、百色，终点在广西壮族自治区的靖西龙邦镇，全长 2281km，计划 2030 年全线贯通。

（三）铁路运输

铁路运输是快递运输的方式之一。到 2018 年年末，全国铁路营业总里程为 13. 2 万 km 以上，较 1949 年增长 5 倍。我国铁路主要分为普通铁路和高速铁路两大类。

1. 铁路干线网

中华人民共和国成立前夕，全国 2 万多公里铁路中能够维持通车的仅 1 万多公里，又大都分布在东北和沿海地区。中华人民共和国成立后，我国逐步开始修复和建设铁路，截至 20 世纪 90 年代末，国家在西北、西南地区建成宝成、川黔、成昆、兰青等十几条铁路干线；在华东、华北、东北和中南等地，也修建了一批铁路干线和支线。新建的京九、南昆两大铁路干线纵贯南北，为华东、中南和西南地区发展开辟了新的交通要道。

我国主要铁路干线可以概括为“五纵三横”。

“五纵”如下所示：

（1）京沪线，途经北京—天津—德州—济南—徐州—蚌埠—南京—镇江—常州—无锡—上海。

（2）京九线，途经北京—霸州—衡水—商丘—潢川—麻城—九江—南昌—赣州—龙川—深圳—九龙。

（3）京广线，途经北京—石家庄—邯郸—新乡—郑州—武汉—长沙—株洲—衡阳—韶关—广州。

（4）太焦—焦柳线，途经太原—晋中—长治—晋城—焦作—洛阳—襄樊—枝城—怀化—柳州。

（5）宝成—成昆线，途经宝鸡—成都—攀枝花—昆明。

“三横”如下所示：

（1）京包—包兰线，途经北京—大同—集宁—呼和浩特—包头—银川—中卫—兰州。

（2）陇海—兰新线，途经连云港—徐州—商丘—开封—郑州—洛阳—西安—宝鸡—兰州—乌鲁木齐—阿拉山口。

（3）沪—昆线，途经上海—杭州—鹰潭—萍乡—贵阳—六盘水—昆明。

2. 高速铁路网

高速铁路是信息技术、自动控制技术和新材料、新工艺等多种技术门类、多种专业综合的高新技术集成，自20世纪60年代在日本发展后，迅速在德国、法国等欧洲国家蔓延，技术日臻成熟。

直到2004年，中国尚无高铁。2019年1月，中国高铁通车里程达2.9万km；商业运营时速最高350km，世界之最。如今，中国“四纵四横”高速铁路网已建成运营，长三角、珠三角、京津冀三大城市群高铁连片成网，东部、中部、西部和东北四大板块实现高铁互联互通。我国是世界上唯一高铁成网运行的国家。

“四纵”如下所示：

（1）北京—上海客运专线，贯通京津至长江三角洲东部沿海经济发达地区。

（2）北京—武汉—广州—深圳客运专线，连接华北和华南地区。

（3）北京—沈阳—哈尔滨/大连客运专线，连接东北和关内地区。

（4）上海—杭州—宁波—福州—深圳客运专线，连接长江、珠江三角洲和东南沿海地区。

“四横”如下所示：

（1）徐州—郑州—兰州客运专线，连接西北和华东地区。

（2）杭州—南昌—长沙—贵阳—昆明客运专线，连接西南、华中和华东地区。

（3）青岛—石家庄—太原客运专线，连接华北和华东地区。

（4）南京—武汉—重庆—成都客运专线，连接西南和华东地区。

2016 年 7 月，国家发展改革委、交通运输部、中国铁路总公司联合发布了《中长期铁路网规划》，勾画了新时期“八纵八横”高速铁路网的宏大蓝图。“八纵八横”高速铁路网，即以沿海、京沪等“八纵”通道和陆桥、沿江等“八横”通道为主干，城际铁路为补充的高速铁路网。“八纵八横”可实现相邻大中城市间 1 ~ 4h 交通圈、城市群内 0.5 ~ 2h 交通圈。“八纵八横”高速铁路网预计在 2030 年前建成。

（四）水路运输

我国内陆水系发达，众多的海港为航运通达世界各地提供了条件。水路运输是大宗货物的主要运输方式，但自然风险较高，速度慢，连续性差，因此在快递运输中采用水路运输方式较少。

我国的主要内河航道有长江航道、珠江航道、京杭大运河。长江航道有“黄金航道”的美称，既沟通了内地和沿海，又联系了南北各大地区。珠江是我国南方最大的河流，水量仅次于长江。珠江三角洲航运最发达，这里水网密布，沟通海洋，从广州到黄埔港，一般能通航远洋海轮。京杭大运河北起北京，南至杭州，史上曾是我国南北交通大动脉，目前通航河段是山东济南以南河段，在我国内河航运中货量居第三位。到 2017 年年末，内河航道通航里程达 12.70 万 km，其中等级航道占比为 52.1%，初步建成“两横一纵两网十八线”为主体的内河航道体系。

中国沿海海上运输习惯上以温州为界，划分为北方沿海和南方沿海两个航区。

北方沿海航区指温州以北至丹东的海域，它以上海、大连为中心，包括：上海—青岛—大连；上海—烟台—天津；上海—秦皇岛；上海—连云港；上海—温州；大连—石岛—青岛；大连—烟台；大连—龙口；大连—天津等航线。

南方沿海航区指温州至北部湾的海域，以广州为中心，包括：广州—汕头；广州—北海；广州—海口等航线。

按所承担的货运量来看，北方沿海航区占绝对优势。北方沿海航区的货运的物资构成由北而南，以石油、煤炭运量最大，其次为钢铁、木材等，由南至北为金属矿石、粮食和工业产品。

南方沿海航区则以农产品比重最大，其次为食盐、矿石和煤炭，其中除煤炭以外，其余物资大部分由各中小港口向广州、湛江集中转运内地。现在上海—福州、上海—厦门、上海—广州均有定期班轮航线，并已决定把南、北两个沿海航区连成一片，建设南北海运通道。

我国海运航线分为远洋航线、近洋航线和沿海航线。远洋航线指航程距离较远，船舶航行跨越大洋的运输航线，如远东至欧洲和美洲的航线。我国习惯上以亚丁港为界，把去往亚丁港以西，包括红海两岸和欧洲以及南北美洲广大地区的航线划为远洋航线。近洋航线是本国各港口至邻近国家港口间的海上运输航线的统称。我国习惯上把航线在亚丁港以东地区的亚洲和大洋洲的航线称为近洋航线。沿海航线是本国沿海各港之间的海上运输航线，如上海—广州，青岛—大连等。

三、世界快递地理

（一）世界区域划分

亚洲面积约 4400 万 km^2，是世界第一大洲。亚洲按照地理分区分为东亚、南亚、西亚、中亚、东南亚和北亚。主要国家有中国、日本、韩国、印度、柬埔寨、伊朗、哈萨克斯坦等。

非洲面积约 3000 万 km^2，是世界第二大洲。非洲按照地理分区分为北非、西非、中非、东非和南非。主要国家有埃及、肯尼亚、南非、尼日利亚等。

北美洲面积约 2400 万 km^2，是世界第三大洲。主要国家有加拿大、美国、墨西哥、巴拿马等。

南美洲面积约 1800 万 km^2，是世界第四大洲。主要国家有巴西、阿根廷、智利等。

南极洲面积约 1400 万 km^2，是世界第五大洲。南极洲是围绕南极的大陆，四周被太平洋、印度洋和大西洋所包围，整个大陆 98% 的地方长年被冰雪覆盖，无定居居民。根据 1961 年 6 月通过的《国际南极条约》，南极不属于任何一个国家，它属于全人类。

欧洲面积约 1000 万 km^2，是世界第六大洲。欧洲按照地理分区分为东欧、西欧、南欧、北欧和中欧。主要国家有俄罗斯、英国、法国、德国、荷兰、意大利、西班牙、芬兰、瑞典、瑞士等。

大洋洲面积约 900 万 km^2，是世界上面积最小的一个洲。主要国家有澳大利亚、新西兰、斐济等。

（二）时区

世界各地以太阳高度确定的时间只适用于当地，并不适用其他国家，这给人们带来不便。为了克服时间上的混乱，1884 年在华盛顿召开的一次国际经度会议（又称国际子午线会议）上，将地球的 360°经度按照 15°一个时区划分为 24 个时区，并且规定英国（格林尼治天文台旧址）为本初子午线，即 0°经线。0°经线刚好通过伦敦，所以伦敦采用的时间是 0 时区，即世界标准时间。

以 0°经线开始计算，往东方向，依次分为东 1 ~ 12 区；往西方向，依次为西 1 ~ 12 区。西 12 区和东 12 区共占一个时区，以 180°经线为界，每个时区的中央经线上的时间就是这个时区内统一采用的时间，称为区时，相邻两个时区的时间相差 1h。例如，北京接近东经 120°经线，所以采用的是东 8 区的时间。中国东 8 区的时间比泰国东 7 区的时间早 1h，而比日本东 9 区的时间晚 1h。因此，出国旅行的人，必须随时调整自己的手表，才能和当地时间相一致。凡向西走，每过一个时区，就要把表拨慢 1h（如 2 点拨到 1 点）；凡向东走，每过一个时区，就要把表拨快 1h（如 1 点拨到 2 点），这就是“东加西减”的原则。

想一想

如你现在有一个朋友在伦敦上学，你想在中午 12：00 和他视频聊天，这样合适吗?

解析：因为伦敦处于0时区，按照时间计算，我们中午12：00（东8区)，你朋友现在还处于凌晨4点，可能还在睡梦中。

（三）我国的国际运输

国际运输是我国运输业的重要组成部分。随着快递服务的迅速发展，往来于国际间的快件不断增多，国际运输成为实现快递企业发展的必要手段。

我国的国际航线和国际航空业务发展迅速。国际航线主要从北京、上海、广州等地发出。截至2018年年底，与我国签署航空运输协定的国家已达126个。2018年，国内37家航空公司共安排国际航班每周5171班，其中客运4768班、货运403班；通航国家63个，通航城市171个。

随着“一带一路”建设的推进，按照固定车次、线路、班期和全程时刻表，开行于中国与欧洲及“一带一路”沿线国家的中欧班列已成为集装箱国际铁路联运列车统一品牌。截至2019年4月，运行线路达到65条，通达欧洲15个国家的44个城市，累计运送货物92万标准集装箱，运输网络覆盖亚欧大陆的主要区域。中欧班列铺划了西、中、东3条运行线：西部通道由我国中西部经阿拉山口（霍尔果斯）出境，中部通道由我国华北地区经二连浩特出境，东部通道由我国东南部沿海地区经满洲里（绥芬河）出境。

中国是世界航运的大国，在国际航运领域发挥重要的作用，中国已与世界上60多个国家签订了政府间的双边海运协定，我国与200多个国家和地区的600多个港口建立了航线联系。

我国的远洋航线以主要海港为起点，可分为东、西、南、北四个方向。这些航线把我国与世界主要经济区域联系起来。具体如下。

东行航线由我国沿海港口东行到日本，并经日本东渡太平洋抵达北美和拉美各国，然后再通过巴拿马运河到达加勒比海地区和北美、拉美各国的东海岸。

南行航线由我国沿海港口起南行到东南亚、澳大利亚和新西兰等地。

西行航线是一条非常重要的航线，由我国各港口起先经南再往西航行，穿过马六甲海峡进入印度洋，经红海、过苏伊士运河，入地中海，出直布罗陀海峡，才进入大西洋。还有一条航线，经印度洋，绕过非洲南端的好望角，进入大西洋。西行航线可达南亚、西亚、非洲、欧洲各国港口。

北行航线主要抵达朝鲜、韩国、俄罗斯等的海港。

四、百家姓知识

“姓氏者，标示家族血缘之符号也”。据研究，中华古姓来源于图腾崇拜，系氏族徽号或标志。姓氏一直是代表中国传统宗族观念的主要外在表现形式，以一种血缘文化的特殊形式记录了中华民族的形成，在中华民族文化的同化和国家统一上曾起过独特的民族凝聚力的作用。

《百家姓》是一部关于中文姓氏的作品。按文献记载，成文于北宋初。原收集姓氏411个，后增补到504个，其中单姓444个，复姓60个。《百家姓》与《三字经》《千字文》并称“三百千”，是中国古代幼儿的启蒙读物。“赵钱孙李”成为前四姓是因为《百家姓》形成于宋朝，故而宋朝皇帝的赵氏、吴越国国王钱氏、正妃孙氏以及南唐国主李氏成为百家姓前四位。

据统计，截至2018年，全国在用姓氏共计6150个，传统意义上的“百家姓”占全国户籍人口总量的近85%。全国共有23个姓氏户籍人口数量超过一千万。王姓、李姓户籍人口数量均超过1亿。王、李、张、刘、陈5个姓氏户籍人口数量占据前五名。

在快递服务业务中，很多工作环节都与姓氏有关，尤其是快递员和客服人员，熟悉客户姓氏，有利于提高工作速度和服务质量。

任务三　快递安全知识

知识目标

1. 掌握快递岗位中的信息安全、快件安全、交通安全知识；
2. 掌握基本的消防安全知识；
3. 了解职业病和工伤相关知识。

能力目标

学生通过学习能够树立安全意识，了解快递从业人员不仅要在工作中注意自己的人身安全，还要注意工作场所的消防安全，同时对职业病和工伤相关知识有一定了解。特别是快递从业人员有义务保护客户隐私，保障快件的安全。

任务导入

快递网点突发火灾，大量快递“灰飞烟灭”

2020年2月18日发生了令人痛心的一幕，广东佛山某快递企业网点突发火灾，消防部门全力救援，终于将大火扑灭。火灾过后，快递点内部的画面也显现了出来，网点内部一片漆黑，大量的快递被这场大火烧毁，里面停放的几辆电动三轮车也被烧得面目全非。整个画面可谓是触目惊心，值得庆幸的是，火灾发现比较及时，这场大火并没有人员伤亡。

火灾猛如虎，如今火灾已经发生，快件也被大量烧毁，眼下当务之急就是想办法去弥补对顾客造成的损失，将损失降到最低。与此同时，更要仔细查找引起这次火灾的原因。只有找到原因，排除隐患，才能杜绝类似的事故再次发生。

资料来源：https：//baijiahao. baidu. com/s? id = 1658883571988291379&wfr = spider&for = pc，有删减。

讨论：这起快递营业网点火灾给你什么启示？

一、国家安全知识

（一）国家安全的概念

国家安全是指国家政权、主权统一和领土完整，人民福祉，经济社会可持续发展和国家其他重大利益相对处于没有危险和不受内外威胁的状态，以及保障持续安全状态的能力。在习近平主持召开的中央国家安全委员会第一次会议中，提出了 11 种国家安全：政治安全、国土安全、军事安全、经济安全、文化安全、社会安全、科技安全、信息安全、生态安全、资源安全、核安全。

（二）国家安全的重要性

国家安全直接关系社会主义制度的稳定以及改革开放和社会主义现代化建设的顺利进行。任何个人和企业都有维护国家的安全、荣誉和利益的义务，不得做出有危害国家安全、荣誉和利益的行为。因此作为快递从业人员，必须了解并掌握国家安全的相关知识。

（三）快递从业人员维护国家安全的权利和义务

1. 权利

根据《中华人民共和国国家安全法》的规定，公民组织支持和协助国家安全工作的行为受法律保护。因支持、协助国家安全工作，本人或者其近亲属的人身安全面临危险的，可以向公安机关、国家安全机关请求予以保护，公安机关、国家安全机关应当会同有关部门依法采取保护措施。公民和组织因支持、协助国家安全工作导致财产损失的，按照国家有关规定给予补偿；造成人身伤害或者死亡的，按照国家有关规定给予抚恤优待。公民和组织对国家安全工作有向国家机关提出批评建议的权利，对国家机关及其工作人员在国家安全工作中的违法失职行为有提出申诉、控告和检举的权利。

2. 义务

公民和组织应当履行下列维护国家安全的义务：

（1）遵守宪法、法律法规关于国家安全的有关规定。

（2）及时报告危害国家安全活动的线索。

（3）如实提供所知悉的涉及危害国家安全活动的证据。

（4）为国家安全工作提供便利条件或者其他协助。

（5）向国家安全机关、公安机关和有关军事机关提供必要的支持和协助。

（6）保守所知悉的国家秘密。

（7）法律、行政法规规定的其他义务。

此外，任何个人和组织不得有危害国家安全的行为，不得向危害国家安全的个人或者组织提供任何资助或者协助。

二、快件信息安全知识

（一）快件信息安全的概念

快件的信息安全是指通过制定规章制度和技术措施，防止在未经许可的情况下，修改、盗窃客户快件的信息或对快件进行物理破坏。保证客户快件中的个人和商业信息安全是快递业务员必须履行的职责和义务。

（二）快件信息安全的重要性

随着信息化建设的不断深入，国民经济和社会发展对信息化的依赖程度越来越高，信息安全已成为国家安全、城市安全、公共安全的关键环节。快件中的某些重要信息，一旦发生安全问题，有可能影响社会稳定和经济运行，其后果将是灾难性的。快递企业能否保证快件中的信息安全将直接影响快件能否安全、及时地送达客户，关系快递企业的服务质量和信誉。

（三）保障快件信息安全的基本要求

2015 年 11 月 1 日，国家邮政局规定实行“快递实名制”。针对现在快递业的高速发展与用户信息泄露隐患并存的现象，国务院通过并颁布了《快递暂行条例》，自 2018 年 5 月 1 日起施行。其中明确了“用户隐私信息泄露”的这一违法违规行为，加大了处罚力度。

快递企业致力于加强信息安全建设工作。比如，近两年在快递领域普及的隐私面单（见图 1－3－1），就是快递企业加强信息安全的成果。消费者的信息包括姓名、电话等通过技术处理，不直接显示在快递隐私面单上，并且只允许快递员查看。一些更加先进的技术还会将用户手机号码加密处理，快递员也只能通过 App 直接进行拨打，无法看到号码。快递企业通过权限管理、信息加密、建立线上线下投诉举报制度等多种措施，强化对寄递用户个人信息保护。

此外，快递企业对工作人员的基本要求如下。

图 1－3－1　快递企业隐私面单示意

（1）快件在处理过程中，除指定的有关工作人员外，不准任何人翻阅信息。

（2）快递从业人员不得私自抄录或向他人泄露收、寄件人名址、电话等快件信息。

（3）处理快件的工作场所，除有关人员外，其他人员不得擅自进入。

（4）严禁将快件私自带至与工作无关的任何场所。

（5）严禁藏匿、破坏、非法拆开快件，发现此类现象应及时制止，并向主管部门报告。

（6）申请改寄、撤回或更改收件人地址、姓名等，应严格检查寄件人证件，检查通过后方可拿出快件给申请人检查。

（7）发现快件包装破损可能泄露快件内容信息，应马上报告主管人员。

三、职业安全知识

职业安全是指企业应按照国家有关职业安全与卫生法规的要求，为职工提供一个符合国家职业安全和卫生标准的工作场所或作业环境，劳动者应懂得有关职业安全与卫生的法规和相关知识，正确掌握安全使用生产设施和劳动保护用品的方法，以保护自己免受职业事故或职业病的伤害。职业安全不仅关系广大职工的切身利益，也是快递企业安全、高效生产的有力保障。职业安全在现代企业管理中已显得日益迫切和重要。

（一）职业病及其预防

1. 职业病

根据《中华人民共和国职业病防治法》的规定：职业病是指企业、事业单位和个体经济组织等用人单位的劳动者在职业活动中，因接触粉尘、放射性物质和其他有毒、有害物质等因素而引起的疾病。各国法律都有对于职业病预防方面的规定，一般来说，凡是符合法律规定的疾病才能称为职业病。2013 年 12 月 30 日印发的《职业病分类和目录》将职业病分为十大类，共 132 种。

在生产劳动中，接触生产中使用或产生的有毒化学物质、粉尘气雾、异常的气象条件、高低气压、噪声、振动、微波、X 射线、γ 射线、细菌、霉菌；长期强迫体位操作，局部组织器官持续受压等，均可引起职业病，一般将这类职业病称为广义的职业病。对其中某些危害性较大，诊断标准明确，结合国情，由政府有关部门审定公布的职业病，称为狭义的职业病或称法定（规定）职业病。

我国政府规定诊断为法定（规定）职业病的，需由诊断部门向卫生主管部门报告；职业病患者，在治疗休息期间，以及确定为伤残或治疗无效而死亡时，按照国家有关规定，享受工伤保险待遇或职业病待遇。

2. 职业危害与预防

职业危害因素是指在职业活动中产生和（或）存在的可能对职业人群健康、安全和作业能力造成不良影响的因素或条件，包括化学、物理、生物等因素。快递作业中常见的职业病危害因素有粉尘、化学毒物、噪声与振动、高温、低温等。下面介绍粉尘的危害与防治、化学毒物的危害与预防。

（1）粉尘的危害与防治。

国际标准化组织规定，粒径小于75μm的固体悬浮物为粉尘。

①粉尘的危害。粉尘的危害包括污染大气环境、降低光照度、破坏机器特别是精密仪器。粉尘对人的五官、皮肤的刺激作用会引起炎症，人体接触有毒粉尘（如铅、砷、汞等）会引起中毒，吸入各类粉尘到人体肺部均易引起尘肺病。

②粉尘的防治措施。针对粉尘危害，可以从“革、水、密、风、护、管、教、查”八个方面防治。“革”，是指工艺改革和技术革新；“水”，是指湿式作业；“密”，是指密闭尘源；“风”，是指通风除尘；“护”，是指个人防护；“管”，是指建立规章制度，维护管理；“教”，是指宣传教育；“查”，是指定期检查评比、总结，定期健康检查。

（2）化学毒物的危害与预防。

①化学毒物的危害。化学毒物是指进入机体，蓄积达一定的量后，干扰或破坏机体的正常生理功能，引起暂时性或永久性的病理状态，甚至危及生命的化学物质。化学毒物侵入人体后与人体组织发生化学或物理化学作用，并在一定条件下破坏人体的正常生理机能，引起某些器官和系统发生暂时性或永久性病变，这种病变被称为中毒。

②化学毒物的预防。预防中毒，应定期对工作场所空气中的毒物浓度进行检测，超标时要采取措施，将其控制在国家职业卫生标准接触限值以下。快递从业人员应实行上岗前健康体检，排除职业禁忌证者参加接触毒物的作业，坚持定期体检和离岗体检，做到患病早治疗。

快递行业在收寄快件时应严格遵守国家相关的禁寄物品规定，禁止收寄危险化学品。

对于散发有毒有害物质的工作场所，应采用密闭的方法防止毒物逸散，在密闭不严或不能密闭处，应安装通风排毒设施维持负压操作，并将逸散的毒物排出。

案例

山东“夺命快递”致1死9中毒

2013年11月29日，山东广饶县一位市民刘先生因收快递导致中毒，经抢救无效死亡。经过警方鉴定，快件在中转过程中被污染了“氟乙酸甲酯”。那么，这种剧毒化学品是如何进入快递链条的？

氟乙酸甲酯的运输，需要由取得《道路危险货物运输许可证》的企业使用危化品专用运输车进行，运费较高。湖北省武汉市某专业工厂生产危险化学品氟乙酸甲酯，该厂副厂长杨某为了节省运费，找了几家快递公司寄递，但都遭到拒绝。后来，规模小、效益差的某快递公司营业网点受理了杨某的请求，多次为他寄递氟乙酸甲酯。

刘先生网购的鞋子与杨某寄递的25kg氟乙酸甲酯在武汉某快递公司“相遇”，由同一辆货车运送到该快递企业山东潍坊中转中心。事发当天，他打开快递公司送来的包裹，闻到刺鼻气味，几小时后出现恶心、腹痛等症状，最终因抢救无效死亡。死因鉴定为化学品“氟乙酸甲酯”中毒。

据相关部门调查确认，这个有毒包裹是在寄送过程中，被其他快件泄漏出的化学品污染的。快件在收件时没有按邮政法规定严格进行检查，导致氟乙酸甲酯违规进入快递流程。山东潍坊转运中心发现问题后没有及时上报，而是自行对快件进行隔离，并将污染较轻的快件投出。后经核查，转运车辆上的1844件快件中，包括污染源在内共154件快件沾上氟乙酸甲酯。48h内导致5名中转中心工作人员中毒，死者妻子和女儿中毒，寿光、胶州各有一例身体不适。

2015年4月，喧嚣一时的“夺命快递”事件，最终以6人被判有罪的结局尘埃落定。

案例来源：http：//qd. sohu. com/20131223/n392215099. shtml；https：//tech. qq. com/a/20151112/054113. htm.

（3）噪声危害与防护。

噪声是指没有规律的声音，既没有固定的振动周期也没有稳定的强度，从生理学和心理学的角度而言，噪声泛指人们不需要的，对人的听力、健康、情绪、心理带来负面影响的所有声音。

①生产性噪声的危害。首先是对人听力的影响，其次是对人的消化系统、神经系统、心血管系统等的影响。例如，影响人的睡眠，诱发不良情绪，干扰人们的正常交流，这些都是导致事故的潜在危险因素。

②生产性噪声控制与防护。其包括生源控制、传播途径控制、噪声个体防护、噪声作业职业健康监护等手段。当环境噪声控制措施达不到职业接触限值要求时，必须采用噪声个体防护用品，即护听器。护听器有耳塞、耳罩和防噪声帽盔三类。

（4）振动危害与控制。

①振动的危害。振动是指因为力的往复作用使机件或机械整体产生往复运动，往复作用的力透过机件作用于人身上。根据振动对人体作用范围的不同可分为两类，即全身振动和局部振动。全身振动一般为大振幅、低频率的振动。振动所产生的能量能通过支撑面作用于坐位或立位操作的人身上，引起一系列人体组织器官的病变；局部振动可引起手臂振动病，属法定职业病之一。

②振动的控制。振动控制包括振源控制、弹性隔振、阻尼减振三大手段。振动的职业健康监护包括上岗前、在岗期间和离岗时振动危害职业健康检查。上岗前的职业健康检查主要是为了发现振动职业禁忌证，在岗期间职业健康检查主要是为了发现手臂振动病。振动个体防护措施主要是使用防振手套。

（5）高温作业危害与防护。

高温作业是指在生产劳动过程中，作业场所平均 WBGT 指数（Wet Bulb Globe Temperature Index）大于或等于 25℃的作业（WBGT 指数亦称为湿球黑球温度，是通过干球温度计、自然湿球温度计、黑球温度计在同一地点分别测得温度的加权代数和。该指数是综合评价人体接触作业环境热负荷的一个基本参量，单位为℃）。

①高温作业的危害。高温作业最直接的危害是导致职业性中暑。中暑是由于热平衡和（或）水盐代谢紊乱而引起的以中枢神经系统和（或）心血管障碍为主要表现的急性疾病。中暑发病进程是热量积蓄致使体温升高，首先摧毁体温调节机制，体温进一步过高，超过细胞特别是脑细胞能够耐受的程度时，将出现以中枢神经系统为主的功能失调症状，严重时可危及生命。

②高温作业的防护。对于劳动者室内和露天作业 WBGT 指数不符合标准要求的，应根据实际接触情况采取有效的个人防护措施。高温作业工人应穿导热系数小、透气性好的工作服；根据不同作业的要求，还应适当佩戴防热面罩、工作帽、防护眼镜、手套、鞋盖、护腿等个人防护用品。

（6）低温作业的危害与防护。

根据中华人民共和国国家标准《低温作业分级》（GB/T 14440—1993）的规定，作业人员在生产劳动过程中，其工作地点平均气温等于或低于 5℃的作业即为低温作业。在室内因条件限制或其他原因而无采暖的作业，如冷库、酿造业的地窖等，这类低温作业的特点是没有季节性。快递行业一些工作人员常年在室外作业，北方的冬季气温较低，需要低温作业防护。

①低温作业的危害。低温作业首先会影响人的正常操作能力，导致工效下降甚至事故，严重时可出现冻伤。冻伤已被列入我国职业病分类与目录，成为法定职业病之一。全身机体受冷后，首先是毛细血管收缩，皮肤血流量减少，末梢血管收缩，也会使血压升高，容易引起高血压患者发生脑出血的意外。

②低温作业的防护。低温作业环境应尽可能实现自动化、机械化，避免或减少人员低温作业；在冬季寒冷作业场所，要有防寒采暖设备，露天作业要设防风棚、取暖棚；应选用导热系数小、吸湿性弱、透气性好的材料做防寒服装。工作时，作业人员必须穿戴好防寒服、鞋、帽、手套等保暖用品；冷库附近要设置更衣室、休息室，保证作业人员有足够的休息次数和休息时间，有条件的最好让作业后的工人进行热水浴。

3. 职业病的预防

（1）建立劳动卫生职业病防治网。由各级领导负责，有关方面大力协作，建立一个由专业防治机构以及劳动保护专职人员组成的防护网，开展职业病的防治工作。

（2）建立空气中毒物浓度测定制度。定期测定，以提供改进预防措施的依据。

（3）建立工作前体检、定期体检制度。工作前体检在于防止患有某些疾病的人不适于该工作的情况，如腰部受过重伤的工人不宜从事搬运工作。定期体检目的在于尽早发现职业危害对人体的影响，早诊断，早治疗。

（4）合理使用劳动防护用品，尽量减少快递企业常见的职业伤害。

（5）技术革新、工艺改造。这是预防职业病的重要途径，从根本上改善劳动条件，控制和消除某些职业性毒害。

（6）增加通风排气设备，将有毒气体局限化并及时排出；对少数高毒物质，必须严格密闭，采取隔离式操作，以避免或减少直接接触。

（二）工伤及其预防

1. 工伤的认定

工伤亦称“因工负伤”，是指职工在生产劳动或工作中负伤。根据国家规定，执行日常工作及企业行政方面临时指定或同意的工作，从事紧急情况下虽未经企业行政指定但于企业有利的工作，以及从事发明或技术改进工作而负伤者，均为工伤。《工伤保险条例》规定，有下列情形之一的认定为工伤：

（1）在工作时间和工作场所内，因工作原因受到事故伤害的。

（2）工作时间前后在工作场所内，从事与工作有关的预备性或者收尾性工作受到事故伤害的。

（3）在工作时间和工作场所内，因履行工作职责受到暴力等意外伤害的。

（4）患职业病的。

（5）因工外出期间，由于工作原因受到伤害或者发生事故下落不明的。

（6）在上下班途中，受到机动车事故伤害的。

（7）法律、行政法规规定应当认定为工伤的其他情形。

职工有下列情形之一的，视同工伤：

（1）在工作时间和工作岗位，突发疾病死亡或者在48小时之内经抢救无效死亡的。

（2）在抢险救灾等维护国家利益、公共利益活动中受到伤害的。

（3）职工原在军队服役，因战、因公负伤致残，已取得革命伤残军人证，到用人单位后旧伤复发的。

想一想

下列哪些情形下不得认定为工伤？

①派件途中中暑晕倒。

②醉酒或者吸毒致伤。

③在工作场所被重物砸伤。

④故意犯罪致伤。

⑤自残或者自杀。

⑥下班途中遭遇车祸受重伤。

⑦派件过程中跟客户起争执被打伤。

解析如下。

《国务院关于修改〈工伤保险条例〉的决定》中指出，有下列情形之一的，不得认定为工伤或者视同工伤：

①故意犯罪的。

②醉酒或者吸毒的。

③自残或者自杀的。

2. 工伤事故的预防

工伤预防是指事先防范职业伤亡事故以及职业病的发生，减少事故及职业病的隐患，改善和创造有利于健康的、安全的生产环境和工作条件，保护劳动者在生产、工作环境中的安全和健康。工伤预防是建立健全工伤预防、工伤补偿和工伤康复“三位一体”工伤保险制度的重要内容，是避免和减少工伤事故和职业病的发生，有效保障职工的生命安全，减少经济损失，促进企业的稳定发展和社会的稳定的关键手段。

工伤预防措施可以分为工程技术措施、教育措施、管理措施和经济措施等。

（1）工程技术措施是指对设备、设施、工艺、操作等，从安全角度考虑计划、设计、检查和保养的措施。

对新设备、新装置，从设计阶段开始就应充分考虑安全问题。一般新设备开始时能满足安全要求，但使用以后，因磨损、疲劳或腐蚀等因素的影响，设备也会转变为不安全的状态。因此必须根据生产的发展和设备的使用情况，及时改进或采取相应的工程技术措施。工程技术措施是最基本的预防措施。

（2）教育措施是指通过不同形式和途径的安全教育，使职工掌握安全方面的知识和操作方法。安全教育不仅仅是为了学习安全知识，更重要的是要会应用安全知识。

安全教育分两个大方面，一个是思想教育，另一个是安全技术知识教育。

思想教育的目的是要使企业领导、管理人员和操作人员从思想上认识安全工作对生产的促进和保护作用，正确处理好安全与生产的关系，自觉地去组织和落实安全措施。加强法制观念，严格执行规章制度，是做好安全工作的基础。通过提高各级领导和广大职工的政策水平，正确理解安全生产方针，严格认真执行安全生产法规，做到不违章指挥、不违章作业。

安全技术知识教育包括生产技术、安全技术知识以及专业安全技术知识三个层次的教育。生产技术教育包括企业的基本生产概况、生产工艺流程、操作方法、设备性能以及产品的结构、质量和规格。安全技术知识教育包括企业生产过程中的不安全因素及其规律性、可预防性、安全防护基本知识和尘毒防治的综合措施，个人防护用品的正确使用，发生事故时的紧急救护及自救措施等。专业安全技术知识教育是对特种作业人员进行的专门教育。掌握先进、实用的安全技术是进行安全生产的另一重要前提。

（3）管理措施是指由国家机关、企业单位组织制定有关的安全规程、规范和标准，是从制度上采取的措施。

管理措施包括贯彻实施有关法规、规章、标准、规范、安全操作规程，组织安全检查，落实岗位责任制，交接班制度以及各种安全认证制度，如挂牌操作、动用明火程序等。

（4）经济措施指采用经济手段辅助进行工伤预防。比较行之有效的措施是在企业内部设立各种安全奖。对安全生产搞得好的单位和个人进行物质奖励，差的进行经济惩罚。

作为快递企业，对工伤事故的预防可以采取以下措施：

①对员工特别是新员工进行职业培训，强化安全意识，提高自我保护能力。

②完善科学管理制度，落实各项安全生产防护措施。

③及时发放配备劳动保护用品。

④安排员工加班加点工作时应考虑员工身体承受能力。

⑤定期对企业生产设备进行检测和维护，防止因生产设备的原因发生事故。

3. 工伤保险

工伤保险，是指劳动者在工作中或在规定的特殊情况下，遭受意外伤害或患职业病导致暂时或永久丧失劳动能力以及死亡时，劳动者或其遗属从国家和社会获得物质帮助的一种社会保险制度。工伤保险是指通过社会统筹的办法，集中用人单位缴纳工伤保险费，建立工伤保险基金，对劳动者在生产经营活动中遭受意外伤害或职业病，并由此造成死亡、暂时或永久丧失劳动能力时，给予劳动者及其实用性法定的医疗救治以及必要的经济补偿的一种社会保障制度，这种补偿既包括医疗、康复所需费用，也包括保障基本生活的费用。

《工伤保险条例》第十条规定：用人单位应当按时缴纳工伤保险费。职工个人不缴纳工伤保险费。用人单位缴纳工伤保险费的数额为本单位职工工资总额乘以单位缴费费率之积。

《工伤保险条例》第四条第三款规定：职工发生工伤时，用人单位应当采取措施使工伤职工得到及时救治。对受伤较轻的，可以到本单位的内部医疗机构进行简单处理；但对伤害严重的，应当将伤者尽快送到附近有相应处理能力的医疗机构进行抢救。一方面，用人单位的抢救要抢时间，以满足紧急救治工伤职工的需要；另一方面，用人单位在运送伤员时，要运用科学的卫生防护手段和技术，使伤情得以控制，而不加重病情。此外，根据 1991 年国务院制定的《企业职工伤亡事故报告和处理规定》，用人单位要及时向有关部门报告，否则要受相应的处罚。

（三）职业安全中的劳动防护

1. 劳动防护用品的概念

劳动防护用品是指为使劳动者在生产过程中免遭或减轻事故伤害和职业危害而提

供的个人随身穿（佩）戴的用品。劳动防护用品除个人随身穿用的防护性用品外，还有公用性的防护设施和用具，如安全网、护罩、护栏等。

2. 快递业务员常用的劳动防护用品

（1）护腰带或护腰背心。经常做腰部负重工作的人员可以使用防护装备，如使用护腰带（见图1－3－2）和护腰背心等保护腰部，以便加强腰部固定性。防止快递从业人员因长期搬运快件弯腰或腰部负力过重而引起腰肌劳损。

（2）口罩。快递从业人员在粉尘较多的作业环境中，需要佩戴防护口罩，减少粉尘对身体的直接危害，预防尘肺病。

根据防护对象不同，可将口罩分为防油性颗粒物（油烟、油雾和非油性颗粒物）和非油性颗粒物（粉尘、烟、雾、微生物等）两种。根据国家标准，KN 系列防尘口罩分为 KN100、KN95、KN90 三个等级。

劳动防护口罩的选择因工作环境而异。一般工作环境戴棉纱口罩（见图1－3－3）即可，棉纱口罩属于机械式过滤口罩，依靠棉纱的层层阻挡，能挡住直径像头发丝粗的颗粒物。防护口罩是防护级别较高的口罩，比如 KN95 口罩（见图1－3－4）是一种常见的防护口罩，它对于直径为0.3μm 的颗粒物有 95% 的过滤效果，有助于预防肺部伤害发生。

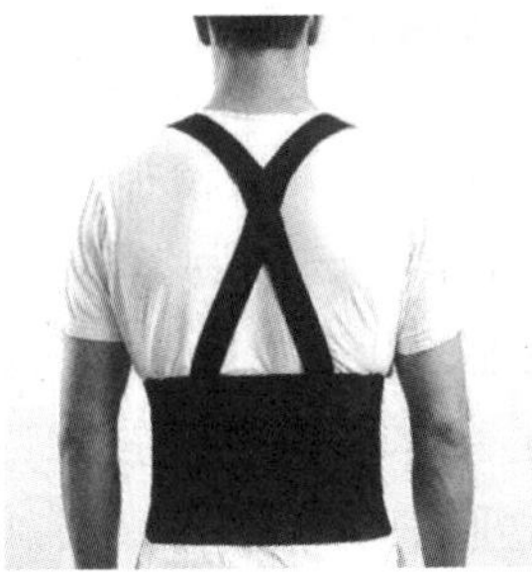
图1－3－2 护腰带

图1－3－3 棉纱口罩

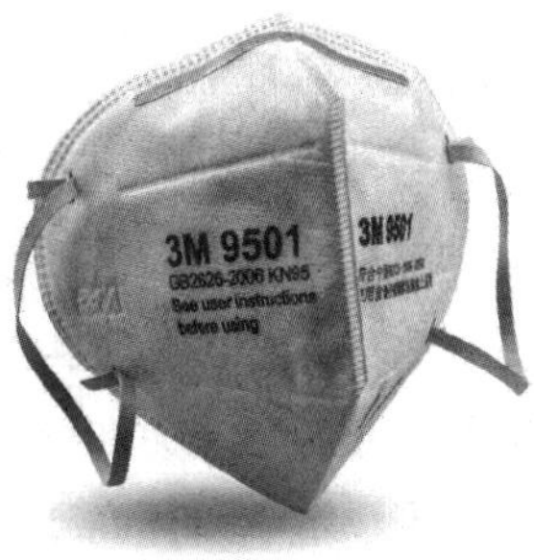

图1－3－4 KN95 口罩

（3）防护鞋。其用于保护足部免受伤害。快递从业人员进入处理场地，需要穿上防护鞋（见图1－3－5），防止足部砸伤；雨雪天气，路面较滑时，应该穿上防滑鞋（见图1－3－6），防止摔倒。

图1－3－5 防砸防穿刺保护鞋

图1－3－6 雨雪天气防滑鞋

（4）防护手套。其用于手部保护，防止手部撞击、切割、擦伤。快递从业人员在搬运有可能对手部造成伤害的（表面粗糙、锋利等）快件时，应该戴上防护手套（见图1－3－7）。

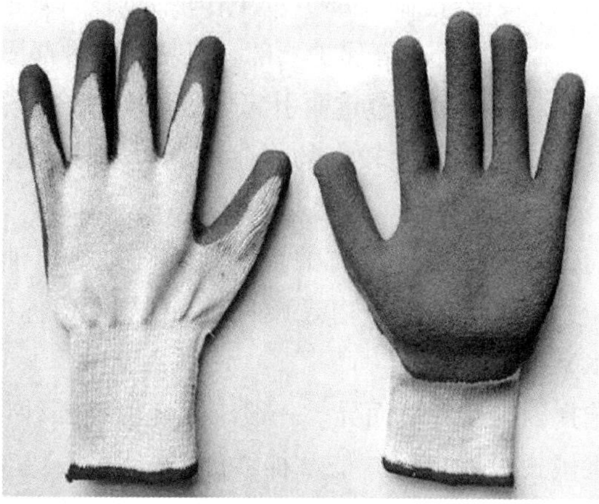

图1－3－7　防护手套

（四）企业安全文化建设

党的十九大报告强调，要树立安全发展理念，弘扬生命至上、安全第一的思想，完善安全生产责任制，坚决遏制重特大安全事故。贯彻落实党的十九大精神，必须强化企业文化特别是企业安全文化建设，让干部职工时刻绷紧安全生产这根弦。

安全文化建设作为一种新的企业管理路径，凸显的是企业的社会责任、政治责任，更体现了企业的软实力和核心竞争力。企业安全文化建设的主体和客体都是职工，因此，首先要注重全面提高干部职工的素质和能力，通过确立职工安全红线意识、提高职工综合素质、加强内部管理来实现安全生产和提质增效。

企业安全生产只有起点没有终点，企业安全文化建设也不可能一蹴而就，更不可能一劳永逸，需要付出久久为功的努力。当前，加强企业安全文化建设必须在以下四个方面下更大的功夫。

（1）加强价值引导建设，让安全文化成为生产一线的警世钟。帮助职工树立正确的安全价值观，是安全文化建设必须解决的现实难点问题。企业可以开展安全生产主题宣传教育，利用岗前培训、班前班后会引导职工在工作中学习安全知识、在实践中运用安全技能，逐步形成安全制度与安全文化、安全知识与安全技能融为一体的宣传教育格局。

（2）加强载体文化建设，让安全文化成为企业发展的传承载体。通过凝练岗位精神、树立载体标杆、辅导推进计划等，打造激发安全内生动力的载体，由典型效应引发群体效应，使之成为新职工培训引导的教材，在安全生产与经营管理中形成企业安全文化的沉淀与传承。企业经营管理者、关键岗位管理人员要以务实的态度抓落实，有针对性地利用基层群众基础和传统优势资源，一步一个脚印地建立起企业安全文化落地渠道和传承载体。

（3）加强行为模式建设，让企业安全文化成为职工的安全帽。企业在不断完善制度、改进工艺、更新设备、改善作业环境、配备劳保用品的同时，必须更加关注培养提升职工自身安全能力，促进职工安全行为的制度化和规范化。通过细化措施、整体推进，不断深化各岗位安全行为模式标准化建设工作，使作业人员对操作流程、设备状况、岗位职责都能够了然于胸。

（4）加强管理创新建设，让企业安全文化成为企业发展的推进器。传统的安全管理方法和安全管理手段已不能满足企业安全管理的需要，这就要求企业在推进安全文化落地时，必须着眼于安全管理创新，推进企业安全文化建设工作。着力构建企业管理层组织领导、安全生产管理部门和其他相关部门齐抓共管的企业安全文化建设格局，形成全覆盖的企业安全文化建设体系，为安全生产保驾护航。

四、疫情流行期间快递人员防控措施

新型冠状病毒感染的肺炎是一种新发传染病，快递员是流动性较高的群体，根据目前对该疾病的认知，快递企业及快递员要做好如下防控。

（1）快递企业应做好工作人员的健康监测，建立每日体温监测制度，并做好信息登记。

（2）快递企业应为快递员提供足够的医用口罩和免洗手消毒剂等防护用品。

（3）快递企业应教育职工尽量减少聚会，避免到人员密集的公共场所活动。

（4）快递员应保持居室清洁，勤开窗通风。

（5）快递员外出提供服务时应佩戴医用口罩。戴口罩前应保持手部卫生，分清口罩的正、反面，佩戴时应全部遮盖口鼻处，双手压紧鼻两侧的金属条，使口罩与面部紧密贴合。当口罩污染或潮湿后应及时更换。

（6）保持手部卫生。减少接触公共场所的公共物品；掌握正确的洗手方法，勤洗手，洗手时使用洗手液或香皂，使用流动水洗手。

（7）尽量减少使用厢式电梯，减少与顾客的接触机会。

（8）保持良好的卫生习惯。不随地吐痰，打喷嚏或咳嗽时用手肘部或纸巾遮住，不要用手接触口、鼻、眼。口鼻分泌物用纸巾包好，弃置于有盖垃圾箱内。

（9）快递员有发热、咳嗽等症状应自觉停止提供快递或送餐服务，快递企业应督促其及时就医。

五、快件安全知识

保证快件的安全是快递服务中的一个非常重要的内容，快件的安全直接影响快递企业的服务质量和企业形象。

（一）快件安全的内容

快递企业应采取措施，确保快件安全，如下所示。

（1）防止损毁。防止快件由于受潮、污染、虫咬、火烧等造成损毁。

（2）防止被盗。防止快件整件或者部分内容在收派过程中被盗。既要防止社会外部盗窃快件，也要加强内部快件安全管理。

（3）防止泄密。不得拆解快件，并保守快件信息秘密。

（4）防止丢失。在外部收派过程中防止由于夹带快件、外包装破损等造成快件丢失。

（二）保障快件安全的注意事项

1. 利用非机动车收派

（1）快递员在进行快件收派过程中，快件不交由他人捎带，不乱扔乱放，不让他人翻阅。

（2）进入单位或居民区内，车辆及快件应尽量放在视线可及或有人看管的相对安全的地方，做到快件不离身。

（3）收派快件时，不出入与工作无关的场所。

（4）雨雪天气准备好防水防冻物品，防止快件被淋湿。

（5）派送时，将快件捆扎牢固，快件不得裸露在外，避免快件在路途中掉落。

2. 利用机动车收派

（1）快递派送车后厢玻璃窗应有防护措施，电动三轮车的车厢和摩托车装快件的容器应加装锁具。

（2）机动车递送快件时要将车辆放在适当的位置（视线可及的范围）。司机下车时必须锁好车辆并将车钥匙取下，以确保快件和车辆的安全。

除此之外，快递员需要加强安全防范意识，克服麻痹思想，确保人身安全和快件安全。如发生快件、车辆被盗抢的情况，快递员应立即报警，并及时向领导汇报，妥善处理好被盗快件的善后工作。

（三）疫情流行期间快递企业防控措施

传染病暴发流行期间，快递企业相关部门应立即根据政府发布的预防控制方法及指导原则制定相应的应急措施。快递企业应储备一定量的符合国家标准的消毒产品和防护用品，所有从事消毒工作的人员应经过培训，并严格按疾病预防控制部门的要求或消毒产品使用说明进行操作。

1. 快件处理各环节的预防措施

营业网点应每日消毒。消毒范围包括地面、门把手、柜台、桌椅、公用设施、设备、总包袋等。网点应勤通风换气，并定期对空调进行消毒。网点工作人员上班期间应按规定穿戴防护用品。

中转中心的分拣与输送设备也应在每班结束后定期消毒。设备消毒应使用无腐蚀性消毒剂擦拭或直接喷雾，达到消毒作用时间后用清水擦拭。中转中心工作人员上班期间也应按规定穿戴防护用品。总包袋应定期集中消毒。

运输快件的车辆应在装载快件前通风换气，并用消毒剂对驾驶室、货箱内部进行消毒。车辆归班后，应先停靠在专门区域内，打开门窗进行通风，换气后方可驶入快件装卸区。卸下快件后，应立即对驾驶室、货厢内部进行消毒。驾驶人和押运人员在工作期间应按规定穿戴防护用品，必要的时候还应按规定进行体检。

快递员每次归班后，应立即使用消毒剂对所使用的设备、衡器、用品用具等进行消毒，并定期对收派作业使用的容器、格架、车辆等进行消毒。快递员投递快件时应采取相应的防护措施，并将快件投递到疾病预防控制部门指定的地点或场所。

2. 处理可疑污染快件的措施

怀疑为可疑污染快件时，应立即向当地疾病预防控制部门报告，并在疾控部门的指导下，由卫生消毒专业人员对发现可疑快件的处理场所消毒。

可疑污染快件应使用双层不易破损的塑料袋封存，并按疾病预防控制部门的规定进行无害化处理。处理可疑污染快件时，应按规定穿戴防护用品。可疑污染快件应使用专车运输。

六、交通安全知识

快件的运输是快递流通的重要环节之一，也是快递之所以“快”的核心。严格遵守交通安全规则是人身安全的重要保证，无论是汽车、摩托车都要严格遵守交通法律法规，做到既保证自身的安全，又不对他人造成伤害。

（一）驾驶汽车的安全注意事项

1. 避免疲劳驾驶

疲劳驾驶是指驾驶员在长时间连续行车后，产生生理机能和心理机能的失调，而在客观上出现驾驶技能下降的现象。驾驶人睡眠质量差或不足，长时间驾驶车辆，容易出现疲劳。疲劳后继续驾驶车辆，会感到困倦瞌睡，四肢无力，注意力不集中，判断能力下降，甚至出现精神恍惚或瞬间记忆消失，出现动作迟误或过早，操作停顿或修正时间不当等不安全因素，极易发生道路交通事故。因此，疲劳后严禁驾驶车辆。

相关知识与拓展

防止疲劳驾驶的几点建议

①出行之前要有充足的睡眠。

②不要服用使人困倦的任何药物。

③驾驶车辆每 3 ~4h 至少停车休息 20min。

④行车中保持驾驶室空气畅通、温度和湿度适宜，减少噪声干扰。

⑤感到疲劳时应及时驶离道路，停到安全地带休息，减轻疲劳后再继续驾驶车辆，并尽量不在深夜出行。

2. 预见性驾驶

许多交通事故都是由于驾驶员对险情确认迟缓或判断失误所致。为了避免交通事故的发生，预测在什么样的场合会有怎样的险情，对于安全驾驶非常重要。

相关知识与拓展

预见性驾驶三要点

①学会判断：不要因错误判断或盲目自信导致交通事故。

②及时确认：对复杂的交通环境中可能出现的险情进行及时确认。

③有效操作：根据险情的程度，理智地采取相应驾驶操作。

3. 应急驾驶

很多交通事故往往是因为一些突然情况所致，比如爆胎、转向失控、制动失灵、火灾、碰撞、天灾等。驾驶员一旦遇上这些紧急情况，一定要采取必要的应急技术措施，最大限度地减轻或化解事故带来的损失和伤亡。

（二）快递专用电动三轮车驾驶要求

（1）快递专用电动三轮车在非机动车道上行驶，最高车速不应大于 15km/h。

（2）轻型快递专用电动三轮车整车长度不得超过 2.7m，宽、高分别不得超过 0.9m 和 1.4m。重型快递专用电动三轮车整车最大长、宽、高限值分别为 3m、1m、1.5m。

（3）快递专用电动三轮车最大装载质量不超过 180kg。

（4）厢体顶部、左右侧面不应安装有外凸物。

（5）快递专用电动三轮车只准许乘坐 1 个驾驶员。

（6）临时停靠禁占机动车道。

（三）助力自行车驾驶要求

（1）使用助力自行车驮载快件，长宽高不准超过规定限度：高度自地面起不得超过 1.5m，宽度左右不得超出车把 0.15m，长度前端不宜超出车轮，后端不宜超出车身 0.3m。

（2）助力自行车应在非机动车道上行驶。

（3）在没有区分机动车道与非机动车道的道路上，应当靠车行道的右侧行驶，并注意观察瞭望，避让机动车辆。

（4）转弯前，减速慢行，向后瞭望并伸手示意，确认安全后方可转弯。

（5）不牵引其他车辆，也不被其他车辆牵引；不攀扶其他车辆；双手不离车把。

（6）通过陡坡或交通情况复杂地段时，下车推行通过。

（7）超越其他车辆时，不能影响被超车辆和其他车辆的正常行驶。

（四）摩托车驾驶要求

（1）摩托车载物，高度从地面起不得超过 1.5m，长度不得超出车身 0.2m。两轮摩托车载物宽度左右不得超出车把 0.15m；三轮摩托车载物宽度不得超过车身。

（2）按规定线路行驶。

（3）驾驶摩托车双手不得离开车把。

（4）不许在车把上悬挂物品。

（5）行车途中不得接打电话。

（6）不得下陡坡时熄火或者空挡滑行。

（7）摩托车驾驶员及乘坐人员应按规定戴头盔。

七、消防安全知识

快递服务工作，尤其是快件处理场地同消防安全工作联系十分紧密。作为快递从业人员，必须增强消防安全意识，掌握消防安全相关知识，以杜绝消防隐患。

（一）处理场地的消防安全注意事项

（1）场地内要保持环境清洁，各种物料码放整齐并远离热源，注意室内通风。

（2）保证场地内防火通道的畅通，出口、通道处严禁堆放任何物品。

（3）场地内不得私接电源、电线，如确实需要，需报相关部门批准和办理。

（4）使用各种设备必须严格遵守操作规程，严禁违章作业。

（5）电气设备运行期间，要加强巡视，发现异常及时处理。

（6）避免各种电气设备、线路受潮和过载运行，防止发生短路，酿成事故。

（7）场地内禁止使用明火，如确实需要须征得安保部门同意，在采取有效安全措施后，专人负责，使用后保证处理妥当无隐患。

（8）消防灭火器等消防器材及设施必须由专人负责，定点放置；定期检查自动报警系统、消防设备能否正常使用。

（9）消防安全人员按时对场地内各部位进行检查，出现问题及时报告。

（10）工作结束前，应检查本区域内所有开关、电源是否断开，确认安全无误后方可离开。

（11）发现火灾险情要积极扑救，并立即报警。

（二）火灾种类及常见灭火器

1. 火灾种类

根据可燃物的类型和燃烧特性，可将火灾分为A、B、C、D、E、F六大类。

A类火灾指固体物质火灾。这种物质通常具有有机物质性质，一般在燃烧时能产生灼热的余烬。如木材、干草、煤炭、棉、毛、麻、纸张、塑料（燃烧后有灰烬）等火灾。

B类火灾指液体或可熔化的固体物质火灾。如煤油、柴油、原油、甲醇、乙醇、沥青、石蜡等火灾。

C类火灾指气体火灾。如煤气、天然气、甲烷、乙烷、丙烷、氢气等火灾。

D类火灾指金属火灾。如钾、钠、镁、钛、锆、锂、铝镁合金等火灾。

E类火灾指带电火灾。其是指物体带电燃烧的火灾。

F类火灾指烹饪器具内的烹饪物（如动植物油脂）火灾。

2. 四种基本的灭火方法

（1）窒息灭火法。窒息灭火法是根据可燃物燃烧需要足够的空气（氧气）这个条件，采用适当措施阻止空气流入燃烧区，或者采用不燃物质或惰性气体冲淡（稀）空气中的氧气含量，使燃烧物缺乏氧气的助燃而熄灭。这种灭火方法适用于扑救密闭的房间、生产装置、设备容器内的火灾。

（2）冷却灭火法。冷却灭火法是根据可燃物发生燃烧必须达到一定温度的条件，将水或灭火剂直接喷洒在燃烧着的物体上，使燃烧物的温度降低到燃点以下，从而终止燃烧。

（3）隔离灭火法。隔离灭火法是根据发生燃烧必须具备可燃物这个条件，将与燃烧物体邻近的可燃物隔离开，使燃烧停止。

（4）抑制灭火法。抑制灭火法是将灭火剂喷在燃烧的物体上，参与燃烧反应过程，使燃烧中产生的游离基消失，形成稳定分子或低活性的游离基，从而使燃烧终止。

3. 灭火器的分类与使用

（1）二氧化碳灭火器：适用于A、B、C三类火灾，不适用于金属火灾。扑救棉麻、纺织品火灾时，应注意防止复燃。由于二氧化碳灭火器灭火后不留痕迹，因此适宜扑救家用电器火灾。二氧化碳灭火器使用方法如下。

①灭火时要将灭火器提出防火场，在距离燃烧点5m左右放下灭火器。

②拉出保险销，一手握住喇叭筒根部的手柄，另一只手握紧启闭阀的压把。

③对没有喷射软臂的二氧化碳灭火器，应把喇叭筒往下成70°~90°。

④使用时不能直接用手抓住喇叭筒体外壁和金属连接管，防止手被冻伤。

⑤灭火时，当可燃物呈流淌状燃烧时，应将二氧化碳灭火器的喷流由近而远向火焰喷射。

⑥如果可燃液体在容器内燃烧时，应将喇叭筒提起，从容器的一侧上部向燃烧的容器中喷射，但不能使二氧化碳喷流直接冲到可燃液体面上。

⑦在室外使用二氧化碳灭火器时，应选择上风方向喷射；在窄小的空间使用时，操作者使用后应迅速离开，以防窒息、中毒。

（2）化学泡沫灭火器：可用来扑灭 A 类火灾，如木材、棉布等固体物质燃烧引起的失火；最适宜扑救 B 类火灾，如汽油、柴油等液体火灾。使用化学泡沫灭火器灭火时，能喷射出大量泡沫，它们能黏附在可燃物上，使可燃物与空气隔绝，同时降低温度，破坏燃烧条件，达到灭火的目的。化学泡沫灭火器对于扑灭油类火灾效果最好，适用于油田、炼油厂、原油化工企业、车库、飞机库、港口和油库等场所。化学泡沫灭火器使用方法如下。

①在及时赶赴火场时不得将灭火器倾斜，更不可横向或颠倒。

②当距离着火点 10m 左右时，即可将筒体颠倒过来，一只手紧握提环，另一只手抓住筒体底，将泡沫射准燃烧物。

③如果可燃液体已呈流淌状燃烧，则应将泡沫由远而近喷射；如果在容器内燃烧，应将泡沫射向容器的内壁，切忌直接对准液体表面喷射。

④扑救固体火灾时，应将泡沫对准燃烧最猛烈处。

⑤使用灭火器时应始终保持倒置状态。

（3）干粉灭火器：干粉灭火器可扑灭一般火灾，还可扑灭油、气等燃烧引起的失火。干粉灭火器是将二氧化碳气体或氮气气体作为动力，将筒内的干粉喷出灭火的。主要用于扑救石油、有机溶剂等易燃液体、可燃气体和电气设备的初期火灾。干粉灭火器在使用前先上下颠倒几次，使筒内的干粉松动。

干粉灭火器使用方法（见图 1－3－8）：灭火时，快速将灭火器拿到火场，在距燃烧场 5m 处放下灭火器，然后拔下保险销，用力压下手柄，对准火苗根部由近而远左右扫射。

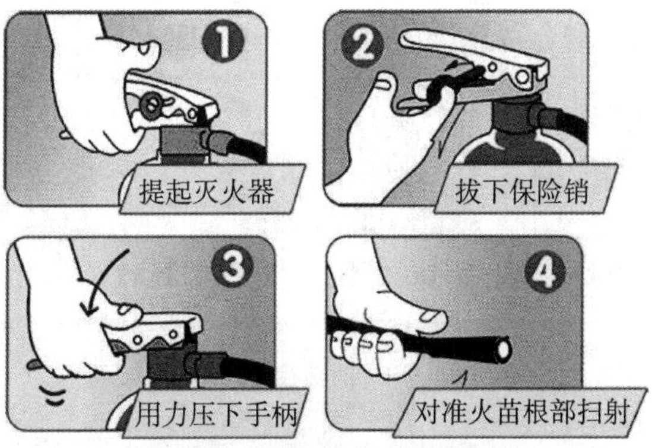

图 1－3－8　干粉灭火器使用方法

（4）1211 灭火器：适用于任何可燃物引起的初起火灾，其使用方法与干粉灭火器的使用方法相同。

4. 灭火器摆放要求

（1）灭火器应设置在位置明显和便于取用的地点，且不得影响安全疏散。

（2）灭火器的摆放应稳固，其铭牌应朝外。手提式灭火器宜设置在灭火器箱内或挂钩、托架上，其顶部离地面高度不应大于1.50m；底部离地面高度不宜小于0.08m。灭火器箱不得上锁。

（3）灭火器不宜设置在潮湿或强腐蚀性的地点。当必须设置时，应有相应的保护措施。

（4）灭火器设置在室外时，应有相应的保护措施。

（5）灭火器不得设置在超出其使用温度范围的地点。

（三）消防栓及使用方法

消防栓主要由消防水带、水枪、消防水阀门、专用消防水池、消防水管、报警自动加压水泵等组成。其使用方法（见图1－3－9）是：发生火灾时，先用消防锤击破报警玻璃，然后用力展开消防水带，将消防水带的一端套在消防栓出水接口上，另一端接上消防水枪，抓稳消防水枪后拧开消防栓水阀门，对准火源根部喷射；在展开消防水带时，要将水带抛顺，不要有拧卷、折叠现象；打开消防栓水阀应在抓稳消防水枪后进行，避免消防水枪在水压作用下大幅摆动，伤到周围的人；水阀应尽量开到最大，以保证水枪有足够的水压和出水量。

图1－3－9　消防栓的使用方法

（四）火警报警的基本方法

如果发现火灾发生，最重要的是报警，这样才能及时扑救，控制火势，减轻火灾造成的损失。火警电话的号码是119。这个号码应当牢记，在全国任何地区，向公安消防部门报告火警的电话号码都是一样的。发现火灾，可以打电话直接报警。家中没有电话的，要尽快使用邻居、电话亭或者附近单位的电话报警。

报火警时，要向消防部门讲清着火的单位或地点，讲清所处的区（县）、街道、胡同、门牌号码或乡村地址，还要讲清是什么物品着火，火势怎样。报警以后，最好安排人员到附近的路口等候消防车，指引通往火场的道路。

不能随意拨打火警电话，假报火警是扰乱社会公共秩序的违法行为。在没有电话的情况下，应大声呼喊或采取其他方法引起邻居、行人注意，协助灭火或报警。发生火灾时，如有人被大火围困，特别是被围困在楼上时，应首先组织力量，贯彻“救人第一、救人与救火同步进行”的原则，积极施救。

相关知识与拓展

火灾紧急疏散自救逃生知识

①熟悉环境，记清方位，明确路线，迅速撤离。

②通道不堵，出口不封，门不上锁，确保畅通。

③听从指挥，不拥不挤，相互照应，有序撤离。

④发生意外，呼唤他人，不拖时间，不贪财物。

⑤自我防护，低姿匍匐，湿巾捂鼻，防止毒气。

⑥直奔通道，顺序疏散，不入电梯，以防被关。

⑦保持镇静，就地取材，自制绳索，安全逃生。

⑧烟火封道，关紧门窗，湿布塞缝，防烟侵入。

项目二　快件收寄作业

任务一　快递服务产品

知识目标

1. 掌握快件收寄重量、规格的限制；
2. 掌握主要的快递服务产品和增值服务；
3. 理解快递服务范围的内涵。

能力目标

学生能够掌握快件收寄的基本限制，能够根据客户的需求推荐合适的快递服务产品和增值服务。

任务导入

请为客户推荐合适的快递服务产品

再过几天就是母亲节了，在上海打工的小李花费4000多元买了一个黄金手镯，打算通过快递寄给母亲作为母亲节礼物。小李来到快递营业网点，拿出他为母亲买的金手镯，要求连同原包装和发票一起寄到哈尔滨的家里。

讨论：请为小李推荐合适的快递服务产品。

一、国内快件重量、规格与运输方式

（一）快件重量

邮政行业标准《快递服务　第3部分：服务环节》（GB/T 27917.3—2011）对快件重量的规定为：国内单件快件不宜超过50kg。快件一般以单件、小件为主，但是有的

快递企业也提供大重量、大体积的快件寄递服务。

（二）快件规格

根据邮政行业标准《快递服务　第3部分：服务环节》（GB/T 27917.3—2011）的规定，快件的单件包装规格为：任何一边的长度不宜超过150cm，长、宽、高三边长度之和不宜超过300cm。不同运输方式对快件规格的要求也有所不同。在收取快件时，除要考虑重量的限制以外，还需要考虑快件运输所使用的运输工具的限制。由于各快递企业提供的快递服务类型多种多样，因此，针对不同的快递服务产品，企业对快件规格的限制也不尽相同。

（三）快件运输方式

快递企业在运输快件时主要根据运输距离确定运输方式。但对于一些特殊的客户群体和市场定位的需要，也会考虑运输成本和运输时效，从而选择更加适宜的运输工具。

1. 航空运输

航空运输适用于长距离快件运输，当运输距离超过1000km时，一般适宜使用航空运输。航空运输具有速度快、安全性好、破损率低等优点；缺点是易受天气因素影响、费用高、运量小。非宽体飞机载运的快件中每件快件重量一般不超过80kg，体积一般不超过40cm×60cm×100cm；宽体飞机载运的快件中每件快件重量一般不超过250kg，体积一般不超过100cm×100cm×140cm；每件快件的长、宽、高之和不得小于40cm，若低于此标准，快递企业需要对快件进行加大包装处理。

2. 铁路运输

铁路运输适用于中、长途运输，当运输距离在500～1000km时，适宜使用铁路运输。铁路运输具有运输量大、费用低、不易受天气影响等优点；缺点是运输速度相对较慢，且运输目的地易受铁路线路的限制，组织不灵活。铁路货车车厢的规格为长15.5m、宽2.8m、高2.8m，快件的体积不得超过车厢的规格，同时还需考虑车门尺寸；《铁路货物运输规程》规定：按零担托运的货物，一般体积不得小于0.02m^3（一件重量在10kg以上的除外）。

高铁运输是快递铁路运输的一种途径。以广州南至长沙南高铁快递为例，从广州到长沙，航空方式成本约为2元/kg，汽车方式约为0.3～0.4元/kg，高铁运价为1.5元/kg，成本较航空低25%。

3. 公路运输

公路运输适用于中、短途运输，当运输距离小于500km时，一般适宜使用公路运输。公路运输具有机动灵活、简单方便等优点；缺点是载重量小、成本高等。快件尺寸规格、吨位应考虑与货车规格、吨位相匹配。

二、国际及港澳台快件的要求

（一）国际快件分类

国际快件按照海关快件分类及国际惯例要求，一般分为文件与包裹两类。

1. 文件类

文件类在进出境快件中是指法律法规规定予以免税且无商业价值的文件、单证、票据及资料，品名申报为“DOC（文件）”，价值申报为“0 美元”。

2. 包裹类

包裹类是指法律法规允许进出境货样、广告品，需要按照货物实际价值进行申报，并需要客户提供形式发票或商业发票。包裹类根据其申报价值的高低又分为低价值包裹和高价值包裹。各国对低价值物品与高价值物品的划分不尽相同。

（二）重量和规格限度

文件类、包裹类快件重量限度应以寄达国家或地区规定为准。例如美国、韩国、新加坡、马来西亚对入境快件限制为：单件体积不超过 200cm×80cm×70cm 或单件重量不超过 70kg；澳大利亚对入境快件限制为：单边长度不超过 105cm，单件总长度不超过 140cm 或单件重量不超过 20kg。

国际航空快件寄达国家对入境快件的重量、规格限制有不同规定，应按寄达国家的有关规定办理。例如，EMS 收寄的国际快件，日本、韩国最高限重为 30kg，最大尺寸限制为任何一边的长都不得超过 1.5m，长度和长度以外的最大横周［长+2×(宽+高)］合计不得超过 3.0m；美国最高限重为 31.5kg，最大尺寸限制为任何一边的长都不得超过 1.52m，长度和长度以外的最大横周合计不得超过 2.74m。

三、快递服务产品

快递企业为客户提供无形的服务。随着客户需求的多样化发展，快递企业提供的服务种类也在不断增加，以满足不同层次客户的需要。

（一）国内快递服务产品

1. 标准快递

快递服务时限指快递服务组织从收寄开始，到第一次投递的时间间隔。标准快递就是快递企业提供的满足国家标准的快递服务。例如，有的企业提供在指定服务范围和寄递时间内收寄，根据寄件时间及快件寄/收地的行政区域，可查询明确的快件送达时间，最快次日 18：00 前送达。

国家标准中对快递企业服务时限方面，规定了快递最长服务时限。除了与顾客有特殊约定（如偏远地区）外，快递服务时限应满足以下要求：

（1）同城快递服务时限不超过 24 小时。

（2）国内异地快递服务时限不超过 72 小时。

（3）港澳台快递服务时限不超过 6 个工作日。

（4）亚洲和北美洲地区快递服务时限不超过 6 个工作日。

（5）欧洲地区快递服务时限不超过 8 个工作日。

（6）大洋洲快递服务时限不超过 9 个工作日。

（7）其他地区国际快递服务时限可视实际情况而定。

2. 限时快递

限时快递是指快递服务组织在限定时间段内将快件送达用户的快递业务，也称为“承诺服务”。快递企业提供的限时快递服务主要有“即日件”“次晨件”等。限时快递服务要比标准快递服务速度更快，当然资费也会略高。

（1）“即日件”是指当日寄件、当日送达的快递服务。例如，有的快递企业承诺在指定服务范围和寄递时间内收寄，当日 20：00 前送达。有的快递企业在跨省及跨经济圈重点城市之间提供即日件服务，承诺当日 22：00 前送达。

（2）“次晨件”是指当日寄件、次日上午送达的快递服务。例如，有的快递企业承诺在指定服务范围和寄递时间内收寄，承诺次日 12：00 前送达（香港住宅区次日 18：00 前送达）。

拓展阅读

EMS 的“次晨达”业务

“次晨达”业务是中国邮政速递物流股份有限公司充分发挥“全夜航”航空自有运输能力的网络优势，对资源整合，推出的高品质业务。次晨达业务包含“区域次晨达”和“跨区域次晨达”。

1. 区域“次晨达”业务

（1）区域“次晨达”业务开办范围如下所示。

长江三角洲：上海、南京、苏州、无锡、常州、南通、镇江、盐城、泰州、淮安、扬州、徐州、宿迁、连云港、杭州、金华、宁波、绍兴、嘉兴、湖州、台州、温州、衢州、丽水、舟山共 25 个城市。

环渤海区域：北京、天津（含塘沽，下同）、石家庄、保定、唐山、沧州、秦皇岛、张家口、承德、廊坊、邯郸、邢台、衡水、太原、大同共 15 个城市。

珠江三角洲：广州、深圳、东莞、珠海、中山、江门、佛山、惠州、清远、肇庆、韶关、阳江共 12 个城市。

东北区域：沈阳、大连、鞍山、抚顺、本溪、丹东、锦州、营口、阜新、辽阳、朝阳、铁岭、盘锦、葫芦岛、长春、吉林、四平、辽源、松原、通化、白山、延吉、白城、哈尔滨、牡丹江、齐齐哈尔、佳木斯、大庆、绥化共计29个城市。

西南区域：成都、德阳、绵阳、资阳、遂宁、内江、自贡、宜宾、乐山、眉山、南充、泸州、重庆、昆明、曲靖、贵阳共16个城市。

（2）收寄范围。

珠江三角洲收寄范围为30kg以下的文件和物品类邮件，其他为5kg以下的文件和物品类邮件。

（3）业务资费标准。

长江三角洲、环渤海区域、东北区域、西南区域的“次晨达”业务资费标准：起重500g，20元，每续重500g需支付6元；每件另加收5元特殊服务费。珠江三角洲的“区域次晨达”业务资费标准：起重500g，16元，每续重500g需支付2元。

2. 跨区域次晨达业务

（1）开办及通达范围。

开办及通达城市有：北京、上海、天津、南京、苏州、无锡、杭州、广州、深圳、东莞、佛山、中山、珠海、沈阳、大连、福州、厦门、青岛、武汉、江门、海口、成都、阳江、茂名和湛江25个城市。跨区域“次晨达”收寄时间：周一至周五（周六、日及法定节假日不办理）。

（2）业务资费标准。

业务资费标准为起重500g，50元；每续重500g及其零数：环渤海区域与珠江三角洲间互寄的为15元，其他为10元。各开办城市根据当地市场情况及截邮时间有可能适当上调收费标准。

资料来源：http：//www. ems. com. cn/mainservice/ems/ci_ chen_ da. html.

3. 特惠快件

特惠快件主要客户为电商企业，快递服务组织提供资费较优惠、时效稍慢的快递服务（采用陆路运输方式）。例如，有的快递企业提供的快递服务在指定服务范围和寄递时间内收寄，根据寄件时间及快件寄/收地的行政区域，最快隔日23：59前送达（一般2～5天送达）。

4. 重货快件

重货快件主要指大件包裹，尤其是单件重量较重的快件。例如，有的快递企业可以收寄单件20～100kg的快件。根据寄件时间及快件寄/收地的行政区域，可查询明确的快件送达时间。

（二）国际快递服务产品

国际快递服务产品与国内的种类相近，按照时效和资费的不同，有满足国家标准的国际标准快递，有资费较低、时效稍慢的国际特惠快递，有针对电商企业的国际小包裹快递，也有针对大件货物、超重货物的国际重货快递。快递企业会根据不同的目标市场需求推出相应的服务产品，因此，不同快递企业的快递服务产品不尽相同，各有差异。

（三）增值服务

随着社会的发展，客户的需求也日益增多，逐渐呈现出多样性、特殊性等特点。为满足客户的个性化需要和特殊需求，各个快递企业均提供多种多样的增值服务，这既是企业的竞争战略，也是企业增收的途径。下面列举部分比较典型的增值业务。

1. 保价

（1）保价的概念。

保价快件是指寄件人按规定交付保价费，快递服务组织对该快件的丢失、损毁、内件短少承担相应赔偿责任的快件。如果保价快件在传递过程中发生延误、丢失、损毁以及内件不符等问题时，客户可以向快递企业提出索赔诉求，快递服务组织须承担相应的赔偿责任。

快递员在收寄高价值物品时，应提示客户保价，未保价的普通快件，依照《中华人民共和国邮政法》，适用有关民事法律的规定。

（2）快件保价与快件保险的比较。

快件保险是指客户在寄递快件时，除缴纳运费外，还按照快递企业制定的保险公司承诺的保险费率缴纳保险费的快件。如果保险快件在传递过程中发生延误、丢失、损毁以及内件不符等问题时，客户有权向承保的保险公司提出索赔要求。

快件保价与快件保险的异同如表 2－1－1 所示。

表 2－1－1　　快件保价与快件保险的异同

项目	快件保价	快件保险
不同点	风险由个人转移到快递企业	风险从个人和快递企业转移到保险公司
	当事人有客户、快递企业	当事人有客户、快递企业、保险公司、第三方评估机构
	风险范围只包含快递企业责任造成的损失	风险范围包括快递企业责任、第三人侵权行为、不可抗力三种情况造成的损失
	对不易确定和计量实际价值的快件允许办理保价，但一般设置最高限额	承保的损失必须是可确定和可计量的
	保价条件下支付的是“保价附加服务费”，属于快递公司营业款，风险由快递企业承担	保险条件下支付的是“保险费”，不属于快递公司营业款，风险由保险公司承担
	理赔程序较简单，提供单证较少	理赔程序烦琐，要提供相关单证
	理赔支出由快递企业自行消化，资金投入量大；快件价值界定难度大，容易导致多赔、少赔或不赔等情况，甚至引发官司	快递公司与一家或几家保险企业签订合作协议，快递企业客户量巨大，可以争取优惠的保险费率

续 表

项目	快件保价	快件保险
相同点	客户均在运费以外额外支付了费用	
	客户寄递的物品发生灭失、损坏、短少后获得赔偿	
	客户寄递物品的声明价值均不得超过物品的实际价值	

（3）保价服务的注意事项。

①声明价值。对快递企业来说，快件价值越高，遗失、损毁所产生的风险越大。为了规避风险，快递企业一般都规定了保价物品的最高赔偿价值。快递员在收取快件的时候需要注意，客户填写的快件声明价值不得超出本企业规定的最高赔偿价值限制。如果超出，则建议客户对快件进行投保。

②保价快件的标识。保价快件普遍都是价值较高或客户非常重视的物品，因此须妥善包装快件，并使用特殊的标识提醒各操作环节注意保护快件。例如，快递企业采用一次性的保价封签，在快件包装封口的骑缝线上粘贴保价封签并请客户在封签上签名，确保只有破坏封签才能打开快件包装。

③快件称重。为了能够及时发现保价快件是否短少，并进行相应处理，快递企业一般对保价快件重量精确度做出较高要求。例如，某快递企业规定，保价快件的重量必须精确到小数点后两位，且各交接环节必须进行重量复核，确保从收取到派送整个过程的快件安全。

④运单标注。对于保价的快件，快递企业要求在运单的保价栏中标记保价，并将物品的声明价值填入相应位置。有的快递企业也会专门印制保价运单。

⑤赔偿上限。较贵重的物品一定要主动询问客户是否保价，保价快件最高赔偿额不超过客户投保的声明价值。

2. 代包装服务

为了更好地保障快件安全，快递企业可以提供更专业的包装服务，同时提供抗震、减压、缓冲、防潮等多样化、专业化的包装。由于代包装业务需要产生除运费以外的服务费，所以一般来说，客户需要代包装业务的快件往往都是价值较高且包装难度较大的物品。

代包装服务需要客户提出申请，并在运单相应位置做标注，快递企业根据实际情况，安排合适的人员进行包装业务的操作，包装合格后，按正常快件业务发运。

3. 代收货款

代收货款是快递企业接受委托，在投递快件的同时，向收件人收取货款的业务。快递企业收到的货款将按照约定的时间频率返还给寄件客户，例如，次周返款，并且单票代收货款有最高金额的限制。

收取货款的方式多种多样，可以是现金，也可以 POS（Point of Sale，销售终端）机刷卡，甚至可以是微信、支付宝等电子支付方式。

4. 签单返还

签单返还是快递企业在投递快件后，将收件人签收或盖章后的回单，返回寄件人的业务。有些快递企业也提供将收货单等单据返还寄件客户的服务。

寄件客户选择签单返还业务需要在运单指定位置进行标注，并在快件外包装边角处粘贴回单贴纸，达到提示效果。

5. 委托件

委托件是指快递企业受第三方委托，前往寄件人处取件后送达收件人的快件。确切地说，就是客户 A 向快递企业提出申请，由快递员在客户 B 处收取快件，并依照客户 A 的意愿，寄递到客户 C 处的一种特殊的收寄服务。

一般情况下，快递企业只对记账客户提供委托件服务，且通常是客服接单。客服人员需要与委托方客户核实是否需要携带委托函、取件凭证、入仓单、提货单等纸质单据。如需携带，委托方客户需要将纸件传真到营业网点。

快递员上门收件时，要对快件进行检查，并与委托方客户订单信息进行核对。如果快件情况与订单信息不符，则致电客服部确认，待信息确认后再次收取此件。

如果委托方客户要求到件地址保密，快递员必须离开寄方客户处再进行填单操作，以确保服务承诺，维护委托方客户利益，防止客户信息泄露。

6. 定时派送

定时派送一般是快递企业针对电商商家（记账客户）推出的服务。商家下单时可指定快件送达时间（到件后几天之内的某个时间），快递企业根据商家时间要求完成派送。由于此服务时限要求较高，因此快递企业会收取额外的服务费。

7. 快件更址、撤回

快件更址是在快件寄出后未派送（出口验关）前，由寄件人提出更改收件人名址，并由快递企业将快件递送至新地址的过程。在快件尚未派送至收件人处前，同城快件和国内异地快递服务可更改地址；快件尚未出口验关前，国际快件及港澳台快递服务可更改地址。更址操作仅限于寄件人提出申请。快递企业一般会收取相应的服务费。

快件撤回是指快递企业根据寄件人的申请，将已经交寄给快递企业的快件取消寄递并退还给寄件人的一种服务。在同城和国内异地快递服务中，对尚未首次派送或已经首次派送但未派送成功的国内快件，快递企业应提供撤回服务；在国际及港澳台快递服务中，对尚未出口验关的快件，快递企业应提供撤回服务。快件撤回操作仅限于寄件人提出申请。快递企业一般会收取相应的服务费。

四、寄递快件的服务范围

（一）服务范围的概念

服务范围是指快递企业寄递服务所覆盖的地理区域范围，也就是快件的收派范围。快递员应在收寄快件时确认快件寄达地址是否在公司服务范围内，否则可能导致快件无法投递或超出时效，引发客户投诉，影响服务质量。超服务范围的快件有以下两种情况。

1. 快件寄达地无网点覆盖

目前，一些民营快递企业还做不到全国全境覆盖。也就是说，快递企业在某些省份或城市没有设立营业网点，或者在某些偏远地区（如乡、村）不提供上门派件服务，那么快递员在收寄快件时需要确认快件寄达地址是否能派送。如果快递企业在快件寄达地址未开通营业网点，则快递员不能收寄此快件；如果快件寄达地址属于偏远地区，负责当地的网点无法提供上门派送服务，则快递员可以与寄件客户协商，如果收件人同意到网点自取快件，则可以收寄。

2. 快件寄达地未开通特定服务

某些特定快递服务产品只在部分区域开通，这就要求快递员在收寄快件时确认快件寄达地址是否开通客户要求的快递业务，否则会造成快件无法派送。例如 EMS 的“次晨达”业务，只在部分区域内部开通，某一客户想通过 EMS 寄从大连到无锡的“次晨达”的快件，从快递企业的角度看，此件就超出了该企业的服务范围。

（二）地理区域范围的标识

快递服务与普通大宗货物运输最大的不同点，在于快递服务须承担大量快件的“集中、分拣、散开”操作。由于快递企业收派的快件数量巨大，简单突出的地理区域范围标识对分拣、集散快件操作的速度和准确性有着举足轻重的作用。因此，各快递企业都会通过某一种或多种地理区域标识来明确区分各快件目的地，从而提高分拣和集散快件的效率。目前从各快递企业的实际操作看，地理区域范围标识主要有以下三种形式。

1. 行政区划标识

该标识用文字表示，通过地址来识别。例如北京海淀、广州白云、深圳福田、沈阳和平等。

2. 电话区号标识

一个区号代表一个城市，快递企业通常通过地区的电话区号作为分拣和集散快件的操作标识。例如，010 代表北京、021 代表上海、024 代表沈阳、0571 代表杭州等。

3. 邮政编码标识

邮政编码是代表投送邮件的邮局（所）的一种专用代号，也是这个局（所）投送范围内的居民与单位的通信代号。邮政编码由 6 位阿拉伯数字组成：前两位数字表示省（自治区、直辖市）；第三、四位数字表示市（地、市、州）；最后两位数字代表邮件投递局（所）。通过邮政编码，可以实现快件的机器分拣，提高速度和准确性。国有快递企业和国际快递企业多采用邮政编码作为地理区域范围的标识，如表 2－1－2 所示。

表 2-1-2　　全国省级行政区划行政中心电话区号、邮政编码

直辖市/省/自治区	行政中心	电话区号	邮政编码
北京市	北京	010	100000
上海市	上海	021	200000
天津市	天津	022	300000
重庆市	重庆	023	400000
广东省	广州市	020	510000
辽宁省	沈阳市	024	110000
江苏省	南京市	025	210000
湖北省	武汉市	027	430000
四川省	成都市	028	610000
陕西省	西安市	029	710000
河北省	石家庄市	0311	050000
山西省	太原市	0351	030000
河南省	郑州市	0371	450000
吉林省	长春市	0431	130000
黑龙江省	哈尔滨市	0451	150000
内蒙古自治区	呼和浩特市	0471	010000
山东省	济南市	0531	250000
安徽省	合肥市	0551	230000
浙江省	杭州市	0571	310000
福建省	福州市	0591	350000
湖南省	长沙市	0731	410000
广西壮族自治区	南宁市	0771	530000
江西省	南昌市	0791	330000
贵州省	贵阳市	0851	550000
云南省	昆明市	0871	650000
西藏自治区	拉萨市	0891	850000
海南省	海口市	0898	570000
甘肃省	兰州市	0931	730000
宁夏回族自治区	银川市	0951	750000
青海省	西宁市	0971	810000
新疆维吾尔自治区	乌鲁木齐市	0991	830000
香港特别行政区	香港	00852	999077
澳门特别行政区	澳门	00853	999078
台湾省	台北市	00886	999079

注：香港特别行政区、澳门特别行政区、台湾省使用的是国际邮政编码。

任务二　快件收寄准备

知识目标

1. 掌握快件收寄的方式和流程；
2. 了解快递员收寄的准备工作；
3. 了解快递行业基本礼仪规范。

能力目标

学生能够区分上门取件和网点收寄的流程，能够明确快递员工作准备的内容以及快递从业人员应具备的礼仪规范。

任务导入

小组任务：根据生活经验，绘制快递整体流程图，比一比哪组画得最全。

任务分析：学生大多都有收、寄快递的经验，也能通过网络查询快件的路径信息。通过小组讨论，集思广益，总结出快递的基本流程，激发学生的成就感。

一、快件收寄流程

收寄流程是指快递员从客户处收取快件的全过程，包括验视、包装、填写快件运单（详情单）和交接款项等环节。收寄可分为上门揽收和网点收寄两种形式。此外，客户也可以选择通过智能快件箱寄递物品。

（一）上门揽收业务流程

上门揽收，是指快递员接收到客户寄件需求信息后，在约定时间内到达客户处收取快件，并将快件统一带回快递企业收寄处理点，完成运单（详情单）、快件、款项交接的全过程（见图2－2－1）。上门揽收便捷、灵活，但工作环节多，要求也更高。

1. 工作准备

快递员要准备好需要使用的操作设备、物料（用品用具）、单证等。

2. 确认信息

快递员可以从以下三种渠道获得揽收信息。

（1）客服中心下单。寄件客户通过热线电话下单、网络下单、微信下单等方式，将寄件需求告知给客服人员，客服人员给出报价，寄件人同意后客服人员接单。客服

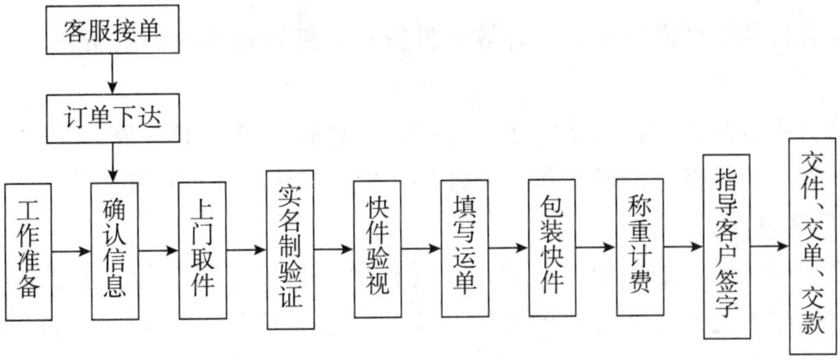

图 2-2-1　上门揽收业务流程

人员将客户订单下达给相应的快递员，将寄件客户地址、电话等信息通过短信或内部系统发送给快递员，快递员在限定时间内到达指定地点，揽收快件。

（2）客户主动联系。客户直接拨打营业网点（或快递员）电话，要求上门揽收的，快递员要按约定时间到达指定地点，揽收快件。

（3）投递途中揽收。快递员在投交快件时，要主动询问客户是否有快递服务需求，若客户有需求，要现场办理快件的收寄工作。

快递员获得揽收信息后，要检查客户地址是否超出自己的服务范围、客户信息是否有误，如果有，需要及时反馈给客服部门或者客户。

3. 上门取件

在约定时间或限定时间范围内到客户指定地址收取快件。按照相关规定停放收派车辆，离开收派车辆前，应锁牢装载快件的车厢，避免快件丢失。

4. 实名制验证

实名制验证是指核对寄件人的证件号码或统一社会信用代码。

5. 快件验视

识别快件的重量和规格是否符合规定，超出规定则建议客户将快件分成多件寄递，客户不同意则礼貌拒绝收寄。

验视寄递物品内件是否属于禁止或限制寄递的物品。属于禁止寄递物品或超出限制寄递要求的，礼貌地拒绝收寄，并及时向公司相关部门报告违法禁寄物品情况。

6. 填写运单

告知客户阅读运单背书条款，指导客户填写运单信息，询问客户是否需要增值服务。

7. 包装快件

根据内件性质、寄递要求等，选用适当包装材料对快件进行包装，使快件符合运输要求，保证寄递物品安全。

8. 称重计费

对包装完好的快件进行称重，计算快件资费，将计费重量和资费填写在运单的相应位置。

确认快件资费的支付方和支付方式（现结、记账）。客户选择寄付现结，则收取相应的资费；客户选择寄付记账，则需在运单账号栏注明客户的记账账号。

9. 指导客户签字

指导客户确认填写的运单内容以及在客户签字栏签全名。随着电子运单的普及，客户下单时以电子化方式填写运单信息，客户提交运单信息即视为签署运单，因此无须再在打印出的运单上签字。运单填写完毕，快递员将寄件人底联交给寄件人留存。然后，按照粘贴规范，将运单、标识等粘贴在快件的指定位置上。

10. 交件、交单、交款

将收寄的快件在规定的时间内运回营业网点。复查快件包装和运单内容，确认无误后，快递员应立即用掌上电脑（PDA）条码扫描器做收寄处理。快递员收寄的快件和运单底联交给营业网点相应的工作人员。快递员将当天收取的款项交给营业网点相应的工作人员。

（二）网点收寄业务流程

网点收寄，是指客户主动前往快递企业的收寄处理点（营业网点）寄递快件，处理点的快递员接收、查验客户需要寄递的快件，指导客户完成快件包装和运单填写，并完成运单（详情单）、快件、款项交接的全过程（见图 2－2－2）。

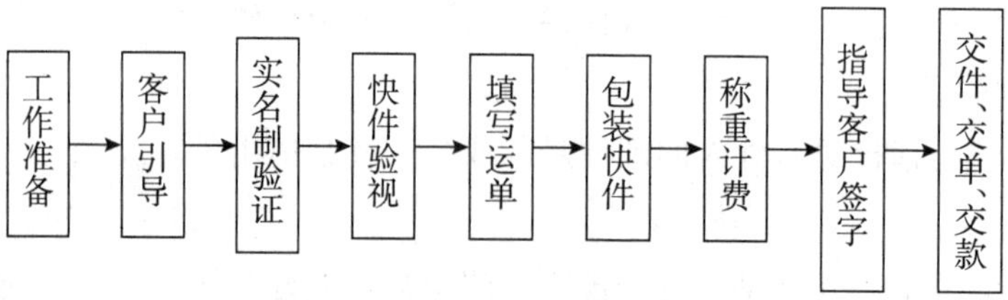

图 2－2－2　网点收寄业务流程

网点收寄需引导客户到达营业网点的寄件柜台前寄件。具备条件的可在视频监控下完成收寄操作。网点收寄各个流程具体操作与上门揽件业务流程操作相同，此处不再赘述。

（三）智能快件箱收寄快件

智能快件箱也叫快递柜、智能柜，是指提供快件收寄、投递服务的智能末端服务设施。智能快件箱已纳入公共服务设施相关规划、便民服务、民生工程等项目。如今，在住宅小区、高等院校、商业中心、交通枢纽等区域都有智能快件箱，智能快件箱已成为我国城市快递末端服务的重要组成部分，可以为用户提供 7×24h 寄件服务，满足了用户随时寄件的需求。有人称其为“无人网点”。

案例

使用丰巢智能柜寄件操作流程

第 1 步：微信关注“丰巢智能柜”公众号。

第 2 步：在公众号中绑定手机号，并完成实名认证。

第 3 步：在“丰巢智能柜”公众号中选择“寄快递”，在弹出页面中选择位置最近的丰巢智能柜，填写寄件人和收件人的信息，填写寄送物品信息，选择是否保价、付款方式、快递服务企业，阅读《快件契约条款》和《丰巢寄件服务条款》，并选择“同意”，确认提交，线上下单完成。获得一个“寄件码”。

第 4 步：到选定的丰巢智能柜处，点击智能柜的显示屏，选择“寄件”，输入“寄件码”。

第 5 步：根据所交寄物品的大小，选择格口（有大、中、小三种规格），然后支付运费，智能柜相应格口会自动弹开，将交寄物品放入，关上格口，寄件完成。

丰巢智能柜寄件操作流程如图 2－2－3 所示。

图 2－2－3　丰巢智能柜寄件操作流程

寄件人使用智能快件箱交寄快件，需要提供寄递详情单信息，并接受身份查验；通过身份查验后，将未封装的交寄物品放至智能快件箱的箱格内。

与上门揽收流程相似，寄件人将交寄物品放入智能快件箱后，快递员能够收到揽收提示信息，并在规定时间内至智能快件箱提件。快递员取出寄件人使用智能快件箱交寄的物品时，应当比对交寄记录，确认无误后，当场验视并封装。快递员在软件系统中确认收寄后，寄件人将收到运单号，并可以查询此快件信息。

客户投放到智能快件箱中的交寄物品有下列情形之一的，快递员不得收寄，应当场将交寄物品退回至智能快件箱，并在软件系统中做揽收失败操作，软件系统会将“拒收开箱码”发送给寄件客户，提醒客户取回交寄物品，如下所示：

（1）交寄物品与交寄信息不一致的。

（2）寄件人身份未经查验或者未登记身份信息的。

（3）国家规定涉及安全保障的其他情形。

快递企业应对通过智能快件箱收寄的快件做出标识，并重点进行安全检查。使用智能快件箱提供寄递服务过程中，发现禁止寄递或者限制寄递物品的，应当依法处理。

二、收寄准备工作

快递从业人员应认真学习国内、国际快件业务基本规定，掌握快件禁寄、限寄规定、资费计算标准、保价（保险）规定及详情单的书写规范，了解企业提供的快递服务产品及相关时效，以及营业网点作业计划（各频次快件封发出口时间）。此外，每日上岗前，还应做好以下准备工作。

（一）作业工具准备

快递员应提前准备好背包、绑绳、雨披、雨布；还应准备好各式运单、发票、少量宣传单、少量封装材料（文件封、包装袋）、少量填充材料（气泡膜等）、专用胶带、书写笔、便携手提秤、卷尺、介刀、零钱等用品用具；以及 PDA（掌上电脑，即手持终端）、电子运单打印机等设备，并保证电量、打印胶纸充足，设备运转正常。

（二）运输工具检查

1. 汽车检查

（1）车辆外观。有无明显破损，有无有碍安全的漏洞，四门能否关牢、锁死。

（2）车辆内部。车厢内是否清洁，防止污染快件。

（3）行车安全。查看轮胎是否有鼓包、裂纹、切口、刺穿、过分磨损等情况；检查制动系统，看制动距离是否正常；发动机运转是否良好，火花塞点火是否正常；机油、刹车油、冷却剂是否足量，刹车油、助力转向油、齿轮油、电解液、玻璃清洁液也须备好。

（4）检查车中的各种胶接零件有无松动，车辆的照明灯、信号、喇叭、门锁、玻璃升降器手柄是否还能正常使用。

（5）配套工具。检查是否配备简单修理工具、备用轮胎及车载灭火器。

2. 电动摩托车/电动三轮车检查

（1）检查轮胎气压是否正常，有无龟裂和切口。

（2）制动转向等操作系统是否灵活有效，断电装置是否能在刹车前断电。

（3）检查蓄电池电量是否充足，电路及各电器配件工作是否可靠。

(三)单证准备

快递员每天要随身携带的个人证件有工牌(工作证)、居民身份证、驾驶证、行驶证等。

三、快递从业人员礼仪规范

礼仪作为人们思想、意识、修养、情操水平的重要标识，在现代社会中占据着极其重要的地位，服务礼仪是各服务行业必备的素质和基本条件。学习服务礼仪知识不仅有助于塑造良好的形象，还有助于提高综合素质。

(一)快递服务一般礼仪

俗话说“站有站姿，坐有坐姿”，就是要求大家的仪态要落落大方，站、坐、行都要有度。基本的礼仪仪态有站姿、坐姿、行姿、手势和表情五个方面，这五个方面作为一个整体构成了基本的礼仪形象。

1. 站姿

标准的站姿，从正面看，全身笔直，精神饱满，两眼正视，两肩平齐，两臂自然下垂，两脚跟并拢，两脚尖张开60°，身体重心落于两腿正中；从侧面看，两眼平视，下颌微收，挺胸收腹，腰背挺直，手中指贴裤缝，整个身体庄重挺拔(见图2-2-4)。

站立时切忌倚靠，耸肩驼背，左右摇晃，两脚间距过大。站立交谈时，可视情况适当调整站姿，双手可随说话的内容做一些手势，但不能太多或幅度太大，以免显得粗鲁。在正式场合站立时，不要将手插入裤袋或交叉于胸前，更不能有小动作，如摆弄衣角、咬指甲等，这样做会给人一种缺乏自信和经验的感觉。

2. 坐姿

就座时，通常从左侧走向自己的座位，然后落座。坐下后身体要端正，上身自然挺直，两腿自然弯曲，双脚平落地上，双膝并拢，双脚距离与肩大致相等。坐椅子一般只坐满椅子的2/3，不要靠椅背(见图2-2-5)。离座时，起身动作应轻缓，保持上身是直立状态，可将左脚或右脚向后收半步，而后站起，待站定后，从座位的左侧离去。

女性在公共场合要注意自己的坐姿。尤其是在穿裙装的时候，女性宜采用双腿斜放式坐姿，即双脚首先并拢，然后双脚向左侧或向右侧斜放，力求使斜放后的腿部与地面呈45°(见图2-2-6)。

在客户处时，必须有客户邀请入座方可坐下，切忌过于随便。半坐半躺、跷二郎腿和单脚踩凳等都是不良坐姿，都应避免。

3. 行姿

优美的行姿能展示人的动态美，体现出一个人的精神风貌。行走时应身体协调，步伐从容，步态平稳，步幅适中，步速均匀，走成直线(见图2-2-7)。

图 2－2－4　标准站姿

图 2－2－5　标准坐姿

图 2－2－6　双腿斜放式坐姿

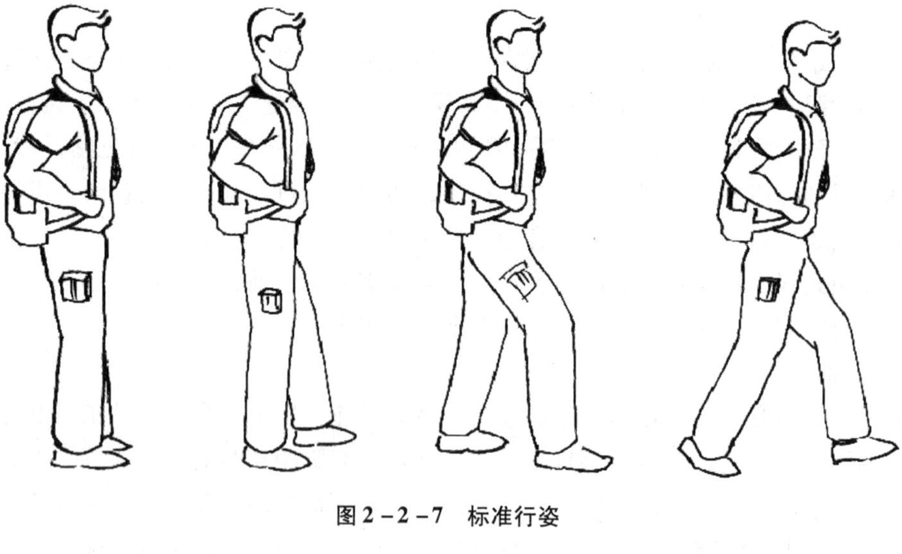

图 2－2－7　标准行姿

在公共场合行走，应注意以下事项：

（1）行走不东张西望。

（2）不将双手插入裤袋或反背于身后。

（3）通道、走廊放轻脚步，靠右侧通行。

（4）在行走时如遇到客户应主动让客户先行。

（5）避免叼着香烟在人群中行走。

4. 手势

手势是一种无声的语言，在交往中有着丰富的含义，是一种表现力很强的体态语言。使用手势时，需要注意把握好以下三个原则。

（1）规范原则。根据惯例，人们在交往中，表示“再见”“请进”或“鼓掌”“介绍”等，都有其规范的手部动作，不能随意改变和乱加使用，以免产生误解，引起麻烦。

（2）贴切原则。手势语的使用要适应交往情境和环境，适合不同的交往对象，要考虑双方关系、年龄、地位、心理及文化背景等方面的差异。例如，与老年人交谈时，若将双手背于身后，有不敬之嫌。

（3）适度原则。手势语在交际中的作用显而易见，但这并不意味着多多益善。多余的手势，不仅不能表达情意，反而是画蛇添足。当众搔头皮、掏耳朵、抠鼻孔、剔牙齿、剪指甲、挠痒痒、摸脚丫、搓泥垢等不卫生的手势和动作，以及在与人交谈时，用手指点他人或在桌子上乱涂、乱画等手势和举动都是不良行为，有损快递从业人员形象，应极力避免。

5. 表情

与客户交谈是快递员不可避免的行为，在与客户交谈时，也要注意自己的表情。

眼神可以流露出内心的情感，给人以不同的感受。例如，热情、真诚的目光，会让人感到被欢迎、被尊重；游离不定的目光，会使对方产生不信任；目不转睛、长久的瞪视，甚至可能激怒对方。在与别人交谈时，应注意注视他人的部位与注视的角度。交谈时可以注视对方的眼睛，但不宜过久；也可以注视对方的面部，但最好不要聚集于一处，而以散点柔视为宜。

快递员要避免不当目光，例如，与人见面，不是正视对方而采用俯视，这是一种居高临下的目光，让人有不平等、受歧视的感觉；对别人浑身上下反复打量，尤其是对陌生异性，这种目光易被理解为寻衅滋事；当别人说错了话或拘谨不安时，仍直视对方，会被误认为是对他的讽刺和嘲笑；频繁地眨眼，快速转动眼球，挤眉弄眼，会给人留下轻浮、不稳重的印象。

除了眼神，微笑也是一种生动的表情，会创造出令人轻松的氛围。作为专业的快递员，一到岗位就应把个人的一切烦恼和不安置于脑后，振作精神，把微笑服务贯穿于工作的全过程中。

虽然微笑是“世界通用语言”，但也不能不分场合、不看对象地随意使用。微笑要兼顾对象，当对方存在生理缺陷、满面哀愁或当对方由于说错了话、做错了事、出了洋相而颇感尴尬时，都不应再面带微笑。

（二）快递服务服饰礼仪

1. 着装

快递企业一般要求快递从业人员着公司统一制服，即工装。着工装要保证服装熨烫整齐，没有污损；衣服袖口须扣上，衣领要摆好，上衣下摆须束在裤内；衣兜放置物品不宜过多；系深色皮带；鞋带要系好，保持鞋面干净，穿深色袜子，不得穿拖鞋。

2. 配饰

快递企业一般要求快递从业人员佩戴工牌，工牌应时刻佩戴于胸前。可以佩戴婚戒、手表，不得佩戴装饰性很强的装饰物、标记和吉祥物，不宜佩戴手链、手镯和垂吊式的或夸张的耳环，也不应将项链露于工装之外。

（三）快递服务形象礼仪

1. 面部卫生

面部清洁与护理是保持良好仪容仪表的基础。面部清洁的标准是：无灰尘、无污垢、无汗渍、无分泌物、无其他不洁之物。快递从业人员在进行面部修饰时注意保持清新自然而不过分做作。

男性快递从业人员应该做到：头发整洁无头屑，梳理整齐，前不遮眉，侧不掩耳，后不及领，发型朴素，不烫染；每天剃须；不留长指甲；如果戴眼镜，应保持镜片清洁；保持鼻孔清洁，平视时鼻毛不得露于鼻孔外。

女性快递从业人员可以在工作中化淡妆，力求自然；头发梳理整齐、美观，不染异色，不宜披发。

2. 口腔卫生

保持口腔清洁是与人交际必需的环节，也是当今文明社会交往所必须要求的。

在工作中应预防口臭。在工作前不应吃有异味的食品，如蒜、葱、韭菜和臭豆腐等，不饮酒或含有酒精的饮料，饭后漱口。工作中应尽量不吸烟，以此来避免工作时的口臭问题。

存在口臭问题时，应避免用嘴呼吸，在工作时也应注意保持一定的距离，必要时可以用漱口水或口香糖减少异味，但应避免在客户面前嚼口香糖这种不礼貌的行为。

3. 耳、鼻部卫生

快递从业人员要对耳郭、耳根后及耳孔边经常进行除垢，不可在此处留皮屑，但此举不宜在工作岗位上进行，特别是不要在客户面前掏“耳屎”。有的人耳孔周围会长出一些浓密的耳毛，有人鼻毛长到一定程度也会冒出鼻孔之外，对此，应定期检视、修剪。

快递从业人员切勿当众用手去擤鼻涕，更不要用力吸入腹中，去除鼻涕宜在无人在场时进行，以手帕或纸巾进行辅助，并注意不要响声太大。

4. 手部卫生

在快递服务中，快递员用双手接递运单、快件等，因此可以说，手是快递员的“第二张名片”。快递员手臂要求干净整洁，饭前便后要洗手。指甲要经常修剪，指甲的长度不应超过指尖，不染指甲，指甲缝中不能有污垢。不能用牙齿啃指甲，也不能在公共场合修剪指甲，这都是不文明、不雅观的举止。

此外，快递员不能在工作岗位上乱用双手，如揉眼、挖耳、抠鼻、剔牙、抓痒等，也不能用双手四处乱摸。在手臂上文身更是被严格禁止的。

（四）快递服务语言礼仪

快递从业人员与客户交谈时，应使用文明语言，尽量少用专业术语，让客户有亲切感，避免出现影响交流效果的情况。

1. 日常服务用语

在快件服务中，语言要亲切，招呼要热情，待人要诚恳有礼貌。快递员在与客户打交道时要使用文明礼貌用语。下面列举了在不同工作场景的礼貌用语。

初次见面或当天第一次见面时使用："您好/你好/早上好/下午好！我是××快递的快递员。"

向客户询问时使用："对不起，请问……"

无论客户等候的时间长短，均应向客户表示歉意，可以说："让您久等了。"

如需让客户办理手续或事情时，可以说："麻烦您，请您……"

当需要打断他人谈话时可以说："不好意思，打扰一下……"

对其他人所提供的帮助和支持，要表示感谢，可以说："谢谢！"或"非常感谢！"

称呼客户时，可以说"贵公司"或"姓氏+先生/女士"。

同客户交流时，可以说"您请讲"或"是的/知道/明白"。

当遇到客户寄递的物品属于违禁品时，可以解释说："对不起/非常抱歉，这种物品属于违禁品，会被相关部门查扣/运输途中存在安全隐患，不能收寄，请您谅解。"

2. 电话礼仪

电话是快递行业中最常使用的与客户沟通的媒介，快递员应时刻保持手机畅通，及时接听电话。与客户通话过程中要专心，边吃东西边打电话是对客户的极端不尊重，如果有继续处理的事情，可以向客户解释清楚并请客户稍等。在与客户通电话时，尽量走到安静的地方，减少其他噪声。下面列举快递服务人员接打电话的礼貌用语。

接通来电时，服务人员可以说："您好，××快递。""早上/下午好、您好，我是××快递的快递员，前来收件/派件。""贵公司×先生/女士让我来收件。"

回答客户催派时，可以说："不好意思，我会尽快赶过来。"或者"对不起，给您添麻烦了，我尽快过来收件。""不好意思，我马上到您那派件，请您稍等。""没关系，希望下次能为您服务。"

询问客户具体位置时，可以说："您好，打扰您了，我是××快递的快递员，现在为您派件，但不知您的具体位置是在哪？""您好，打扰您了，我是××快递的快递员，正在上门收件，您是在××小区A×幢×楼吗？"

挂断电话之前，可以说："很高兴与您通话，×先生/女士。""谢谢您的提醒，我们会尽快改善。""对于给您造成的不便，非常抱歉。"等。

相关知识与拓展

快递服务忌语

（1）我确定不了快递员什么时候过去。

（2）等着吧，我送完这里就过去。

（3）我来收快件的，快点拿件。

（4）打开包裹，需要检查内件！不让看你就别寄了。

（5）保价不？/不保价，碎了（丢了）不管！/保不保价随你，应该丢不了。

（6）你自己包装好，不然出问题自己负责。

（7）不用问，我们都有收费标准。/标准在墙上，自己看吧。

（8）自己上网查吧。/等着吧，几天就到了！

（9）快签字，我急着走。

（10）觉得我们公司不好，你可以找别的公司。

（五）快递服务行为礼仪

行为礼仪是快递从业人员最应注意的一个方面。员工的一言一行不但代表着自己，更代表着公司的企业形象，如果在服务过程中语言不规范，态度不好，行为让人难以接受，会直接导致公司信誉下降，也会影响个人的工作业绩。

1. 公共场合礼仪

在公共场合，快递员应遵纪守法、尊老爱幼、乐于助人、见义勇为；应爱护公共设施，爱护园林设施，爱护绿地；在使用公共设施时，应自觉维护设施，不使其受损。

2. 上门服务礼仪

当前往客户办公室（房间）时，应先敲门或按门铃，敲门时，应用食指或中指连续敲门 3 下，等候约 10 秒，如无人应答，可以再重复一次，敲门力量要适中，避免影响他人；如果按门铃，按铃时间不超过 3 秒，等候约 10 秒，如无人应答，可以再重复一次。在等候开门时，应站在距门 1 米左右处，未经客人允许不能进入房间。

在客户房间不要东张西望，在客户办公场所要注意礼让，通过走廊、大厅或乘坐电梯都应主动礼让他人先行。

到达客户所在场所，不能马上收取快件时，要态度谦逊、礼貌地上前询问，并视等候时间做出调整。在等待时间内，未经客户允许，不得随意就座或随意走动，也不得随意拿客户的物品、与其他人员开玩笑、大声喧哗、吸烟等。在客户处使用手机接听电话也要尽量小声，以不影响其他人工作为宜。

3. 网点服务礼仪

营业网点是客户了解快递企业最直观的渠道。能够快速、准确地接待客户是营业网点服务人员最基本的业务素质。当客户进入营业网点，服务人员应第一时间做出反应，主动跟客户打招呼，询问客户的需求，并帮助客户完成快件的寄递业务。

4. 接、递物品礼仪

在工作中，快递员在向客户递送或接收名片、运单、快件或发票时，都应采取双手递上或接过来的方式，以表示对客户的尊重。如果需要客户签字，也应双手将文件递上，并使文件的正面对着客户一方。当客户需要剪刀或介刀打开快件时，快递员应将把手位置递到客户手中，而将尖锐部分朝向自己。

相关知识与拓展

某快递企业上门服务礼仪、话术要求

1. 等待进门环节

在客户单位或者小区，应主动出示工牌，礼貌与客户处的工作人员打招呼并进行自我介绍："您好，我是××公司快递员，我是来给××先生/××女士收/派快件的。"

若由收发室（小区物业等）统一办理收派快件，应事先向客户确认，并得到客户的许可，如果没有联系上客户，应向工作人员说明快件的重要性，任何情况下不得与工作人员发生口角和冲突。

当前往客户处时，无论客户的门是打开还是关闭，都应敲门向客户请示。敲门时，应该用力适度，用食指或者中指连续轻敲3下，等待5~10秒若还未开门再敲第二次。

2. 进门环节

在征得客户同意后才能进出客户办公场所或者其他地方；进门后在客户处应礼让，不东张西望，对除客户外的相关人员，应礼让三分，快递员切忌出现手把门框、脚踢墙壁等动作。

针对和客户的熟悉程度的不同，采用不同的自我介绍方式。应保持微笑、目光注视客户，采用标准服务用语，自信、清晰地说："您好，我是××快递员×××，我是来派送您的快件的。"介绍的同时出示工牌，把工牌有相片的一面朝向客户，停顿2秒，让客户看清楚相片和姓名。

3. 快件签收环节

在客户处未经客户允许，不得随意就座或者随意走动，不得任意翻看客户的资料，不得大声喧哗，不得私自接听客户电话，在客户处接听手机也应该尽量小声，以不影响客户为原则。

将货物双手递给客户，并说："××先生/女士这个是您的快件，请您确认一下。"若客户没有疑问，则让客户在指定位置签字，并说："××先生/女士，麻烦您在这里签收，谢谢。"

在签收的时候如果发生快件损坏、部分遗失、货件不符情况时，不能与客户发生

任何争执。

快递员必须严格按照运单上金额进行收取，不得以任何理由收取任何额外费用，应双手接收客户交付的运费。

4. 辞谢和道别环节

所有收派工作完成之后，一定要进行辞谢和道别。辞谢时，可以说："谢谢您，希望下次再次为您服务。"此时，眼睛一定要看着客户，即使客户背对你或者低头，也要让对方清楚地听到。离开时把门轻轻带上。

任务三　收寄验视

知识目标

1. 掌握快件收寄时实名制验证的内容；
2. 掌握国家关于禁寄物品的规定；
3. 掌握国家关于限寄物品的规定；
4. 掌握禁寄物品和限寄物品的处理办法。

能力目标

学生能够验证寄件人的有效身份证件以及识别国家规定的禁寄、限寄物品，并对其做出适当的处理。

任务导入

邮寄"仿真枪"被查，被判有期徒刑4年

许多军事发烧友酷爱枪械，但对"仿真枪"和法律意义上"枪支"的认定标准并不了解或心存侥幸，收藏、改装、买卖或邮寄所谓的"仿真枪"玩具枪，从而触犯刑法，引火上身。

2014年11月11日18时许，小袁将用纸箱打包好的5支仿真手枪送到某快递公司柘荣营业部，以邮寄剪刀配件的名义准备将其邮寄给淘宝店主退货。半小时后，拆开箱子想要确认货物的快递工作人员发现箱中是5支手枪，立即报了警。柘荣县公安局依法查扣了这5支仿真手枪并送往宁德市公安局刑事科学技术研究所检验鉴定。经鉴定，该5支"M1911"仿真手枪以压缩气体为动力，认定为枪支。

柘荣县法院审理认为，被告人小袁违反国家枪支管理规定，非法邮寄枪支5支，

其行为已构成非法邮寄枪支罪。鉴于其到案后如实供述自己罪行，认罪态度较好，予以从轻处罚。依法判处被告人小袁有期徒刑4年。

讨论：你知道哪些物品属于快递行业中的违禁品？

资料来源：http：//www. cea. org. cn/content/details_ 19_ 16519. html，有删减。

一、实名制验证

2018年10月22日起施行的《邮件快件实名收寄管理办法》规定，寄递企业在收寄邮件、快件时，应当核对寄件人在寄递详情单上填写的个人身份信息，登记证件类型与证件号码；寄件人为法人或其他组织的，寄递企业应当核对、登记其统一社会信用代码，留存其法定代表人或者相关负责人的有效身份证件复印件。

寄件人出示的有效身份证件包括以下内容（见表2－3－1）：

（1）居民身份证、临时居民身份证。

（2）中国人民解放军军人身份证件、中国人民武装警察身份证件。

（3）港澳台居民居住证、港澳居民来往内地通行证、台湾居民来往大陆通行证。

（4）护照。

（5）国家规定的其他有效身份证件，如户口簿。

表2－3－1　　有效身份证件样例

名称	说明	样例
居民身份证	居住在中华人民共和国境内的年满十六周岁的中国公民，应当依照国家法律的规定申请领取居民身份证；未满十六周岁的中国公民，可以由监护人代为申请领取居民身份证； 从1985年我国居民使用居民身份证以来，现役军人和武装警察只领取军人或武装警察身份证件，不领取居民身份证。自2008年1月1日起，现役军人和人民武装警察可以申领居民身份证	 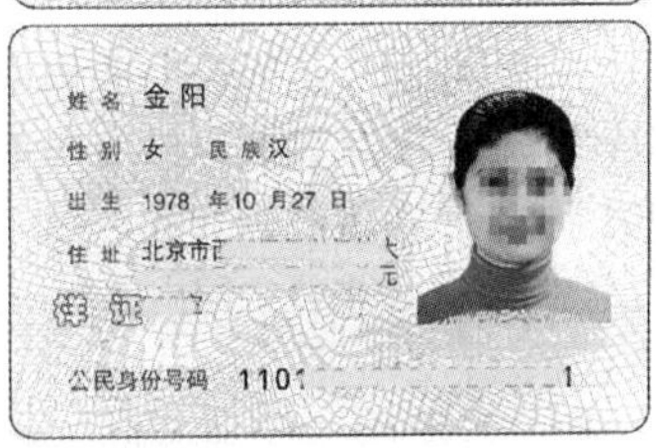
临时居民身份证	中华人民共和国临时居民身份证是中华人民共和国内地公民在“申请领取、换领、补领居民身份证期间”可以申请领取的公民身份证明文件	

续 表

名称	说明	样例
中国人民解放军军人身份证件	2016 年 7 月 1 日全军换发启用 2016 式军官证文职干部证，2016 式义务兵证、士官证、文职人员证、职工证同步换发。这些证件是军人的有效身份证件之一	
中国人民武装警察身份证件	根据全军统一安排，武警部队于 2016 年 7 月 1 日起，陆续为武警警官、文职干部、义务兵、士官、文职人员和职工统一换发 2016 式证件。这些证件是武装警察的有效身份证件之一	
港澳台居民居住证	为便利港澳台居民在内地（大陆）工作、学习、生活，保障港澳台居民合法权益，根据《居住证暂行条例》的有关规定，港澳台居民前往内地（大陆）居住半年以上，符合有合法稳定就业、合法稳定住所、连续就读条件之一的，根据本人意愿，可以依照相关规定申请领取居住证	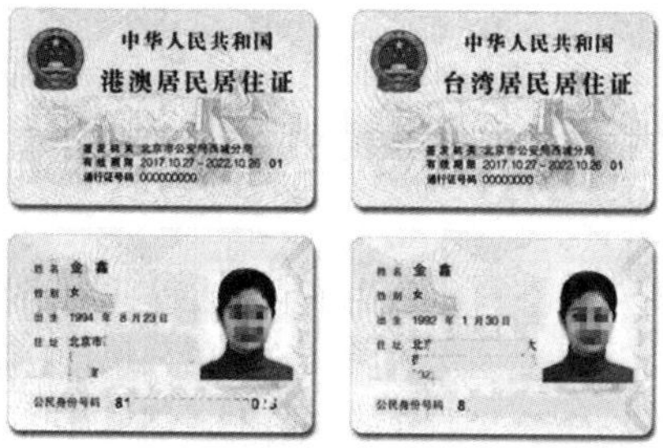
港澳居民来往内地通行证	由中华人民共和国公安部出入境管理局签发，是具中华人民共和国国籍的香港特别行政区及澳门特别行政区居民来往中国内地所用的证件	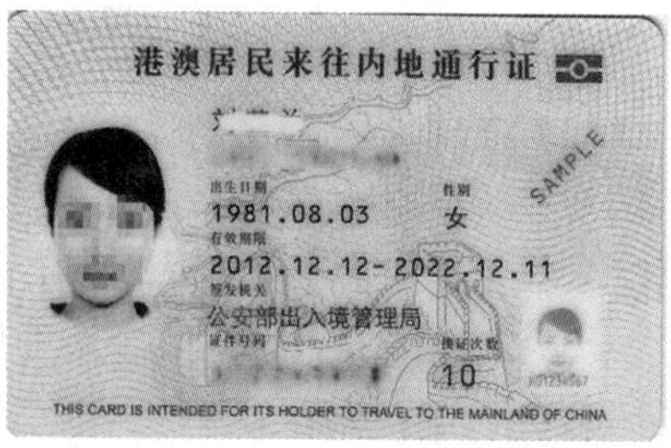
台湾居民来往大陆通行证	台湾居民来往大陆通行证简称“台胞证”，是台湾地区居民往来大陆地区所持有的证件	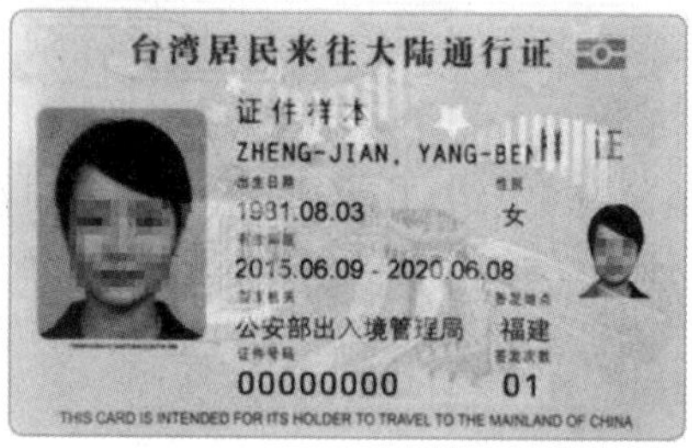

续 表

名称	说明	样例
护照	护照是一个国家的公民出入本国国境和到国外旅行或居留时，由本国发给的一种证明该公民国籍和身份的合法证件	
户口簿	居民户口簿是我国公民的重要证件，由中华人民共和国公安部制，用于登记住户人员的姓名、籍贯、出生年月日、具体职称、职业等内容	

按照国家规定，快递员核实寄件人身份信息后，需要将寄件人证件号码和寄递物品类别信息录入软件系统中，而这个系统是由公安部门安装的特殊软件，直接上传公安后台数据库，确保快递物品来源可追溯、责任能倒查、违法必追究。

快递实名制是指快递行业从源头到终端全过程采集信息数据，最终形成大数据，并由公安部门、邮政管理部门、经济和信息化部门等信息共享，对有效监管具有重要作用。

案例

凉山通过实名收寄系统协助公安机关破获毒品大案

2017 年 7 月，某快递公司通过 X 光机验视，发现从四川西昌寄北京丰台一个包裹里有疑似毒品块状物，凉山州邮政管理局与凉山州禁毒委员会在第一时间前往快递公司，并配合相关单位开展工作。此次案件从包裹内查获四块疑似毒品海洛因的物品，7 月 7 日在北京抓获接货人 1 名，9 日在西昌抓获寄货人 1 名，参与人 3 名。缴获海洛因 4 块，净重 1949g，扣押冻结毒资现金 125 余万元，抓获运输毒品嫌疑人 5 人。

资料来源：http：//sclsh. spb. gov. cn/scjg_ 9804/201710/t20171012_ 1362580. html.

二、快件验视

快递企业在收寄时查验用户交寄的快件是否符合禁寄、限寄规定，以及用户在快递运单上所填报的内容是否与其交寄的实物相符。也就是说，收寄快件时，除了要满足重量、规格和服务范围的限制以外，还要对快件实物进行验视，这是2016年6月1起实施的《快递安全生产操作规范》（以下简称《规范》）中提出的强制性行业标准。原则上，快递员应对快件100%开箱检查。

《规范》中明确提出，快递员应提示寄件人如实申报所寄递的物品，并根据申报内容对交寄的物品、包装物、填充物等进行实物验视。快递员验视时，应按照以下要求进行操作。

（1）应在收寄现场对用户交寄的物品进行验视，具备条件的可在视频监控下验视。

（2）宜由寄件人打开封装。

（3）重点查验用户交寄的物品、包装物、填充物是否符合国家关于禁止寄递、限制寄递的规定以及是否与快递运单上所填报的内容相符。

（4）快递员应注意人身安全，不应鼻腔直闻，不应用手触摸不明液体、粉末、胶状等物品。

（5）对交寄物品内有夹层的，应逐层清查。

（6）对于一票多件的快件，应逐件清查。

验视后，如用户再次增减或更换寄递物品，快递员应在用户最终确认寄递物品后，进行再次验视。对托寄物进行实物验视，应注意以下几点。

（1）验视寄递物品、包装物、填充物性质，检查寄递物品、包装物、填充物是否属于禁限寄物品。检查时尤其要留意不明液体、粉末、胶状等物品，如发现禁寄、限寄疑似物品应请客户提供物品性质的相关证明，客户无法提供相关证明或者相关证明无法证实物品性质为非禁限寄物品，则可委婉地谢拒客户，表示此件不能收取。

快件收寄时，快递员应当面验视，并与用户一起当面封装。如果验货后封存完毕，没有经过发件人允许不能再次开箱验货，随意再拆是违规行为。如果需要再次开箱验货，必须联系本人并征得同意。

（2）检查寄递物品的实际数量，确保实际数量与运单上注明的数量保持一致。如运单上没有写快件的数量，则与客户当面确认快件数量。

（3）识别寄递物品的名称，运单上的寄递物品名称与实际寄递物品名称保持一致。

（4）检查寄递物品是否有内包装，如有内包装，检查内包装是否完好。

（5）检查内包装是否适合运输，如果不适合运输，需对快件进行外包装，保证快件在运输途中的安全，以及不被污损。

（6）验视后，快递服务组织应按要求做出验视标识，记录验视人员姓名或者工号。

案例

寄递企业未履行开箱验视，据《中华人民共和国反恐怖主义法》罚款 20 万元

2017 年 10 月，浙江省玉环市某快递企业因所属营业网点未履行实名登记、开箱验视等安全制度，导致危险品通过寄递渠道运送外地，最终受到总额 20 万元的行政处罚。

2017 年 7 月，玉环市公安局玉城派出所民警根据线索，证实当地一快递公司快递员熊某因未对客户身份进行查验，也没有对所寄物品实行开箱验视，致使危险物品经寄递渠道运送至各地，存在严重的安全隐患。经调查，该公司在 2017 年 3—8 月共收寄 137 个未经实名登记、开包验视的包裹。根据《中华人民共和国反恐怖主义法》第八十五条规定，当地快递行业主管部门对该快递公司做出 15 万元罚款的行政处罚，对该公司主管负责人许某、案件责任人熊某分别处以 3 万元、2 万元罚款的行政处罚。

警方提醒，快递从业人员一定要认清违法成本，切实承担起主体责任，严格按照相关法律法规，落实开箱验视、实名登记、过机安检三项制度，不得收寄禁止寄递物品。对寄件人身份不明、拒不出示有效身份证件、所填身份信息与证件不符、拒绝验视的，一律不得收寄。

资料来源：http：//www. 360doc. com/content/18/0201/11/832246_ 726899083. shtml.

三、禁限寄物品规定

为了保护国家政治、经济、社会发展，保证快件传输过程中的人身安全、快件安全及快件操作设备安全，防止不法分子利用快递网络渠道从事危害国家安全、社会公共利益或他人合法权益的活动，国家对禁寄、限寄物品做了规定。禁寄物品是国际法律、法规明确禁止寄递的物品；限寄物品是把个人寄递的物品限定在一定数量范围内，有价值和数量上的限制。但会根据情况变化对限寄物品做出调整和修改。快递员在收寄快件时应严格把关，拒绝接收各类禁寄物品并按规定接收限寄物品。

（一）禁止寄递物品

1. 禁止寄递物品规定

国家规定的禁止寄递物品（以下简称禁寄物品），主要包括以下内容：

（1）危害国家安全、扰乱社会秩序、破坏社会稳定的各类物品。

（2）危及寄递安全的爆炸性、易燃性、腐蚀性、毒害性、感染性、放射性等各类物品。

（3）法律、行政法规以及国务院和国务院有关部门规定禁止寄递的其他物品。

快递从业人员应对禁寄物品有防范意识、辨识知识和处置能力。及时发现、报告禁寄物品，维护国家安全、公共安全和人民生命财产安全。

按照国家法律、法规的规定，禁止寄递物品种类及明细如下（见表 2－3－2）。

表 2－3－2　　禁止寄递物品种类及明细

类别	项目	明细
枪支（含仿制品、主要零部件）、弹药	（1）枪支（含仿制品、主要零部件）	如手枪、步枪、冲锋枪、防暴枪、气枪、猎枪、运动枪、麻醉注射枪、钢珠枪、催泪枪等
	（2）弹药（含仿制品）	如子弹、炸弹、手榴弹、火箭弹、照明弹、燃烧弹、烟幕（雾）弹、信号弹、催泪弹、毒气弹、地雷、手雷、炮弹、火药等
管制器具	（1）管制刀具	如匕首、三棱刮刀、带有自锁装置的弹簧刀（跳刀）、其他类似的单刃、双刃、三棱尖刀等
	（2）其他	如弩、催泪器、催泪枪、电击器等
爆炸物品	（1）爆破器材	如炸药、雷管、导火索、导爆索、爆破剂等
	（2）烟花爆竹	如烟花、鞭炮、摔炮、拉炮、砸炮、彩药弹等烟花爆竹及黑火药、烟火药、发令纸、引火线等
	（3）其他	如推进剂、发射药、硝化棉、电点火头等
压缩和液化气体及其容器	（1）易燃气体	如氢气、甲烷、乙烷、丁烷、天然气、液化石油气、乙烯、丙烯、乙炔等
	（2）有毒气体	如一氧化碳、一氧化氮、氯气等
	（3）易爆或者窒息性、助燃气体	如压缩氧气、氮气、氦气、氖气、气雾剂等
易燃液体	如汽油、柴油、煤油、桐油、丙酮、乙醚、油漆、生漆、苯、酒精、松香油等	
易燃固体、自燃物质、遇水易燃物质	（1）易燃固体	如红磷、硫黄、铝粉、闪光粉、固体酒精、火柴、活性炭等
	（2）自燃物质	如黄磷、白磷、硝化纤维（含胶片）、钛粉等
	（3）遇水易燃物质	如金属钠、钾、锂、锌粉、镁粉、碳化钙（电石）、氰化钠、氰化钾等
氧化剂和过氧化物	如高锰酸盐、高氯酸盐、氧化氢、过氧化钠、过氧化钾、过氧化铅、氯酸盐、溴酸盐、硝酸盐、双氧水等	
毒性物质	如砷、砒霜、汞化物、铊化物、氰化物、硒粉、苯酚、汞、剧毒农药等	
生化制品、传染性、感染性物质	如病菌、炭疽、寄生虫、排泄物、医疗废弃物、尸骨、动物器官、肢体、未经硝制的兽皮、未经药制的兽骨等	
放射性物质	如铀、钴、镭、钚等	
腐蚀性物质	如硫酸、硝酸、盐酸、蓄电池、氢氧化钠、氢氧化钾等	

续　表

<table>
<tr><td rowspan="3">毒品及吸毒工具、非正当用途麻醉药品和精神药品、非正当用途的易制毒化学品</td><td>（1）毒品、麻醉药品和精神药品</td><td>如鸦片（包括罂粟壳、花、苞、叶）、吗啡、海洛因、可卡因、大麻、甲基苯丙胺（冰毒）、氯胺酮、甲卡西酮、苯丙胺、安钠咖等</td></tr>
<tr><td>（2）易制毒化学品</td><td>如胡椒醛、黄樟素、黄樟油、麻黄素、伪麻黄素、羟亚胺、邻酮、苯乙酸、溴代苯丙酮、醋酸酐、甲苯、丙酮等</td></tr>
<tr><td>（3）吸毒工具</td><td>如冰壶等</td></tr>
<tr><td>非法出版物、印刷品、音像制品等宣传品</td><td colspan="2">如含有反动、煽动民族仇恨，破坏国家统一和社会稳定，宣扬邪教、宗教极端思想、淫秽等内容的图书、刊物、图片、照片、音像制品等</td></tr>
<tr><td>间谍专用器材</td><td colspan="2">如暗藏式窃听器材、窃照器材、突发式收发报机、一次性密码本、密写工具、用于获取情报的电子监听和截收器材等</td></tr>
<tr><td>非法伪造物品</td><td colspan="2">如伪造或者变造的货币、证件、公章等</td></tr>
<tr><td rowspan="2">侵犯知识产权和假冒伪劣物品</td><td>（1）侵犯知识产权</td><td>如侵犯专利权、商标权、著作权的图书、音像制品等</td></tr>
<tr><td>（2）假冒伪劣</td><td>如假冒伪劣的食品、药品、儿童用品、电子产品、化妆品、纺织品等</td></tr>
<tr><td>濒危野生动物及其制品</td><td colspan="2">如象牙、虎骨、犀牛角及其制品等</td></tr>
<tr><td>禁止进出境物品</td><td colspan="2">有碍人畜健康的、来自疫区的以及其他能传播疾病的食品、药品或者其他物品；内容涉及国家秘密的文件、资料及其他物品</td></tr>
<tr><td>其他物品</td><td colspan="2">《危险化学品目录》《民用爆炸物品品名表》《易制爆危险化学品名录》《易制毒化学品的分类和品种目录》《中华人民共和国禁止进出境物品表》载明的物品和《人间传染的病原微生物名录》载明的第一、二类病原微生物等，以及法律、行政法规、国务院和国务院有关部门规定禁止寄递的其他物品</td></tr>
</table>

案例

西安咸阳国际机场截获长 80cm“鳄鱼”，系游客从泰国购买

2016 年 2 月，西安咸阳国际机场（简称咸阳机场）出入境检验检疫局检验检疫人员在对泰国曼谷直飞西安的 BK2726 航班旅客行李进行查验时，发现一旅客携带的长方形纸箱中有一件完整的鳄鱼标本，长约 80cm，重约 0.5kg。

经了解，该旅客在泰国选购箱包时作为工艺品购买了此标本。检验检疫人员对该旅客及导游进行了批评教育，并按有关法律规定对该动物标本予以扣留。这是咸阳机场开通国际航班以来首次从旅客携带物中截获违规进境鳄鱼标本。

中华人民共和国国家质量监督检验检疫总局（简称国家质检总局）和农村农业部2012年发布的《中华人民共和国禁止携带、邮寄进境的动植物及其产品名录》中明确规定，禁止携带、邮寄进境的物品有3大类16个条目，如动物及制品包括活动物（犬、猫除外）、生或熟肉类及其制品、鲜奶和奶酪等奶类产品、蛋及蛋制品、燕窝（罐头装燕窝除外）、油脂类产品、动物源性饲料肥料7大类；植物及制品包括新鲜水果蔬菜、烟叶（不含烟丝）、种子（苗）、有机栽培介质4大类；另外，菌种、器官组织、动植物尸体和标本、土壤、转基因生物材料等其他检疫物也禁止携带。

2. 航空禁运物品

通过航空方式运输的快件都要逐一进行安检，排除航空禁运物品上飞机的可能。有些航空禁运物品（不属于禁止收寄范围的）可以改为全程陆运发运，收寄人员要在快件表面粘贴“全程陆运”标识。常见航空禁运物品如下。

（1）仿真枪、消防枪、子弹及弹壳。如任何仿真枪、可射击子弹的玩具枪等。

（2）各种管制刀具、弩箭。

（3）易燃、易爆危险品、化工试剂等。

（4）带电池的各类电子产品。如可重复使用的充电电池（锂电池、内置电池、笔记本电池、蓄电池、高容量电池等）无法通过安检；MP3（能播放音乐文件的播放器）、MP4（视频播放器）、手机、电脑等电子产品及户外照明用品、登山用品，若无内置电池，单机可通过安检；若有内置电池，即使电池已独立包装，仍无法通过安检；含有干电池的玩具、荧光棒等，无法通过安检。

（5）带磁性的物品。如含喇叭的大小音箱、有变压器的电路板等，不能通过安检。

（6）各种压力容器、各类压缩气体制品，如自动充气救生设备、灭火器等。

（7）内装化妆品、药品、粉末状物品的快件。如液体、粉状、膏状物品，无论如何包装，均无法通过安检，胶囊类药品也受此限制。

（8）批量电子元件。如整包寄递的批量纽扣电池、干电池，无法通过安检。

（9）任何在安检视图呈现“不明图像”的物品不能寄递。如包装使用较厚的固体泡沫，导致内包装物品形状、特性难以显示，出于航空安全考虑，不予通过安检；有锡纸的茶叶盒等也不能通过安检。

此外，烟草、植物种子、活体、非法药品甚至毒品、伪造驾照和护照、粉末及液体状物品、不明成分物品及药品、假冒伪劣品等也属于航空禁运物品。

（二）限制寄递物品

国家为适应控制某些物品流通和保护某些物品特许经营权的需要，对一些物品的寄递限定在一定范围内，这就是限寄。限寄规定是本着既照顾和方便顾客的合法需要和正常往来，又限制投机倒把和走私违法行为而制定的。限定的范围包括价值上的限制和数量上的限制，也就是通常所说的限值和限量。限值和限量的规定会根据海关或国家临时情况变化而有所变更，具体内容以海关当时公布的限值和限量要求为准。

1. 限量

根据限量有关规定，在国内范围互相寄递的物品，如卷烟、雪茄烟每件以两条（400 支）为限。两种合寄时也限制在 400 支以内。寄递烟丝、烟叶每次均各以 5kg 为限。两种合寄时不得超过 10kg。每人每次限寄一件，不准一次多件或多次交寄。

2. 限值

对于寄往港澳台地区及国外的物品，除需遵守限量规定外，还应遵守海关限值的有关规定。

海关总署公告 2010 年第 43 号规定，个人寄自或寄往港澳台地区的物品，每次限值为 800 元人民币；个人寄自或寄往其他国家和地区的物品，每次限值为 1000 元人民币。海关总署令第 12 号规定，个人邮寄中药材、中成药出境，寄往港澳地区的，总值限人民币一百元，寄往国外的，限人民币二百元。麝香不准携带或邮寄出境。中成药是指注册商标上批准文号中标有“国药准字”的中成药，商标上标有“国食健字”的保健中成药按照海关自用合理数量和限值的规定办理。

限寄需要注意以下内容。

（1）外国人、华侨和港澳台同胞寄递的出境物品，如果是外汇购买的，只要不超过合理数量，原则上不受出口限制。

（2）如果寄达国（或地区）对某些寄递物品有限量、限值的规定，应按照寄达国（或地区）的规定办理。

（三）禁止、限制进出境物品

在国际快递中，我国海关规定了禁止、限制进出境物品，快递员在收寄和派送时要留意。另外，寄往国外的快件也要符合寄达国家（地区）海关的要求，各国海关对本国出入境货物也有禁止和限制的规定，快递员在收寄时应按照目的地国要求进行验视（禁寄、限寄物品以各国海关规定为准）。

1. 禁止进境物品

（1）各种武器、仿真武器、弹药及爆炸物品。

（2）伪造的货币及伪造的有价证券。

（3）对中国政治、经济、文化、道德有害的印刷品、胶卷、照片、唱片、影片、录音带、录像带、激光视盘、计算机存储介质及其他物品。

（4）各种烈性毒药。

（5）鸦片、吗啡、海洛因、大麻以及其他能使人成瘾的麻醉品、精神药物。

（6）带有危险性病菌的害虫及其他有害的动物、植物及其产品。

（7）有碍人畜健康的、来自疫区的以及能传播疾病的食品、药品或其他物品。

2. 禁止出境物品

（1）列入禁止进境范围的所有物品。

（2）内容涉及国家秘密的手稿、印刷品、胶卷、照片、唱片、影片、录音带、录像带、激光视盘、计算机存储介质及其他物品。

（3）珍贵文物及其他禁止出境的文物。

（4）濒危的和珍贵的动物、植物（均含标本）及其种子和繁殖材料。

3. 限制进境物品

（1）无线电收发信机、通信保密机。

（2）烟、酒。

（3）濒危的和珍贵的动物、植物（均含标本）及其种子和繁殖材料。

（4）国家货币。

（5）海关限制进境的其他物品。

4. 限制出境物品

（1）金银等贵重金属及其制品。

（2）国家货币。

（3）外币及其有价证券。

（4）无线电收发信机、通信保密机。

（5）贵重中药材。

（6）一般文物。

（7）海关限制出境的其他物品。

相关知识与拓展

个人携带物品进出境政策规定

国家货币是限制进出境物品，外币是限制出境物品，两者的管理规定不同。

《中华人民共和国海关法》规定：个人携带进出境的行李物品、邮寄进出境的物品，应当以自用、合理数量为限，并接受海关监管。

携带人民币进出境的数量限额为20000元。携带外币进境无数额限制，满足自用、合理数量并向海关申报即可。国家外汇管理局、海关总署联合发布了《携带外币现钞出入境管理暂行办法》，对携带外币出境规定了三种不同的情况，如表2－3－3所示（注：第一种情况不包括当天多次往返及短期内多次往返的进出境人员）。

表 2－3－3　　携带外币出境规定

携带外币的数额	是否要申领《携带证》	发证部门
等值 5000 美元（含 5000 美元）以内	否	否
等值 5000 美元以上至 10000 美元（含 10000 美元）	是	国家外汇管理局指定的银行
等值 10000 美元以上	是	存款或购汇银行所在地的国家外汇管理局各分支局

进境居民旅客携带在境外获取的个人自用进境物品，总值在 5000 元人民币以内（含 5000 元）的；非居民旅客携带拟留在中国境内的个人自用进境物品，总值在 2000 元人民币以内（含 2000 元）的，海关予以免税放行，单一品种限自用、合理数量，但烟草制品、酒精制品以及国家规定应当征税的 20 种商品等另按有关规定办理。

进境居民旅客携带超出 5000 元人民币的个人自用进境物品，经海关审核确属自用的；进境非居民旅客携带拟留在中国境内的个人自用进境物品，超出人民币 2000 元的，海关仅对超出部分的个人自用进境物品征税，对不可分割的单件物品，全额征税。

（四）常见国家（地区）海关禁寄规定及清关注意事项

国际快件的传递需要经过我国海关和寄达国（地区）海关的查验，符合要求的快件予以通关。武器、炸药、枪支、麻醉药物、危险化学品、易燃、易爆、易腐蚀物品等均为各国（地区）禁寄物品，除此以外，各国（地区）还有其他特殊规定，以及敏感时期的临时规定。

1. 美国海关禁寄规定及清关注意事项

（1）禁寄物品。

①新鲜、脱水或罐装的肉类、肉制品。

②植物种子、蔬菜、水果及土壤。

③昆虫及其他对植物有害的虫类。

④非罐装或腌熏的鱼类及鱼子。

⑤野生动物及标本。

⑥盗印（无版权）书籍及录音、录影带。

⑦遗体、苦艾酒、色情刊物、火器、煽动性和反动性文件素材等。

⑧干花类制品（以防干花制品带有细菌）。

⑨所有没有在美国财政部海外资产控制办公室（OFAC）预报的、直接或间接从第三国中转的古巴、伊朗、伊拉克、苏丹、叙利亚、缅甸、朝鲜邮递物品。

⑩土壤未经美国食品药品管理局（FDA）登记的食品、奶制品、药品等。

（2）清关注意事项。

①需提供原始正本商业发票。

②礼品和样品均须详细说明内件名称。

③发票应注明物品产地来源说明、重量及尺寸、美元价值、付款条款等内容。

④纺织品需要纤维成分说明，服装需类型及数量说明。

⑤物品描述必须详尽，描述信息须包括用途和原产地，对含糊的英文描述如“sample（包括 diagnostic samples）” “parts（包括 spare parts）” “gift” “clothing” “tools” 等一律不接受。

2. 日本海关禁寄规定及清关注意事项

（1）禁寄物品。

禁寄物品包括药物、色情刊物、古玩、遗体、种子、护照、鲜果、影片、有壳核桃、活的动植物、鲜花、干花等。

（2）清关注意事项。

①化妆品：须提供进口许可证。

②动物制品：需要提供产地证、出口许可证、进口许可证，并详述品名、学名、价值、数量、收件人地址和电话。

③医药、医疗器械设备、眼镜片、隐形眼镜：须提供进口许可证。

④食品：易腐品、肉食品、谷物（大米、小麦等）、奶酪均不可进口；罐装食品可以进口，其他食品每票重量在 10kg 以下则可以进口，并且要求有详细的收件人地址、电话。

⑤皮革制品：须说明皮革种类（猪、牛、羊等）及用途，发票上须注明皮革产地。

⑥纺织品：须在发票上说明质地成分、织法、产地；真丝、布样、羊绒布块须提供进口许可证；服装还要注明款式。

⑦茶叶：须提供进口许可证。

⑧化学品：必须详细注明品名、化学报告、收件人的详细地址和电话，部分化学品还须有进口许可证。

⑨礼品：要注明礼品品名、数量、价值、用途，礼品件数不能超过 24 件。

3. 俄罗斯海关禁寄规定及清关注意事项

（1）禁寄物品。

洋酒、烟草、香烟、巧克力、茶等。

（2）清关注意事项。

①形式发票只适用于样品。

②原始发票用英文书写，以美元计价。

③发票应打印而非手写。

④发票应注明每类物品的数量、价值、重量以及统一的关税号码；注明运费及保险费，注明付款条款、交易目的和交货条件。

⑤CD（激光唱片）、DVD（数字通用光盘）、立体卡片等物品不能按文件类付运，必须提供商业发票。

4. 澳大利亚海关禁寄规定及清关注意事项

（1）禁寄物品。

药品、果蔬、含有鸡蛋或牛奶成分的食物、万艾可、烟草、动物皮毛、象牙、贵金属、宝石、古董、艺术品、有价证券、货币等。

（2）清关注意事项。

①寄递物品需详细说明，不接受品名为“礼品”或“样本”的快件。

②木质包装须加盖国际植物保护公约（IPPC）标识，商业发票上须注明木质包装物已经过熏蒸。

5. 德国海关禁寄规定及清关注意事项

（1）禁寄物品。

各种蔬菜、生果、果皮、植物、种子、燕窝、鱼翅、肉类、危险药品、利刃、假名牌等。

（2）清关注意事项。

①航空发票：如果票面价值超过 22 欧元，必须提供发票。

②酒类和饮料：发票上必须写明酒精的含量，如果是甜味的，必须写明糖的含量。啤酒的样品将会有高额的税费。

③化工品：详细的说明（如详细的化学品名），不接受“Chemical Product”。

④药品和制药类物品：仅限于收货方为公司，收货人须提供进口许可证。所有个人用的药品仅限于发给药店，运单和发票都要注明药店的名字。

⑤纺织品：如果纺织品产于亚洲、非洲，价值高于 22 欧元须准备原产地证。

⑥中国的所有货物都要求提供商业发票，不接受形式发票。

6. 中国台湾海关禁寄规定及清关注意事项

（1）禁寄物品。

①医药和医疗设备。

②茶具、工艺品、金银玉石首饰、古董。

③化工产品（尤其是粉末及液体物品）。

④化妆品、眼镜。

⑤谷物及种子。

⑥烟草、酒、食品、饮料。

⑦电子通信器材、电路板、磁碟片。

⑧政治读物。

⑨扑克牌、麻将牌。

⑩假冒及仿制品、涉及知识产权的物品。

（2）清关注意事项。

①运单及发票应以英文填写。

②应正确申报物品的数量及合理价值。

③木质包装须加盖《国际植物保护公约》（IPPC）标识，商业发票上须注明木质包装物已经过熏蒸。

另外，寄往中东国家（地区）和印度的快件，禁止含有液体、粉末的物品以及化工产品、食品（尤其是肉制品）、药品等。

四、禁限寄物品处理方法

快递员收寄快件时如果发现禁寄物品，应拒收并向寄件人说明原因。

寄递企业完成收寄后发现禁寄物品或者疑似禁寄物品的，应当停止发运，立即报告事发地邮政管理部门，并按下列规定处理。

（1）发现各类枪支（含仿制品、主要零部件）、弹药、管制器具等物品的，应当立即报告公安机关。

（2）发现各类毒品、易制毒化学品的，应当立即报告公安机关。

（3）发现各类爆炸品、易燃易爆等危险物品的，应当立即疏散人员、隔离现场，同时报告公安机关。

（4）发现各类放射性、毒害性、腐蚀性、感染性等危险物品的，应当立即疏散人员、隔离现场，同时视情况报告公安、环境保护、卫生防疫、安全生产监督管理等部门。

（5）发现各类危害国家安全和社会稳定的非法出版物、印刷品、音像制品等宣传品的，应当及时报告国家安全、公安、新闻出版等部门。

（6）发现各类伪造或者变造的货币、证件、印章以及假冒侵权等物品的，应当及时报告公安、工商行政管理等部门。

（7）发现各类禁止寄递的珍贵、濒危野生动物及其制品的，应当及时报告公安、野生动物行政主管等部门。

（8）发现各类禁止进出境物品的，应当及时报告海关、国家安全、出入境检验检疫等部门。

（9）发现使用非机要渠道寄递涉及国家秘密的文件、资料及其他物品的，应当及时报告国家安全机关。

（10）发现各类间谍专用器材或者疑似间谍专用器材的，应当及时报告国家安全机关。

（11）发现其他禁寄物品或者疑似禁寄物品的，应当依法报告相关政府部门处理。

快递员在收寄快件时如发现限寄物品，应告知寄件人处理方法及附加费用。个人寄递进出境物品超出限量规定的应拒绝收寄；个人寄递进出境物品超出规定限值的，应办理退运手续或者按照货物规定办理通关手续，即按正常贸易货物进行申报，按货物征收进出口环节关税、增值税、消费税、特别关税。

相关知识与拓展

危险货物包装标签如表 2－3－4 所示。

表 2－3－4　　危险货物包装标签

序号	标签名称	标签图形	对应的危险货物类项号
1	爆炸性物质或物品	 （符号：黑色，底色：橙红色）	1.1 1.2 1.3
1	爆炸性物质或物品	 （符号：黑色，底色：橙红色）	1.4
1	爆炸性物质或物品	 （符号：黑色，底色：橙红色）	1.5
1	爆炸性物质或物品	 （符号：黑色，底色：橙红色）	1.6

续　表

序号	标签名称	标签图形	对应的危险货物类项号
2	易燃气体	（符号：黑色或白色，底色：正红色）	2.1
2	非易燃无毒气体	（符号：黑色或白色，底色：绿色）	2.2
2	毒性气体	（符号：黑色，底色：白色）	2.3
3	易燃液体	（符号：黑色或白色，底色：正红色）	3
4	易燃固体	（符号：黑色，底色：白色红条）	4.1

续　表

序号	标签名称	标签图形	对应的危险货物类项号
4	易于自燃的物质	 （符号：黑色，底色：上白下红）	4.2
4	遇水放出易燃气体的物质	 （符号：黑色或白色，底色：蓝色）	4.3
5	氧化剂	 （符号：黑色，底色：柠檬黄色）	5.1
5	有机过氧化物	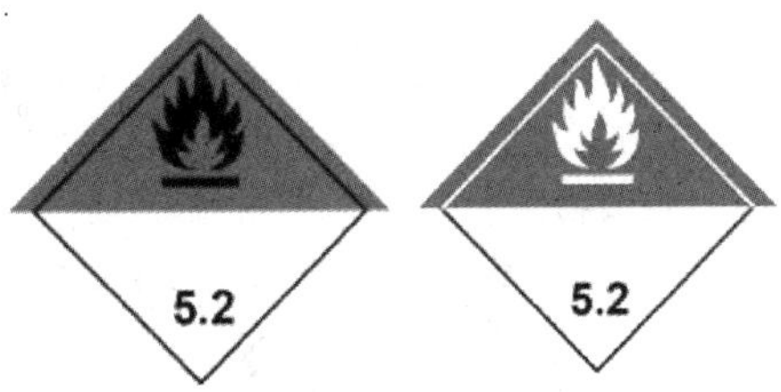 （符号：黑色或白色，底色：红色和柠檬黄色）	5.2
6	毒性物质	 （符号：黑色，底色：白色）	6.1

续　表

序号	标签名称	标签图形	对应的危险货物类项号
6	感染性物质	 （符号：黑色，底色：白色）	6.2
7	一级放射性物质	 （符号：黑色，底色：白色，附一条红竖条） 在标签下半部分写上黑色文字："放射性" "内装物＿＿＿＿＿""放射性强度＿＿＿＿＿"； 在"放射性"字样之后应有一条红竖条	7A
7	二级放射性物质	 （符号：黑色，底色：上黄下白，附两条红竖条） 在标签下半部分写上黑色文字："放射性" "内装物＿＿＿＿＿""放射性强度＿＿＿＿＿"； 在"放射性"字样之后应有两条红竖条	7B
7	三级放射性物质	 （符号：黑色，底色：上黄下白，附三条红竖条） 在标签下半部分写上黑色文字："放射性" "内装物＿＿＿＿＿""放射性强度＿＿＿＿＿"； 在"放射性"字样之后应有三条红竖条	7C

续　表

序号	标签名称	标签图形	对应的危险货物类项号
7	裂变性物质	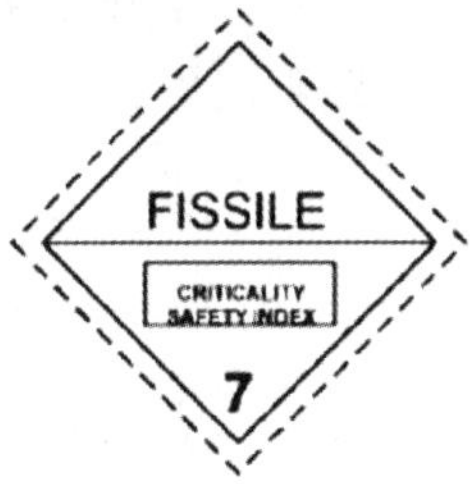 （符号：黑色，底色：白色） 在标签下半部分写上黑色文字："易裂变"； 在标签下半部分的一个黑边框格内写上："临界安全指数"	7E
8	腐蚀性物质	 （符号：上黑下白，底色：上白下黑）	8
9	杂项危险物质和物品	 （符号：黑色，底色：白色）	9

任务四　运单知识

知识目标

1. 了解运单正面信息和背书信息的内容；
2. 掌握运单填写操作；
3. 掌握国际快件需要客户提供的单据。

能力目标

学生能够熟知运单包含的信息内容，掌握运单填写的规范，并能独立完成运单填写操作。学生能够用英文填写国际运单。

任务导入

小组任务：每组收集一个快递企业运单，将各组运单进行比较，列举不同快递企业的运单有哪些相同的内容。

任务分析：学生通过观察、分享、讨论，可以总结出快递运单包含的主要信息，并发现很多之前没有注意到的内容。

一、运单基础知识

快递运单又称快件详情单，是用于记录快件原始收寄信息及服务约定的单据。快递运单是快递企业与寄件人之间的寄递合同，其内容对双方均具有约束力。当寄件人以物品所有人或代理人的名义填写并签署快件运单后，即表示接受和遵守运单的背书条款，并受法律保护。运单的作用如下：

（1）寄件人与快递企业之间的寄递合同。

（2）快递企业签发的已接收快件的证明。

（3）付费方式和快递企业据以核收费用的账单。

（4）是出口快件的报关单证之一。

（5）是快递企业安排内部业务的依据。

（一）纸质运单

纸质运单是比较传统的运单形式，由运单正面信息和运单背书条款两部分组成。

1. 运单正面信息

运单正面信息是对快件涉及信息的详细描述。主要包括寄件人信息、收件人信息、内件信息、确认签名信息、时间、重量、体积、资费、付费方式、揽投员姓名或工号等内容。运单样例如图 2－4－1、图 2－4－2 和图 2－4－3 所示。

2. 运单背书条款

运单背书条款是确定快递企业与客户之间权利、义务的主要内容，也称服务协议，或者格式合同。背书条款由快递企业和寄件人共同承认、遵守，具有法律效力，自签字之日起确认生效。收寄快件时，快递员有义务在寄件时提醒寄件人阅读背书内容。背书条款主要包括以下内容：

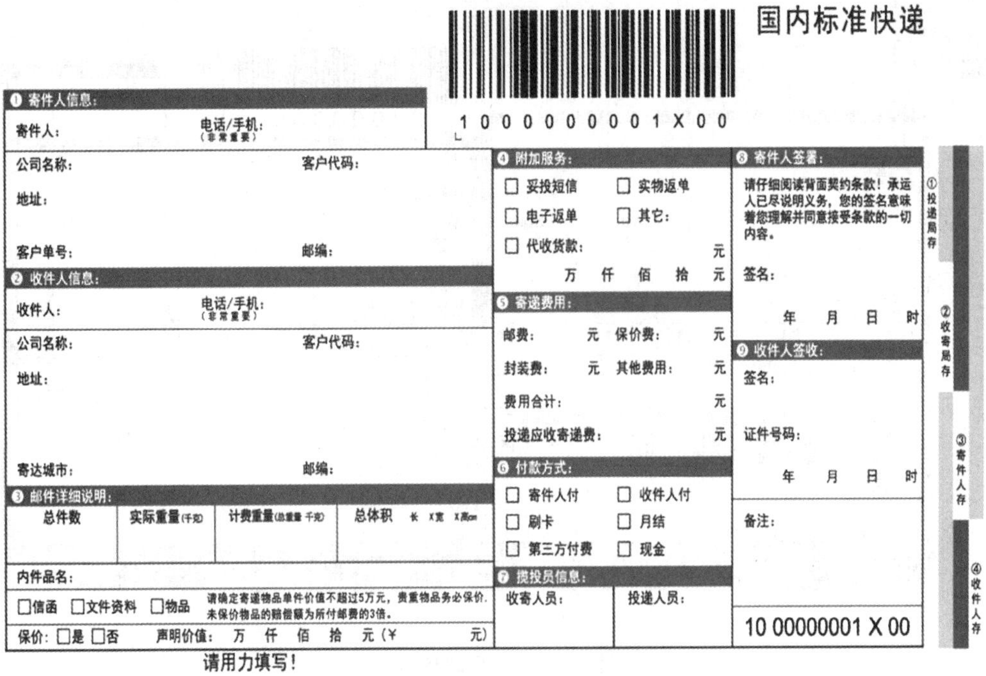

国内标准快递

1000000001X00

❶寄件人信息：
寄件人： 电话/手机：（非常重要）
公司名称： 客户代码：
地址：
客户单号： 邮编：

❷收件人信息：
收件人： 电话/手机：（非常重要）
公司名称： 客户代码：
地址：
寄达城市： 邮编：

❸邮件详细说明：
总件数 实际重量（千克） 计费重量（总重量 千克） 总体积 长 X宽 X高cm
内件品名：
□信函 □文件资料 □物品 请确定寄递物品单件价值不超过5万元，贵重物品务必保价。未保价物品的赔偿额为所付邮费的3倍。
保价：□是 □否 声明价值： 万 仟 佰 拾 元（¥ 元）

❹附加服务：
□妥投短信 □实物返单
□电子返单 □其它：
□代收货款： 元
万 仟 佰 拾 元

❺寄递费用：
邮费： 元 保价费： 元
封装费： 元 其他费用： 元
费用合计： 元
投递应收寄递费： 元

❻付款方式：
□寄件人付 □收件人付
□刷卡 □月结
□第三方付费 □现金

❼揽投员信息：
收寄人员： 投递人员：

❽寄件人签署：
请仔细阅读背面契约条款！承运人已尽说明义务，您的签名意味着您理解并同意接受条款的一切内容。
签名：
年 月 日 时

❾收件人签收：
签名：
证件号码：
年 月 日 时
备注：

10 00000001 X 00

①投递局存 ②收寄局存 ③寄件人存 ④收件人存

请用力填写！

图 2-4-1 运单样例一

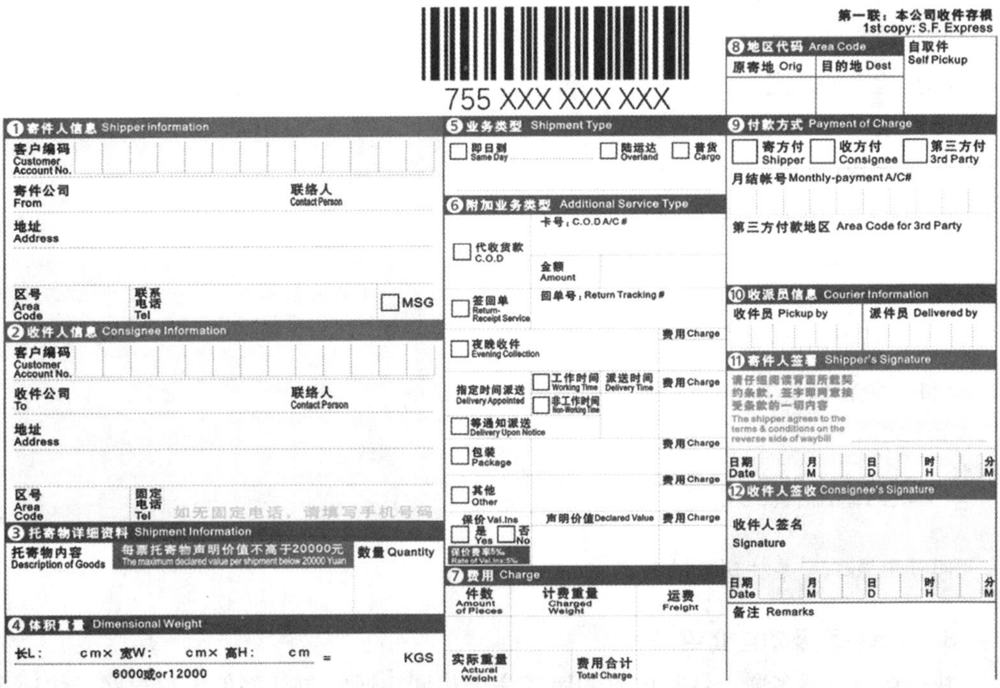

755 XXX XXX XXX

第一联：本公司收件存根
1st copy: S.F. Express

❽地区代码 Area Code
原寄地 Orig 目的地 Dest
自取件 Self Pickup

❶寄件人信息 Shipper information
客户编码 Customer Account No.
寄件公司 From 联络人 Contact Person
地址 Address
区号 Area Code 联系电话 Tel □MSG

❷收件人信息 Consignee Information
客户编码 Customer Account No.
收件公司 To 联络人 Contact Person
地址 Address
区号 Area Code 固定电话 Tel 如无固定电话，请填写手机号码

❸托寄物详细资料 Shipment Information
托寄物内容 Description of Goods 每票托寄物声明价值不高于20000元 The maximum declared value per shipment below 20000 Yuan 数量 Quantity

❹体积重量 Dimensional Weight
长L： cm× 宽W： cm× 高H： cm = KGS
6000或or12000

❺业务类型 Shipment Type
□即日到 Same Day □陆运达 Overland □普货 Cargo

❻附加业务类型 Additional Service Type
□代收货款 C.O.D 卡号：C.O.D A/C# 金额 Amount
□签回单 Return-Receipt Service 回单号：Return Tracking #
费用 Charge
□夜晚收件 Evening Collection
指定时间派送 Delivery Appointed □工作时间 Working Time □非工作时间 Non-Working Time 派送时间 Delivery Time 费用 Charge
□等通知派送 Delivery Upon Notice
□包装 Package 费用 Charge
□其他 Other 费用 Charge
保价 Val.Ins □是 Yes □否 No 保价费率5% Rate of Val.Ins 5% 声明价值 Declared Value 费用 Charge

❼费用 Charge
件数 Amount of Pieces 计费重量 Charged Weight 运费 Freight
实际重量 Acturel Weight 费用合计 Total Charge

❾付款方式 Payment of Charge
□寄方付 Shipper □收方付 Consignee □第三方付 3rd Party
月结帐号 Monthly-payment A/C#
第三方付款地区 Area Code for 3rd Party

❿收派员信息 Courier Information
收件员 Pickup by 派件员 Delivered by

⓫寄件人签署 Shipper's Signature
请仔细阅读背面所载契约条款，签字即同意接受条款的一切内容
The shipper agrees to the terms & conditions on the reverse side of waybill
日期 Date 月 M 日 D 时 H 分 M

⓬收件人签收 Consignee's Signature
收件人签名 Signature
日期 Date 月 M 日 D 时 H 分 M
备注 Remarks

图 2-4-2 运单样例二

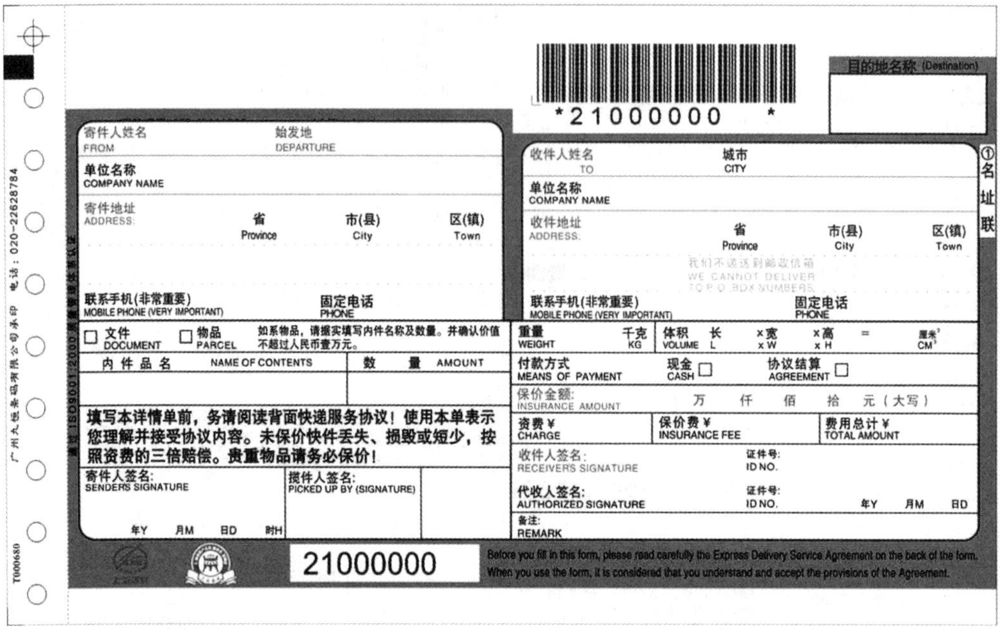

图 2-4-3 运单样例三

（1）运单背书适用的法律法规。

（2）快递服务组织服务范围及责任声明。

（3）禁寄和限寄物品。

（4）验视的规定。

（5）安全检查条款。

（6）收费规则。

（7）保价及保险条款。

（8）查询方式。

（9）赔偿约定。

（10）免责声明。

（11）争议解决方式。

相关知识与拓展

阅读附录二：某快递企业运单背书。

3. 运单各联及功能介绍

快递运单一式多联，各联内容和版式完全相同。通常包括寄件人存根联、快递企业收件存根联、收件人存根联、快递企业派件存根联、随包裹报关联等。由于各种类型的快件所经过的快递环节不完全一致，因此对应的运单联数也不一致。目前快递企业采用的有一式三联、一式四联、一式五联、一式六联等几种运单，且各联的命名也不尽相同。但国内快递运单最多不能超过五联，国际出境快递运单最多不能超过六联。常见的有以下几种功能的运单联。

（1）寄件人存根联。其由寄件人留存，是快递公司收取寄付费用（寄付现结及寄付月结款）的依据，客户可根据此联标明的运单号查询快件的在途及签收信息。

（2）快递企业收件存根联。快件收寄后，由快递员取下交给收寄营业网点留存。快递企业将运单内容录入信息系统，以便客户通过网络查询快件状态。它也是快递企业的记账凭证，是营业收入的原始依据，同时也是快递员进行票数统计的依据。

（3）收件人存根联。其由签收快件的客户留存，此联运单是客户签收快件的证明和快递企业收取到付费用及记账款的依据，同时也是快件出现问题时，投诉和理赔的依据。

（4）快递企业派件存根联。快件派送成功后，由快递员取下交给派件营业网点留存。此联运单是签收客户核收快件的依据，也是快件派送企业统计派送票数和派送营业收入的统计依据。

（5）随包裹报关联。进出口快件须有报关使用的运单联，非进出口快件可不设此联。

（6）其他运单联。各快递企业根据业务实际需求设计的、用于其他用途的运单联。

拓展阅读

运单的类型

国内件运单：用于收取国内的快件，一般有四联。

港澳台件运单：用于中国境内寄往中国港澳台地区的快件。由于出口报关的需要，该类运单一般有六联。

国际件运单：用于中国境内寄往其他国家或地区的快件。由于出口报关的需要，该类运单一般有六联。

回单运单：回单运单是指快递企业提供的样式统一的回单，作为收件方签收快件的证明，收件方签字后快递企业发回给寄件方（见图2－4－4）。有的快递企业应寄件客户要求，在派送快件时，出具由该寄件方提供并需收件方签名的收条或收货单之类的单据，收件方签字后快递企业发回给寄件方。

一票多件运单：一票多件是指一票快件对应货物件数超过一件的快件，行业内俗称“子母件”（见图2－4－5）。

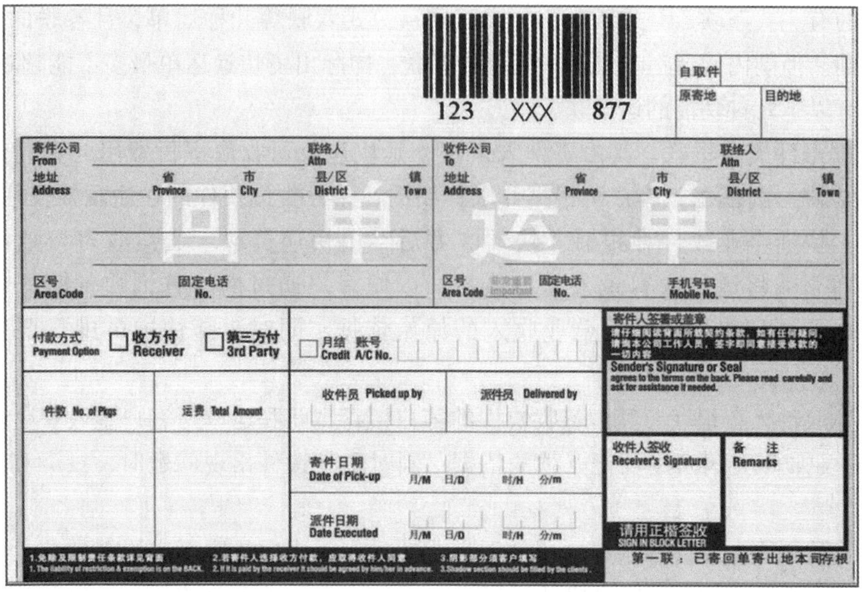

图 2－4－4　回单运单样例

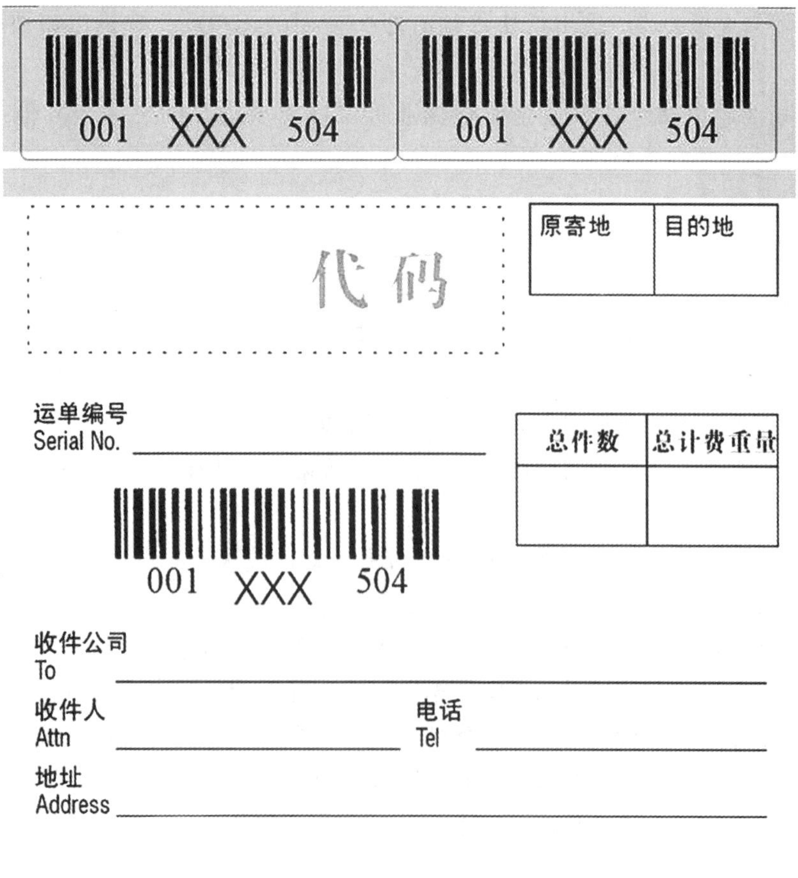

图 2－4－5　一票多件运单样例

（二）电子运单

随着电子商务的快速发展，快递电子运单应运而生。为贯彻落实习近平生态文明思想，快递行业提倡绿色包装，电子运单应用日益广泛。2019 年 4 月国家邮政局对快递行业包装随机检查情况显示：电子运单使用率已达 95%。快递电子运单是指将快件原始收寄等信息按一定格式存储在计算机信息系统中，并通过打印设备将快件原始收寄信息输出至热敏纸等载体上所形成的单据。

电子运单包含的信息内容与纸质运单基本一致。电子运单和纸质运单在信息内容上最大的差别在于电子运单上不打印服务协议的详细内容。快递服务协议一般置于快递服务企业网站、微信小程序及 App 软件系统中，客户在填写快件信息时系统会自动提示客户阅读快递服务协议，并需要勾选“寄件人已阅知并同意服务协议内容”等字样才能提交运单信息。

电子运单分为两联电子运单和三联电子运单两类（见图 2－4－6 和图 2－4－7）。

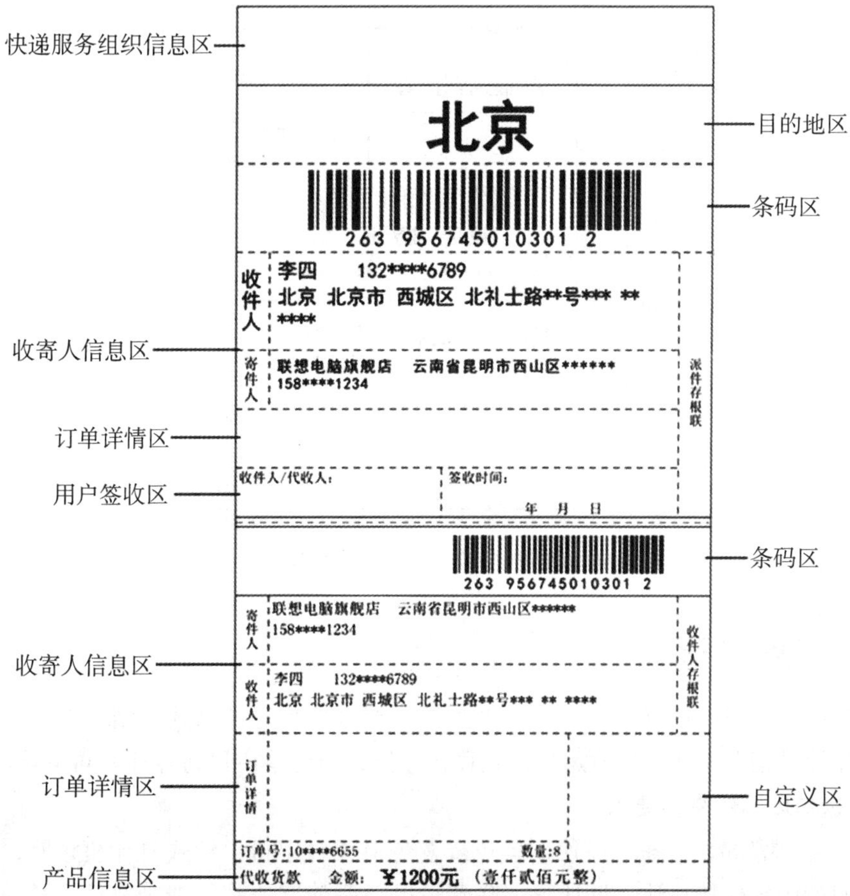

图 2－4－6　两联电子运单

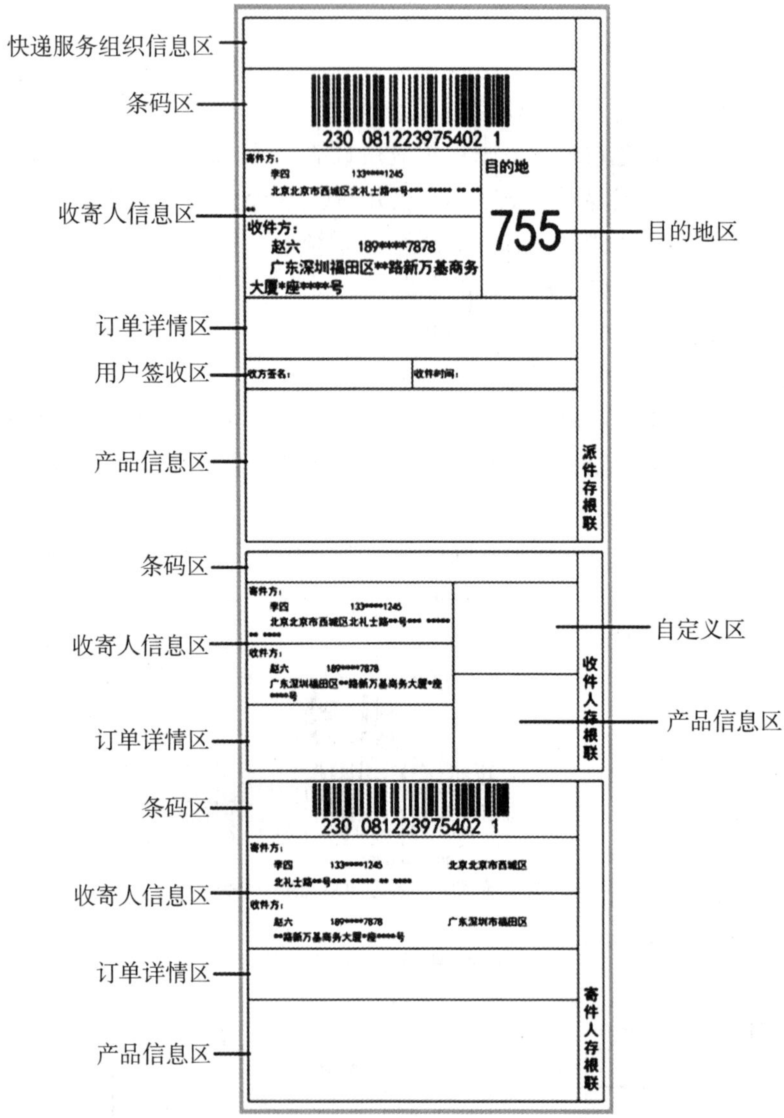

图 2－4－7　三联电子运单

二、运单填写规范

快递企业一般根据《快递服务》系列国家标准中推荐的格式，结合企业快递服务产品类型设计运单格式。虽然运单格式存在差异，但运单栏目内容都大同小异。

1. 运单填写的总体要求

（1）字迹清楚、工整。应使用黑色或蓝色笔或打字机、针式打印机填写，确保各联所填写的内容保持一致，且从第一联到最后一联的字迹都能清晰辨认。禁止使用铅笔或红色笔书写。字迹要求工整、刚劲有力，数字栏填写不能过大，不能压底线或超出运单方框的范围。

（2）运单填写须使用规范的汉字，不得使用不规范的简化字，更不得使用自造字、异写字。如果使用少数民族文字，应当加注汉字。用外文或汉语拼音写的，也应加注汉字名址。

（3）寄件人姓名、地址、联系方式，收件人姓名、地址、联系方式等内容填写完整。

2. 运单内容填写规范

（1）寄件人信息、收件人信息。

①寄件人、收件人及“单位名称”栏要确切。寄件人、收件人为自然人的，“单位名称”栏可省略不填。如未填写“单位名称”栏务必详细填写寄件人、收件人地址。寄件人、收件人为法人的，除填写具体的寄件人、收件人姓名外，还要将寄件单位和收件单位全称填写清楚。

②寄件人姓名。根据《快递暂行条例》实名制要求，寄件人、收件人姓名要填写确切，应与有效证件姓名一致。不能以“王先生”“李小姐”等不完整、不明确的信息代替。

③寄件人、收件人的电话号码要准确、有效。寄件人、收件人号码必须填写，包括电话区号和电话号码（座机和手机号码均可）。对于选择妥投短信通知业务的客户，寄件人电话必须填写手机号码。

④邮政编码。根据快递企业的要求决定是否填写邮政编码，如果运单要求填写邮政编码，需准确填写六位邮政编码。

⑤寄件人、收件人地址要完整。寄件人、收件人地址在非直辖市的，须按省、市、县、街道、门牌号码（楼号、单元号、楼层、房号）填写，农村地址须按省、市、县、乡、村的顺序填写。不得只填写寄件人、收件人所在单位而省略具体地址。收件人地址在直辖市的，“省”栏可省略，其他遵从上述要求。

（2）寄递物品信息。

内件品名应详细注明内装物品的具体名称及具体数量。出口件的寄递物品需根据物品性质、材料来详细申报，例如，衫、裤要注明为针织、棉、毛、皮、人造皮革、化纤等，玩具要注明布、塑料或毛绒等，以保证快件发运过程中安全检查及通关顺利。

托寄物类别由寄件人选填，承运人对寄递物品有依法验视的权力。

（3）件数、重量。

根据快件性质和规格，快递员应与寄件人共同确认后，由快递员填写快件件数、体积重量、称重重量等信息。件数是指一票运单对应的快件件数，如果寄件人寄递的所有物品装在一个封套或一个纸箱中，此栏填写“1”；如果寄件人寄递的物品装在两个以上的纸箱中，且每个纸箱单独封装收寄，则此栏按照实际装箱数量填写，这样的快件在快递行业中称为一票多件。

（4）保价。

是否保价由寄件人选填。对于选择保价服务的快件，其声明价值栏须如实填写。

声明价值栏是计算保价费用和出现快件损毁后理赔的重要依据，须如实填写，不能估计、杜撰。如果寄件人选择不保价，则不用填写声明价值栏。

(5) 附加服务。

寄件人选择是否需要附加服务，如果选择一项以上附加服务，快递员应告知寄件人所选附加服务条件和费用。

(6) 寄递费用。

寄递费用一栏由系统收寄完成后打印或快递员按实际金额填写。费用合计一般包含运费、保价费、增值服务费、包装材料耗材费等。

(7) 付款方式。

付款方式有寄付、到付、第三方付三种，快递员与寄件人共同确认后，寄件人在运单上勾选正确的付款方式。有的快递企业提供的到付服务需要收取一定的服务费，快递员应知会客户。

(8) 揽投员信息。

揽投员信息一栏由揽收员、投递员签名或填写工号，表明此票快件由该业务员收取或派送。

(9) 寄件人签署。

快递员应礼貌地请客户在寄件人签署栏用正楷字签署寄件人的全名和寄件日期及时间。如寄件人选择用盖章替代签字，则请寄件人在寄件人签署栏盖章，同时也要在日期栏如实填写寄件日期和时间，详细到分钟。寄件人签署后，表明快件已经完好地交给快递员。

(10) 收件人签收。

收件人在收到快件并对快件外包装进行检查后，在运单收件人签名栏签字，确认快件已经签收。同时要填写具体收到邮件的日期、时间，详细到分钟。若是他人代签收或指定收件人签收的，签名后，还需注明有效身份证件号码和代收关系。

(11) 备注。

如需说明情况，可在备注栏填写。一票多件快件的编号信息需通过手写或打印的方式标注在详情单备注栏内。备注栏严禁书写与业务无关的信息。

3. 运单填写注意事项

(1) 数字填写要求。书写的数字字母必须工整清晰，尤其要注意数字与数字之间以及字母与字母之间的区别（见图2－4－8)，为避免由于数字填写过大超出各栏的方框线造成输单错误，要求填写运单上的件数、计费重量、资费、实际重量及其他数字栏时，数字必须在方框内，不得压线或超出方框范围。

(2) 电话号码填写注意事项。注意电话号码的位数，例如，国内座机号码一般为7位或8位，如果不足7位或多于8位，则号码肯定有误；国内手机号码为11位，如果手机号码超过或不足11位，可能号码有误。此时须再次与客户确认号码的正确性。

(3) 快递员必须提示客户阅读背书条款（或称服务协议）。

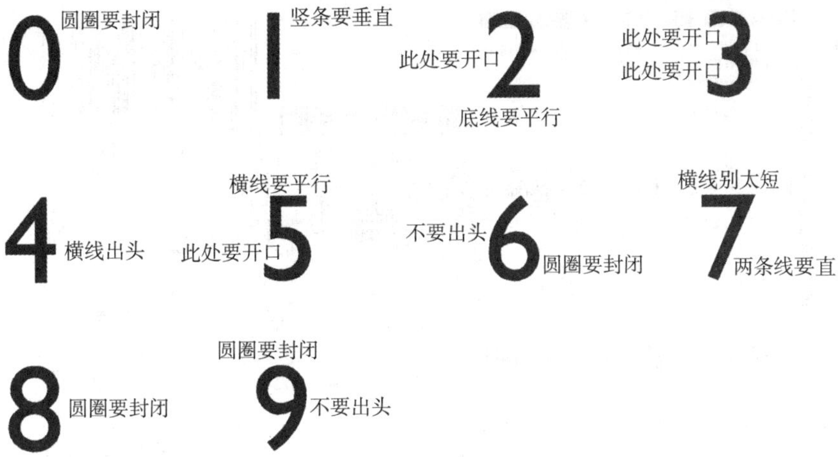

图 2－4－8　数字书写样例

（4）快递员一般情况下不得替客户填写寄件人信息、收件人信息、寄递物品信息、寄件和收件日期等，严禁代替客户签字。

三、国际快件运单

国际快件详情单一般一式五联，分别是寄件人存根联、快递企业收件存根联、收件人存根联、随包裹报关联、快递企业派件存根联。其每联的内容和版式完全相同，与国内快件详情单相比增加了随包裹报关联。国际运单样例如图 2－4－9、图 2－4－10 所示。

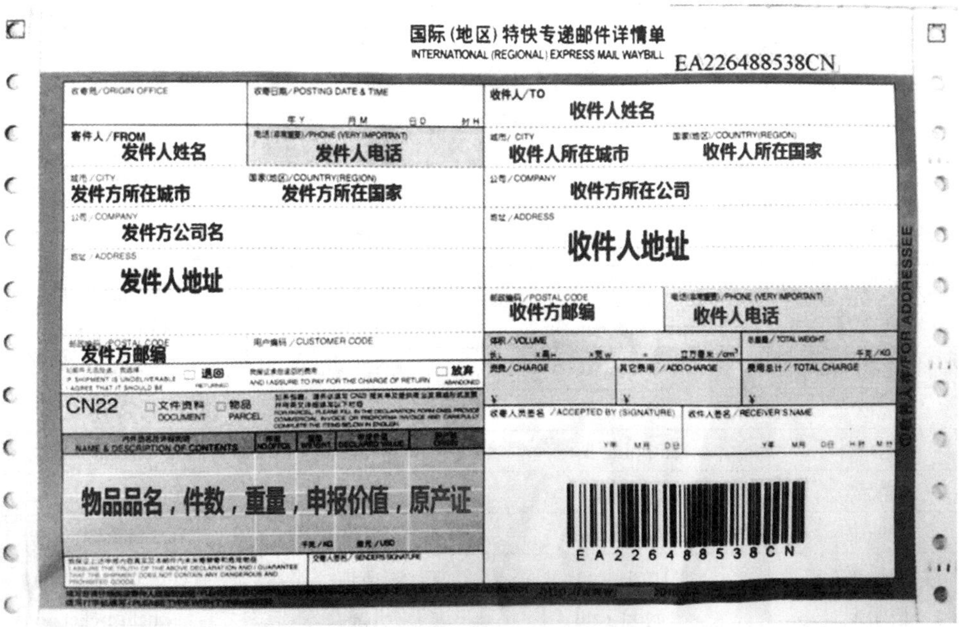

图 2－4－9　国际运单样例一

图 2-4-10　国际运单样例二

1. 国际快件详情单填写要求

与国内快件详情单相比，填写内容基本相同，需要注意的主要有以下几个方面。

（1）寄递物品的申报价值。国际快件在进出口过程中需要如实申报价值，申报价值应为该快件的实际价值或接近市场价值，当申报的价值超过当地海关规定，就不能按照普通快件进行出口，需要客户提供特殊的清关单证正式报关出口。

申报价值过高或过低都会对快件产生影响。若申报过高，可能会在目的地产生税款，收件人需要缴纳税款后方能收到快件；若申报过低，在始发地出口时，海关会对申报价值产生质疑，要求重新申报或扣留货物甚至追究法律责任。

（2）寄递物品品名和数量。填写详情单时，应用英文明确标注详细物品名称及数量，描述不全或模糊可能会影响快件的寄递速度，常用寄递物品中英文名称如表 2-4-1 所示。

表 2-4-1　常用寄递物品中英文名称

物品中文名称	物品英文名称	物品中文名称	物品英文名称
商业文件	Business documents	担保书	Assure letter
合同	Contract	协议书	Agreement
货单	Manifest	报价单	Price list
舱单	Shipping list	护照	Passport
样品	Sample of ...	提单	Bill of loading
公证书	Notarial deed	公函	Official letter
委托书	Trust deed	邀请信	Letter of invitation
信用卡	Credit card	机票	Flight ticket
汽车驾驶执照	Driving licence	身份证	ID card（Identity card）

续　表

物品中文名称	物品英文名称	物品中文名称	物品英文名称
手稿	Manuscript	证件	Certificate
衣服	Clothes	绒线	Knitting wool
连衣裙	Dress	化纤	Chemical fiber
儿童服装	Children's wear	丝棉	Silk floss
内衣	Underwear	睡衣	Pyjamas
衬衫	Shirt	羊毛衫	Woolen sweater
运动衫	Sports jacket	游泳衣	Swimsuit
上衣	Coat	围巾	Scarf
长裤	Trousers	领带	Tie
牛仔裤	Jeans	手套	Gloves
裙子	Skirt	腰带	Belt
夹克衫	Jacket	丝绸	Silk
大衣	Overcoat	便帽	Cap
皮夹克	Leather jacket	短袜	Socks
雨衣	Raincoat	靠垫	Cushion
缎子	Satin	斗篷	Cape
假发	Wig	塑料发卷	Roller
手提包	Handbag	发夹	Hair – pin
茶壶	Teapot	眼镜	Glasses
茶杯	Teacup	零件	Parts
茶具	Tea set	闹钟	Alarm clock
咖啡具	Coffee set	充电器	Charger
圆珠笔	Ball pen	尺	Ruler
制图仪器	Drawing instrument	圆规	Compasses
唱片	Disc	乒乓球	Ping – pong ball
录音带	Tape	球拍	Bat
录像带	Video cassette	羽毛球	Badminton
乐器	Musical instrument	篮球	Basketball
名片	Visiting card	纸牌	Poker
手工艺品	Handicraft（s）	中国画	Chinese painting
刺绣品	Embroidery	手镯	Bracelet
剪纸	Paper – cut	胸针	Brooch
绢花	Silk flower	项链	Necklace
风筝	Kite	发夹	Barrette
玩具	Toy	耳饰	Earrings
圣诞贺卡	Christmas card	书法	Calligraphy

（3）始发地和目的地代码。为保证快件的时效，应准确填写始发地和目的地所在城市航空代码。

（4）区分快件种类。准确区分快件为文件类还是包裹类，并对包裹类快件进行高低价值区分。

（5）根据快件种类核实客户准备的单证是否齐全。任何物品类邮件如包裹、货样、广告品、礼品需要提交形式发票（Invoice），形式发票的内容应包括收、寄件人姓名，公司名称、地址，品名，数量，价值，产地等，并提供收、寄件人的电话号码。另外，根据中国海关规定，价值在5000元以上货物，需要向海关正式报关。报关需提供：装箱单、发票、合同、出口信息确认书、委托书。

（6）保险。国际快件有保险需求的，应在详情单规定的位置标明，并按实际人民币价值标注快件的保险价值。

（7）确认关税支付方。快递员应与客户确定关税支付方，关税的支付方可以是寄件人，也可以是收件人或第三方客户。

（8）确认快件费用支付方。可以是寄件方付、收件方付或第三方付。

（9）寄递物品的货物税号 HS CODE（即海关编码《商品名称及编码协调制度》的简称）。必须准确地将海关编码注明在快件详情单的规定位置。

（10）企业海关注册号。报关单位《进出口货物收发货人报关注册登记证书》上的10位数字的海关注册登记编码是企业唯一和终身的经营单位编码，此号码需要标注在快件详情单上。

2. 国际快件详情单填写注意事项

（1）寄件人和收件人名址应使用英文、法文或寄达国通晓的文字书写。如用英文、法文之外的文字书写时，应使用中文、英文或法文加注寄达国国名和地名。

（2）文件类快件可只填写快递详情单，物品类快件除填写快递详情单外还应填写形式发票。

（3）内件品名及详细说明等内容，应使用英文填写，申报价值以美元表示。

相关知识与拓展

机场三字代码简介

我们俗称的机场三字代码、IATA 机场代码，其全称为国际航空运输协会机场代码，是由国际航空运输协会（International Air Transport Association，IATA）规定、用于代表全世界大多数机场的代码（见表2-4-2）。它的编号规则由三位英文字母组成，不允许有数字。这些代码的分配由国际航空运输协会第763号决议决定，并且由在蒙特利尔的国际航空运输协会总部管理。这些代码每半年在IATA的航空公司编码目录里公布一次。

表 2－4－2　各机场三字代码示例

序号	城市	机场名称	机场三字代码
1	阿联酋　迪拜	迪拜国际机场	DXB
2	英国　伦敦	伦敦希思罗机场	LHR
3	中国　香港	香港国际机场	HKG
4	法国　巴黎	戴高乐机场	CDG
5	荷兰　阿姆斯特丹	阿姆斯特丹史基浦机场	AMS
6	新加坡　新加坡	樟宜机场	SIN
7	德国　法兰克福	法兰克福机场	FRA
8	韩国　首尔	首尔仁川机场	ICN
9	泰国　曼谷	曼谷素万那普国际机场	BKK
10	土耳其　伊斯坦布尔	伊斯坦布尔阿塔图尔克机场	IST
11	中国　台湾	台北桃园国际机场	TPE
12	英国　伦敦	盖特威克机场	LGW
13	马来西亚　吉隆坡	吉隆坡国际机场	KUL
14	西班牙　马德里	马德里巴拉哈斯国际机场	MAD
15	德国　慕尼黑	慕尼黑机场	MUC
16	卡塔尔　多哈	多哈哈马德国际机场	DOH
17	日本　东京	东京成田机场	NRT
18	美国　纽约	纽约约翰·菲茨杰拉德·肯尼迪国际机场	JFK
19	西班牙　巴塞罗那	巴塞罗那机场	BCN
20	意大利　罗马	菲乌米奇诺机场	FCO
21	瑞士　苏黎世	苏黎世机场	ZRH
22	加拿大　多伦多	多伦多皮尔逊机场	YYZ
23	爱尔兰　都柏林	都柏林机场	DUB
24	丹麦　哥本哈根	哥本哈根凯斯楚普机场	CPH
25	中国　上海	上海浦东国际机场	PVG
26	比利时　布鲁塞尔	布鲁塞尔机场	BRU
27	阿联酋　阿布扎比	阿布扎比国际机场	AUH
28	奥地利　维也纳	维也纳机场	VIE
29	美国　迈阿密	迈阿密机场	MIA
30	土耳其　安塔利亚	安塔利亚机场	AYT

相关知识与拓展

国家和地区名称代码（详见附录三）

每个国际普遍公认的国家或地区有三种代码，就是两字母代码、三字母代码以及联合国统计司所建立的三位数字代码。

ISO 3166－1 提供了国家地区代码的三种表现方式，具体包括以下几方面。

两字母代码：由两字符拉丁字母组成的代码。这种代码拥有多种用途，其中最重要的一个用途与互联网的地理级别域名有关。

三字母代码：由三字符拉丁字母组成的代码。

数字代码：由三位阿拉伯数字组成的代码。与联合国统计处定义的代码类似。

任务五　包装快件

知识目标

1. 了解包装材料及填充物；
2. 掌握快件包装操作；
3. 掌握检验包装的方法。

能力目标

学生能够认识常用的包装材料，能够按照国家标准对快件进行包装，并能够检验包装是否合格。

任务导入

小组任务：请对给定的物品进行快递包装。

材料准备：袋装方便面 5 包、纸杯（有原包装）、毛巾（盒装）、陶瓷摆件（2 个）；填充材料若干；纸箱 1 个；透明胶带 1 卷；介刀 1 把。

任务分析：学生可以根据生活经验，对快件进行包装，并在各组之间传看，比一比哪组包装最好。

包装是指在寄递过程中为保护快件安全，方便其储存运输，采用适合的封装用品、填充物和辅助物等，按照一定的技术方法进行的操作活动。快件的包装是否符合运输要求，对保证快件安全、准确、迅速地传递起着极为重要的作用。尤其是易碎物品和不规则物品，如果包装不妥，不但快件本身容易损坏，而且会导致其他快件受损，甚至会给其他工作人员带来伤害。

快件的封装可以由快递员负责操作，也可由寄件人自行封装。快递员需当客户面确认邮寄物品内容，寄件人已自行包装的托寄物，快递员需进行物品检验，确认无误后方可封装发运。符合快件运输要求的包装，可以经受长途运输和正常碰撞、摩擦、震荡、压力以及气温变化而不致损坏。因此，一定要按照快件性质、大小、轻重、寄递路程及运输情况等，选用适当的包装材料对快件进行妥善包装。

一、快件包装的原则

（一）安全性原则

快递包装应具备保护寄递物品的功能。包装应防冲击和挤压，避免物品出现损坏；有隐私防护要求的寄递物品应选用不透光的包装容器或材料；包装容器内有多件物品时，应按照重不压轻、大不压小的原则进行装箱；包装容器内有易碎物品或液体类物品等特殊物品时，应单独进行包装防护，防止出现破损或漏液二次污染。

（二）环保性原则

为贯彻习近平生态文明思想，国家邮政局发布《快递业绿色包装指南（试行）》，倡导快递包装减量化、绿色化、可循环。快件包装应选用减量化包装物；宜使用可重复使用容器，减少一次性包装物的使用；包装物在满足寄递要求的情况下，寄递企业不应再进行二次包装；合理选用与寄递物品相适应的封装用品，降低空箱率；胶带不应过度缠绕，宜选用免胶带结构的封装用品；宜选用由生物降解材料制成的包装物；宜选用单一材料组成的包装物。

相关知识与拓展

空箱率

空箱率是指包装容器装载寄递物品后，剩余容积与包装容器容积的比例，计算公式为：空箱率＝（1－寄递物品体积/包装容器容积）×100%。

二、快件包装的材料

包装材料在功能上主要分为封装用品、包装填充物和包装辅助物。封装用品主要包括封套、包装袋、包装箱等；包装填充物主要包括气泡膜、海绵、泡沫板、珍珠棉等；包装辅助物包括胶带、打包带、打包器、标志贴等。

（一）封装用品

常见封装用品如表 2－5－1 所示。

表 2－5－1　　　　常见封装用品

封装用品名称	说明	实物图片
封套	快递封套是以纸板为主要原料的信封式封装用品。带有一次性自贴封口，简单易用，适用于在运输、中转操作等过程中易发生褶皱、划花的重要单据和文件类快件	
塑料薄膜包装袋	即普通包装袋，多由单层树脂材料制成，各快递企业有不同规格。包装袋的封口为一次性黏胶，密封后防水、安全，适用于不易破碎、抗压类的小件快件的外包装	
气泡膜包装袋	气泡膜包装袋以树脂为主要原料，内衬有气泡，具有坚韧（不容易撕烂）和防震的功能，能够更好地保护袋内的物品；气泡膜包装袋有单层和双层两种。 单层气泡膜包装袋（见右图上）多作为内包装，用于包裹易碎物品，起到防震作用。 双层气泡膜包装袋（见右图下）多用牛皮纸做外层，里层为内衬气泡膜，封口为一次性黏胶，密封后防水、防震，适用于书籍、高档服装等易褶皱、易受潮的快件的外包装	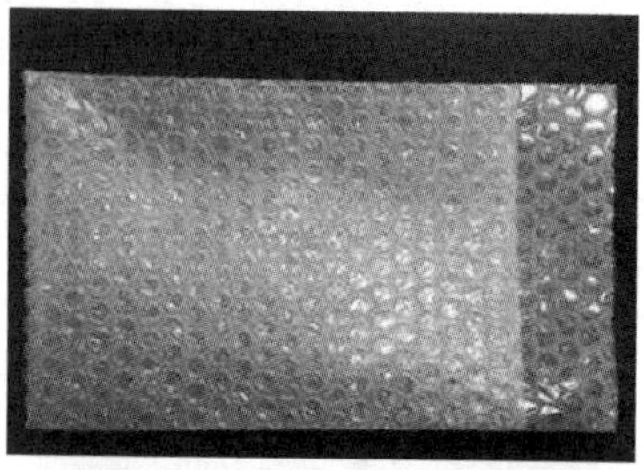 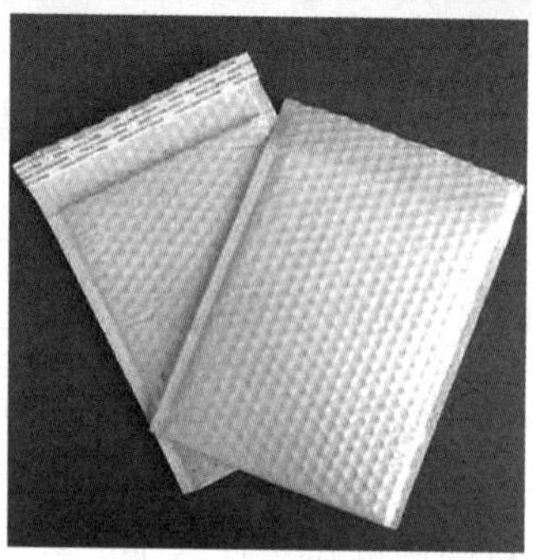

续　表

封装用品名称	说明	实物图片
塑料编织布包装袋	俗称编织袋，以树脂为主要原料，有多种规格。大号的编织袋盛装重量为10～50kg，中小号的编织袋盛装重量为5～10kg。编织袋多用于总包，也用于对不易损坏的物品的包装	
包装箱	包装箱是以瓦楞纸板为主要原料的箱式封装用品，纸箱制作选用的纸板分为3层瓦楞和5层瓦楞纸板，一般有1～7号七种规格； 不同材质和规格的纸箱具有不同的承重和承压能力，在使用纸箱包装快件时，需要根据快件的重量和尺寸，选择合适的纸箱，以确保快件的安全	
包装筒	包装筒强度较高，抗变形能力强，可用作运输包装、外包装，也可做内包装，一般快递中用于易损坏或易折损物品的包装，如大幅工程图纸，卷起后装于包装筒内发运	
木箱	木箱是以木板、木条为主要原料的包装容器，能装载多种性质不同的物品，常见的有木板箱和框架箱。 木板箱（见右图上）有较大的耐压强度，有抗破裂、溃散、戳穿的性能，一般用来发运微型机器。 框架箱（见右图下）由条木构成箱体骨架，具有较好的抗震性、抗扭性，有较大的耐压能力，且装载量大，一般用于中小型机器的发运	 

（二）包装填充物

填充物是指在快件中，填充于内件和外包装之间的、能够起到缓冲和保护作用的物品。按照产品的材质、形态与结构可以将填充物分为以下四类。

（1）植物纤维类，包括瓦楞原纸、其他非正常成品纸及纸板、植物纤维模塑等。

（2）发泡类，包括聚乙烯（PE）软质泡沫、发泡颗粒等。

（3）充气类，包括气泡垫（又名气泡膜）、充气柱（又名气泡柱、气柱袋）、充气枕（又名气泡袋、充气袋）等。

（4）悬空紧固类，包括薄膜与框架悬空结构、绑带与框架悬空结构等。

常见填充物样品示例如表 2－5－2 所示。

表 2－5－2　常见填充物样品示例

名称	实物图片
纸填充物	 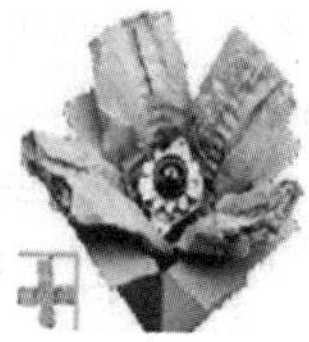 
瓦楞纸板填充物	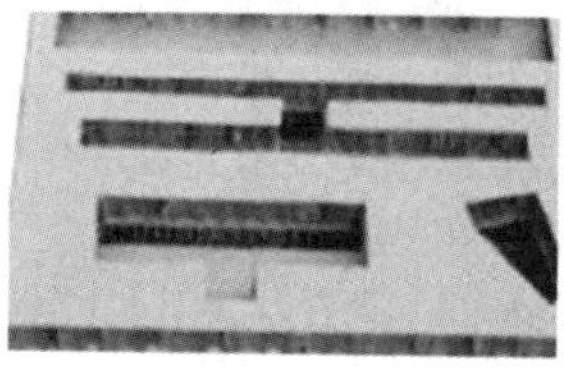 
纸浆模塑填充物	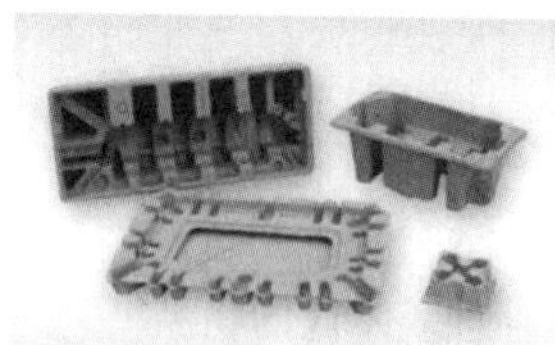 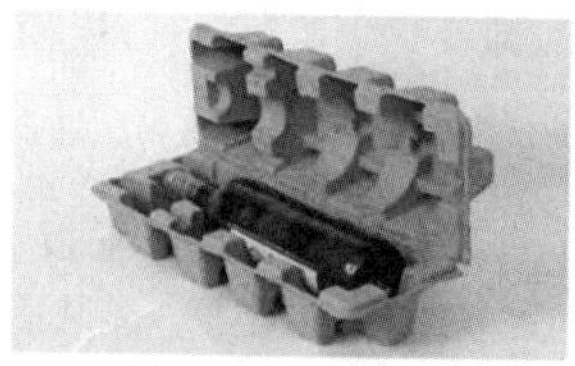
聚乙烯（PE）软质泡沫	 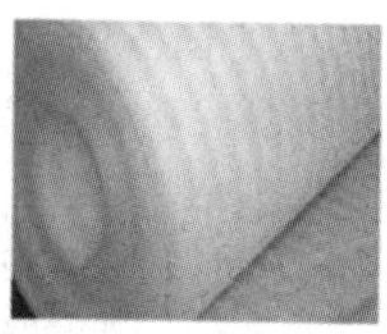 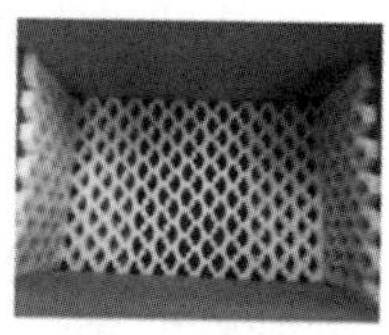
发泡颗粒	 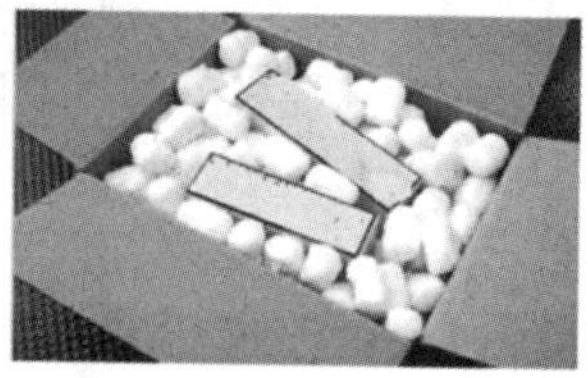

续　表

名称	实物图片
气泡垫	 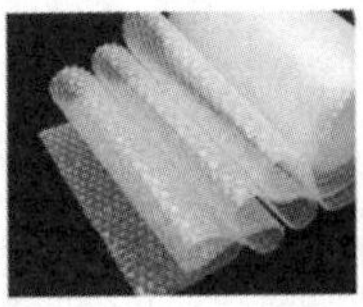 
充气柱	 
充气枕	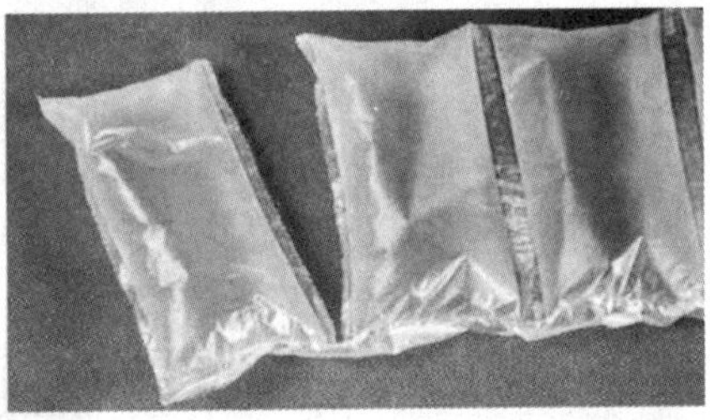
悬空紧固类填充物	 

（三）包装辅助物

包装辅助物是进行包装过程中起辅助作用的物件的总称。快递行业常见的包装辅助物有胶带、打包带（捆扎带）、打包器、标识贴等。常见包装辅助物样品示例如表2－5－3所示。

表2－5－3　　常见包装辅助物样品示例

包装辅助物名称	实物图片
普通胶带	

续　表

包装辅助物名称	实物图片
生物降解胶带	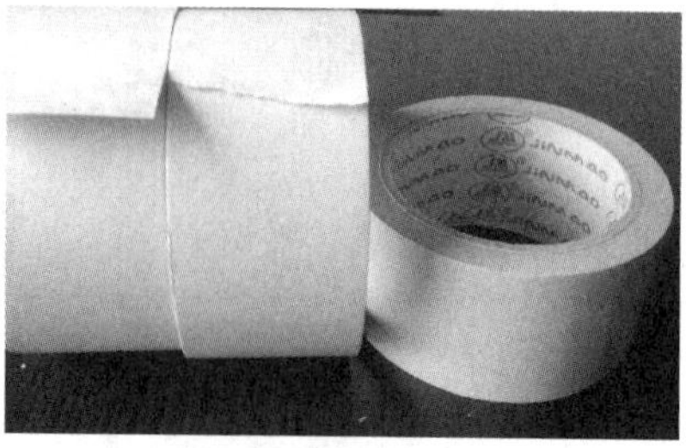
打包带	
手动打包器	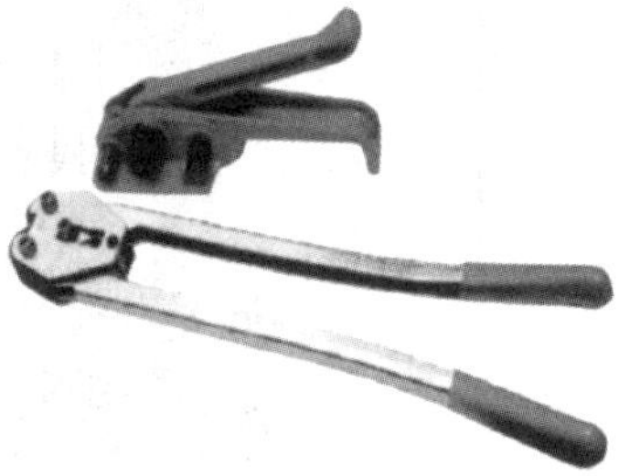
打包机	
标识贴	

（四）包装物选用和操作要求

1. 常见物品包装操作要求（见表2-5-4）

表2-5-4 常见物品包装操作要求

<table>
<tr><th>包装物分类</th><th>适用物品</th><th>操作要求</th></tr>
<tr><td>信封、封套</td><td>文件、发票、磁卡</td><td>将文件、发票、磁卡等装入信封，封套内封口</td></tr>
<tr><td rowspan="2">包装袋</td><td>服装、鞋靴、家纺</td><td rowspan="2">将服装、鞋靴、家纺等装入包装袋内封装</td></tr>
<tr><td>尿裤、湿巾</td></tr>
<tr><td rowspan="3">包装箱、充气枕</td><td>体育用品</td><td rowspan="3">将物品装入包装箱内，使用充气枕填充空隙，使物品在箱内不晃动</td></tr>
<tr><td>休闲食品</td></tr>
<tr><td>数码配件</td></tr>
<tr><td rowspan="8">包装箱、气泡垫</td><td>手机</td><td rowspan="8">使用气泡垫包裹物品，装入包装箱。整箱酒运输时宜使用大气泡垫进行包裹。饮料冲调跨区运输时宜使用大气泡垫包裹</td></tr>
<tr><td>洗发水</td></tr>
<tr><td>酒类</td></tr>
<tr><td>粮油调味</td></tr>
<tr><td>饮料冲调</td></tr>
<tr><td>箱包</td></tr>
<tr><td>珠宝饰品</td></tr>
<tr><td>个护健康、家电</td></tr>
<tr><td rowspan="5">包装箱、聚乙烯软质泡沫</td><td>笔记本电脑、台式机</td><td rowspan="5">使用聚乙烯软质泡沫包裹物品，装入包装箱。水果长途运输时宜在箱内增加隔板防护。鲜花宜使用限位包装箱，根部使用营养液。台式机宜使用聚乙烯软质泡沫进行上下部位防护，装入包装箱</td></tr>
<tr><td>洗衣清洁</td></tr>
<tr><td>蔬菜、鲜花、水果</td></tr>
<tr><td>玩具</td></tr>
<tr><td>厨具、灯具</td></tr>
<tr><td rowspan="6">包装箱、充气柱</td><td>奶粉辅食</td><td rowspan="6">使用预制的充气柱包裹物品，装入包装箱。大型水果宜使用高强度充气柱，装入高强度包装箱</td></tr>
<tr><td>红酒</td></tr>
<tr><td>玻璃杯</td></tr>
<tr><td>大型水果</td></tr>
<tr><td>大家电</td></tr>
<tr><td>灯具</td></tr>
</table>

2. 国际快件包装的特殊要求

国际快件的包装不仅要满足运输要求，还要符合寄达国家海关和相关运输工具的要求。有些目的地国家为了保护本国资源，对进口物品实行强制检疫。木质包装是指用于承载、包装、铺垫、支撑、加固货物的木质材料，如木板箱、木条箱、木托盘、木框、木桶（盛装酒类的橡木桶除外）、木轴、木楔、垫木、枕木、衬木等。我国规定，进境货物使用木质包装的，应当按照《国际植物保护公约》（以下简称 IPPC）的要求进行除害处理，并加施 IPPC 专用标识。木质包装不得带有树皮和虫眼。

根据中华人民共和国国家质量监督检验检疫总局 2005 年第 4 号公告通知，从 2005 年 3 月 1 日输往欧盟、英国、加拿大、美国、澳大利亚等国家和地区的带木质包装的货物，其木质包装要加盖 IPPC 的专用标识（胶合板、刨花板、纤维板等除外）。如果输往欧洲的货物为针叶木包装，则需提供熏蒸证明书；输往美国、加拿大的货物无论是何种木质包装，都要提供熏蒸证明书。熏蒸处理过的木质包装物应尽快出运，同时要注意单独存放，并与其他未处理的木制品、木料隔离。熏蒸证书的有效期为 21 天。

相关知识与拓展

IPPC

IPPC 为《国际植物保护公约》的简称。IPPC 标识用以识别符合 IPPC 标准的木质包装，表示该木质包装已经经过 IPPC 检疫标准处理。IPPC 标识必须施加于木质包装的显著位置，至少应在相对的两面，标识应清晰易辨并具永久性和不可改变性，避免使用红色或橙色。IPPC 熏蒸标识如图 2－5－1 所示，IPPC 表示《国际植物保护公约》的英文缩写；CN 表示国际标准化组织（ISO）规定的中国国家编号；12813 表示出境货物木质包装标识加施企业代码；HT 表示除害处理方法。对木质包装的处理方式有：热处理（HT）、溴甲烷熏蒸处理（MB）、介电加热处理（DH）和硫酰氟熏蒸处理（SF）。

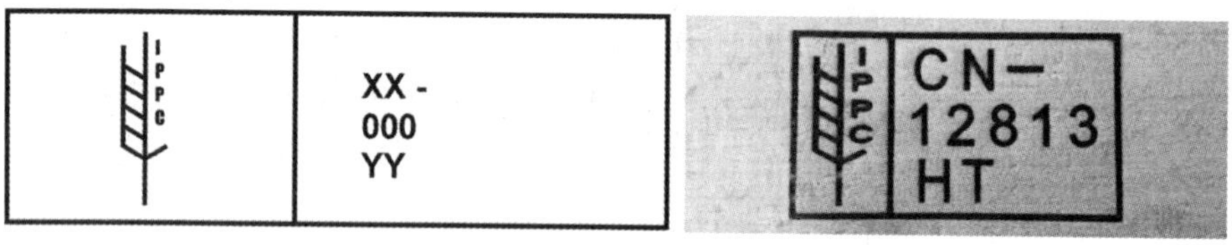

（a）　　（b）

图 2－5－1　IPPC 熏蒸标识

三、快件包装操作要求

封装时应使用符合国家标准和行业标准规定的快递封装用品。封装时应防止快件：变形、破裂、损坏或变质；伤害用户、快递员或其他人；污损或损毁其他快件。快递员封装快件，需要寄件人支付费用的，应在封装前告知用户所需费用。

（一）配装

包装袋、包装箱和封套的选用，宜满足以下要求。

（1）服饰、家纺等抗挤压不易破损物品选用包装袋。

（2）电子数码、玻璃制品等易损坏的寄递物品选用包装箱。

（3）文件、票据和磁卡等信件类寄递物品选用封套。

快递员应根据寄递物品的尺寸，选用合适的包装物种类和型号，空箱率不宜超过20%。在不影响快件寄递安全的前提下，选择低克重高强度的包装材料。满足重复利用的包装回收物应优先重复使用。不应使用外观脏污、破损、潮湿、变形等无法正常使用或无法提供保护功能的回收包装物。

（二）填充

对快件进行包装时，应根据包装内空隙量适度使用填充物，确保寄递物品在包装内不产生明显晃动。填充物的选用宜满足以下要求。

（1）调味品、眼镜等小型易碎物品填充物选用气泡垫。

（2）灯具、罐装奶粉等中型易碎物品填充物选用充气柱。

（3）水果、蔬菜等生鲜寄递物品填充物选用聚乙烯软质泡沫。

（4）金属工业品、陶瓷器等重型寄递物品选用植物纤维类填充物。

（5）裸包手机、珠宝等高价值物品选用悬空紧固类填充物。

（6）寄递物品装入纸箱后，选用充气枕进行内部空隙填充。

根据《快递业绿色包装指南（试行）》的要求，快递企业使用缓冲填充物，应遵循以下原则：优先使用可降解材质的缓冲填充物；在使用气泡垫、气泡膜、气泡柱等填充物作为缓冲包装时，尽量使用“即充即用”型的缓冲填充物；在寄递协议客户标准产品时，提出针对性的缓冲包装方案，以减少缓冲物用量。

（三）封扎

封箱时要求选用合适的封装胶带，基于环境保护的考虑，宜采用生物降解胶带进行封箱，在满足寄递安全的前提下，宜采用宽度较小的胶带，减少快递包裹的平均包装耗材用量。胶带封箱封装方式有一字形、十字形和卄字形三种，如表2－5－5所示。

表2－5－5　　胶带封箱封装方式

封装方法名称	适合箱型	封装图例
一字形封装方式	1号箱（最大综合内尺寸为450mm）； 2号箱（最大综合内尺寸为700mm）； 其他要求：使用的胶带长度不宜超过纸箱最大综合内尺寸的1.5倍	

续 表

封装方法名称	适合箱型	封装图例
十字形封装方式	3 号箱（最大综合内尺寸 1000mm）； 4 号箱（最大综合内尺寸 1400mm）； 5 号箱（最大综合内尺寸 1750mm）； 其他要求：使用的胶带长度不宜超过纸箱最大综合内尺寸的 2.5 倍	
卄字形封装方式	6 号箱（最大综合内尺寸 2000mm）； 7 号箱（最大综合内尺寸 2500mm）； 其他要求：使用的胶带长度不宜超过纸箱最大综合内尺寸的 4 倍	

快件内装物超过 30kg 或有特殊寄递要求时宜选用捆扎带进行封扎。捆扎带打包方法有十字形打包、卄字形打包、井字形打包三种，如表 2－5－6 所示。

表 2－5－6　　捆扎带打包方法

打包方法名称	适用箱型	打包图例
十字形打包	适用于快件体积相对较小，且长宽高三边长相差不大的快件，可以是正方体、长方体、底面直径与高的长度相近的圆筒形状或形状不规则的偏圆的快件	
卄字形打包	适用于体积相对较大，且长度较长的快件，可以是长方体、粗长条、长圆筒形状的快件； 如快件特别长且特别粗，可在长方向上多几次打包	
井字形打包	适用于体积很大的矩形快件，为了便于搬运和装卸，对快件做井字形打包； 如快件需要特别保护，可沿侧面再做井字形打包	

捆扎带打包注意事项如下。

（1）打包时注意拉紧力的控制，拉紧时捆扎带贴着包装表面即可，捆扎带不可把包装勒得太紧，甚至勒坏外包装。

（2）根据快件的体积、重量和需要保护的程度选择合适的打包方法，避免过度包装，浪费人力和物力。

（四）贴单

应将运单粘贴在包装好的快件的平整、干净的表面，应贴合牢固，不脱落。对于易碎等寄递物品，应在包装物显著位置粘贴识别标识，如易碎贴纸，保价贴纸等。另外，随运单证也要随快件一同寄出。

1. 运单的粘贴

运单的粘贴方法如表 2－5－7 所示。

表 2－5－7　　运单的粘贴方法

运单应粘贴在快件外包装上面适当位置，运单与快件边缘留出 5cm 的距离为宜。应把表面的四个角落位置留出来，以便标识和随运单证的粘贴； 运单粘贴应尽量避开骑缝线，由于箱子挤压时，骑缝线容易爆开，从而导致运单破损或脱落	
粘贴圆柱形快件的运单时，如果圆柱直径足够大，将运单平铺粘贴在圆柱形物体的底面上（见右图上）； 如果圆柱形物体直径较小，则将运单环绕圆柱面粘贴，注意运单条码和号码不得被遮盖（见右图下）	 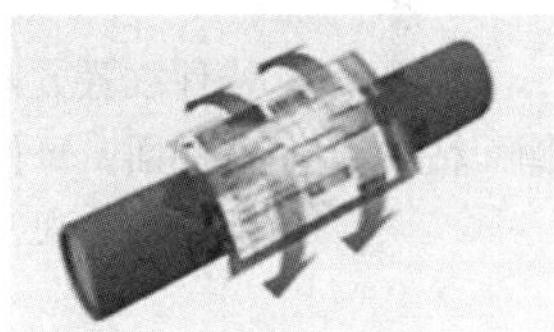
锥形物体的体积较大的，选择能完整粘贴运单的最大侧面，平整粘贴运单（见右图上）； 锥形物体的体积较小的，如果单个侧面无法平整粘贴运单，可将运单内容部分粘贴在两个不同的侧面，但运单条码必须在同一个侧面上，不能折叠（见右图下）	 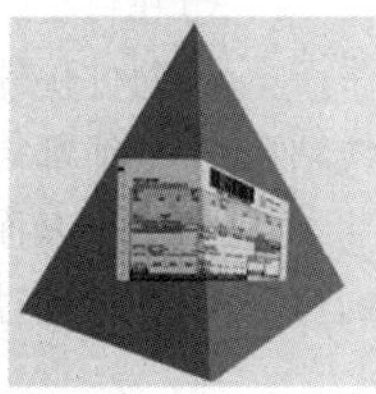

续 表

对于体积特别小，不足以粘贴运单的快件，为了保护快件的安全，避免遗漏，将其装在文件封或防水胶袋中寄递，运单粘贴在文件封或防水胶袋的指定位置	
对于特殊包装的快件，运单的条码不得被覆盖，运单条码不得被折叠，即运单条码须在同一表面展示，不得折叠或粘贴在两个（及以上）表面上，右图为错误粘贴方法	

2. 标识的粘贴

快递企业的标识各不相同，标识的粘贴方法如表 2－5－8 所示。

表 2－5－8　　标识的粘贴方法

正面粘贴	粘贴与快件处理操作相关的标识时，应将其粘贴在与运单相同的表面，以便分拣操作，如国际件贴纸，航空件贴纸	
侧面粘贴	快件放置方向标识、防辐射标识一般粘贴在快件侧面，每件快件可粘贴 2～3 张，每个侧面只能粘贴 1 张，如向上标识贴纸、防辐射贴纸等	
三角粘贴	需要多面见到的贴纸，可以贴在包装箱的角上，包住快件角落的三个方向，每件快件可粘贴 2 张，如易碎件贴纸，斜贴在快件粘贴运单的正面角落，另外两个角粘贴在其他两个侧面	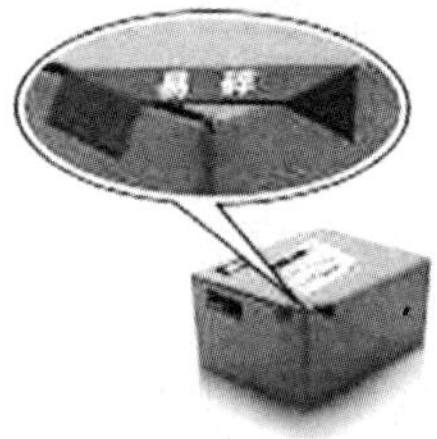
沿骑缝线粘贴	在封箱操作中使用，表示包装密封不允许打开，每件快件至少粘贴 2 张，要求每个可拆封的骑缝线都得粘贴，如保价贴纸，要求将其粘贴在每个表面的骑缝线上，起到封条的作用，提醒在运输过程中不允许拆开包装	

3. 随运单证的粘贴

随运单证包括代签回单、代收货款证明、形式发票、报关单、转运单等。各快递企业对随运单证的粘贴方式有不同规定：有些企业将随运单证和运单一起放入装运单的塑料袋，用胶带粘贴在快件上，有些企业将随运单证和托寄物一起存放。

四、快件包装的检查

（一）快件包装的检查方法

快件包装完毕后，应对包装进行检查，确保在收取快件时快件包装牢固，并保证快件从1.6m高处自由落体落下时内件无破裂。检查包装是否牢固的方法可以概括为“看、听、感、搬”。

（1）看。各交接环节对于拿到手的快件，应检查外包装是否有明显问题，若有明显破损、撕裂、油渍、异味或有突出的钉、钩、刺等，不可以让其继续流向下一环节。如果经检查只是外包装损坏，必须重新进行包装。

（2）听。用手摇晃快件，听是否有声音。如果有异常已破损的声音等，则需打开包装检查，不可放任不管而可能致使尖锐物在包装内窜动、划伤快件。

（3）感。用手晃动快件，感受寄递物品与包装箱内壁之间有无摩擦和碰撞。如有，则需要打开包装进行充实缓冲。

（4）搬。搬动一下快件，看是否有重心严重偏向一边或一角的现象，如有，则需要打开包装重新定位寄递物品在包装内的位置。

（二）快件包装注意事项

（1）禁止使用一切报刊类物品作为快件的外包装，如报纸、海报、书刊、杂志等；严禁使用各种有色垃圾袋和容易破损、较薄的类似垃圾袋的包装物。

（2）对于价值较高的快件采用包装箱进行包装，包装时应使用缓冲材料。快递员在收件时应与客户当面点清并封箱，必要时可以拍照留存作为证明。

（3）一票多件快件需要配合子母件运单发运。在多件快件中选定一件作为主件，按正常操作粘贴主运单即可；其余快件应根据主件运单内容填写标签（填写内容包括运单单号、出港公司、到达地），并且每一件都要填写并粘贴标签，确保内容与主件一致；将填写完整的其余子件标签粘贴在外包装明显面，保证子运单的条码不被破坏；快递员在派送一票多件快件时，要根据主件运单上标明的总件数核对子件数量。

（4）不允许发运捆绑件。对于一票多件的快件，只允许以子母件形式发运，正常收取快递费用。

（5）对于重复利用的旧包装材料，必须清除原有运单及其他特殊的快件标记后方可使用，以避免因旧包装内容而影响快件的流转。

相关知识与拓展

包装—搬运图示标识

易碎物品

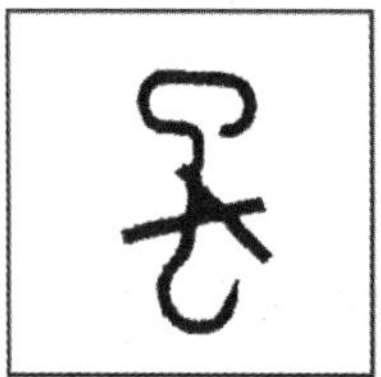
禁用手钩

向上

怕晒

怕辐射

怕雨

重心

禁止翻滚

此面禁用手推车

禁用叉车

由此夹起

此处不能卡夹

堆码质量极限

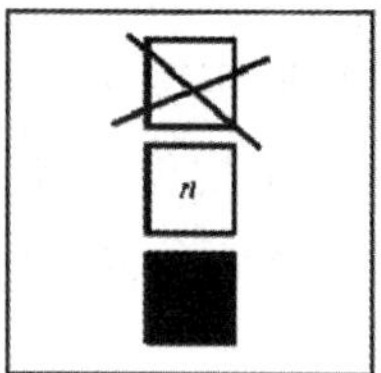

堆码层数极限

禁止堆码

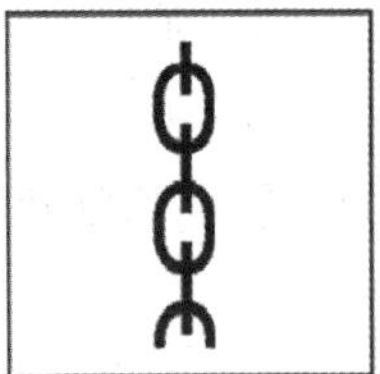
由此吊起

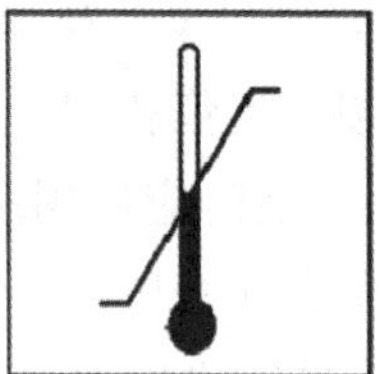
温度极限

任务六　快件计费

知识目标

1. 掌握运费计算的方式；
2. 掌握保价费计算的方式；
3. 掌握保险费计算的方式；
4. 掌握营业款的计算。

能力目标

学生能够为快件进行称重或测量，计算运费等相关费用，在运单指定位置填写该票快件的营业款，并收取快件费用。

任务导入

案例分析：不足1kg包裹为什么按3kg收取运费？

2019年6月某日，青岛的张女士收到一个到付快递，是她的朋友通过某快递企业从广州空运来的。快件是4个礼品盒，装在30cm×30cm×20cm规格的纸箱里，张女士自己称重还不到1kg，快递员在收取到付运费的时候却是按照3kg计算运费，由于急用，张女士只好付了运费。随后，张女士向相关主管部门投诉。

小组讨论：你觉得快递公司的做法对吗？为什么？

一、度量衡工具

在快件收派中最常使用的度量衡工具是秤和尺。用秤量取快件的实际重量，用尺量取快件的最大长宽高。营业网点通常有便携式手提秤、电子计重秤和卷尺。

1. 便携式手提秤

快递员上门收取快件时，一般通过称重来计算资费，所以便携式手提秤是快递员随身携带的工具之一。便携式手提秤轻便灵巧，便于携带，读数准确，是快递企业广泛采用的计重工具（见图2－6－1）。使用便携式手提秤，需要注意以下事项。

（1）被测物应钩于吊秤吊钩的中央部位。

（2）吊秤禁止激烈撞击，不使用时要悬挂存放于通风干燥阴凉处。

（3）定期检查各部位螺丝及吊钩有无松动或掉落情况，确认无误后再开机使用。

（4）在户外使用如遇雷电则关机暂停使用。

（5）加载勿超过安全负荷，避免长时间起吊，确保传感器使用寿命。

2. 电子计重秤

电子计重秤的称重范围比便携式手提秤的称重范围更大、准确度更高。但是电子计重秤体积较大，不便携带，一般将其放在营业网点使用，称量较大快件（见图2－6－2）。

快递员上门收取快件时，如果快件重量超出便携式手提秤称重范围，快递员在征得客户同意后，可将快件带回营业网点，使用电子计重秤称重。称重计算资费后，应第一时间将重量和资费告知客户，征询客户是否寄出快件。如果客户同意寄出，则与客户确认付款方式，并将快件寄出；如果客户不同意寄出，则与客户约定时间将快件退回。

使用电子计重秤需要注意以下事项。

（1）电子计重秤应置于稳定平整的平面上。

（2）开机显示结束后进入计重模式，“零位”标志和“公斤”指示标志出现，可按“模式”键循环选择计重、计数、百分比三种功能模式。

（3）电子计重秤不能长期在去皮状态下使用，否则零位自动跟踪功能消失，零位会产生漂移。

3. 卷尺

快递员上门收寄快件时，一般都会携带卷尺，以便对快件进行测量。根据材质不同可以将卷尺分为钢卷尺、纤维卷尺（皮卷尺、量衣卷尺）、塑料卷尺等。快递员一般使用的是钢卷尺（见图2－6－3）。

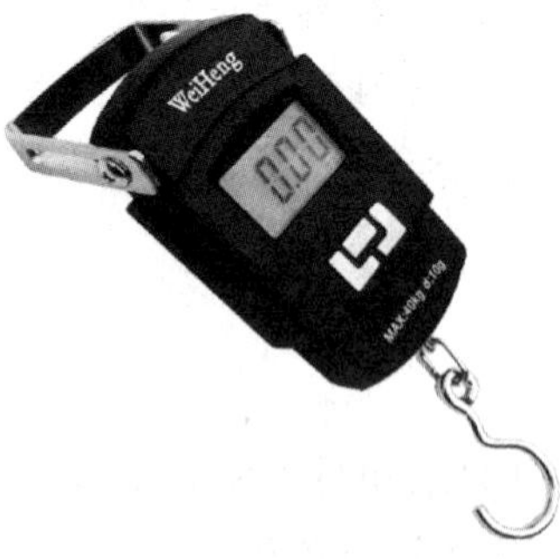

图2－6－1　便携式手提秤

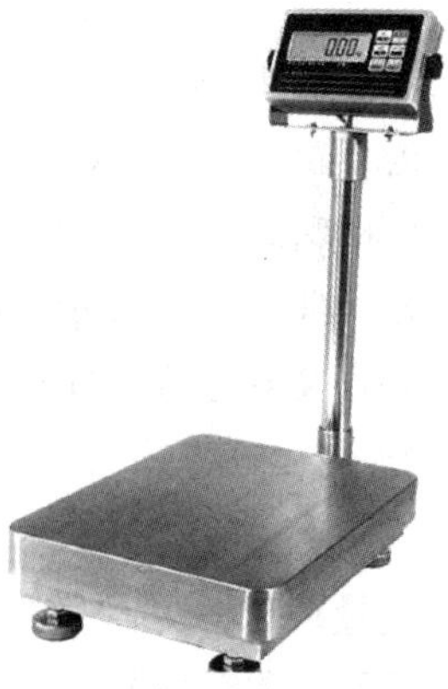

图2－6－2　电子计重秤

图2－6－3　钢卷尺

二、快件重量计算

在快递行业中，有些快件体积很小，但是很重；有些快件非常轻，体积却较大，在运输设备中要占用很大的空间。在货物体积小、重量大时，按实际重量计算；在货物体积大、重量小时，按体积计算。这样可以较为合理地核算快件运费。而这种体积大、重量小的货物，称为轻泡货。

（一）实际重量

实际重量指寄递快件包括包装在内的实际总重量，即计重秤上直接读取的重量。

快递企业按照实际重量计费时，一般采用向上进位制原则，即按照计重秤读取的实际重量进位取数。例如，如果最小的计重单位为0.5kg，那么称重8.1kg按照8.5kg计费；8.7kg按照9.0kg计费；如果最小的计重单位为1kg，那么称重8.1kg按照9.0kg计费；8.7kg按照9.0kg计费。

（二）体积重量

体积重量是运输行业内的一种计算轻泡货物重量的方法。体积重量是利用折算公式将货物体积折合成重量，单位为千克（kg）。体积重量的计算分为航空运输和陆路运输两种，两者系数不同。

量取快件各边长度时，采用向上进位制原则，最小单位为1cm。例如，7.1cm按照8.0cm计算；7.8cm按照8.0cm计算。计算体积重量时，也采用向上进位制原则。例如，如果最小的计重单位为0.5kg，那么体积重量2.2kg按照2.5kg计费。如果最小的计重单位为1kg，那么体积重量2.2kg按照3.0kg计费。

1. 航空运输的体积重量计算

国际航空运输协会规定了轻泡快件的重量计算公式。

规则物品公式为：

长（cm）×宽（cm）×高（cm）÷6000＝体积重量（kg）

不规则物品公式为：

最长（cm）×最宽（cm）×最高（cm）÷6000＝体积重量（kg）

2. 陆路运输的体积重量计算

在陆路运输中尚未有规范的体积重量计算方法，以航空运输体积重量计算为参考，在计算快件陆路运输的体积重量时设计一个系数，但是不同的快递企业设计的系数不尽相同。

规则物品公式为：

长（cm）×宽（cm）×高（cm）÷系数＝体积重量（kg）

不规则物品公式为：

最长（cm）×最宽（cm）×最高（cm）÷系数＝体积重量（kg）

（三）计费重量

快件运输过程中用于计算资费的重量，是指快件封装后的实际重量和体积重量相比较后“取大”的方法，即快件体积小，实重大时，按实际重量计算运费，计费重量等于实际重量；快件体积大，实重小时，按体积重量计算运费，计费重量等于体积重量。

例题1：一票从上海寄往广州的快件（航空运输，系数为6000）采用纸箱包装，纸箱的长宽高分别为35cm、35cm、80cm，快件实重12kg，该企业最小计重单位为1kg，请计算它的计费重量。

解：体积重量＝长（cm）×宽（cm）×高（cm）÷6000

＝（35×35×80）÷6000

≈16.33kg

按照快递行业向上进位制原则，体积重量应为17kg，由于体积重量大于实际重量，所以该票快件的计费重量应为17kg。

例题2：一票从深圳寄往广州的快件（陆路运输，系数为12000）采用纸箱包装，纸箱的长宽高分别为60cm、40cm、30cm，快件实重8kg，请计算它的计费重量。

解：体积重量＝长（cm）×宽（cm）×高（cm）÷12000

＝（60×40×30）÷12000

＝6kg

由于体积重量小于实际重量，所以该票快件的计费重量应为8kg。

（四）一票多件快件的计费重量

一票多件快件又称“子母件”。对于一票多件快件，既有轻泡件又有重件，各企业的计重方法不尽相同。有些企业采用“大大相加”的原则，即计算每一件快件的最大重量，整票快件的重量等于各件快件的最大重量之和（详见例题3解法1）；也有企业将一票多件快件整体进行计算，将整体的实际重量和体积重量相比，取较大者（详见例题3解法2）。

例题3：一票从昆明寄往北京的快件（航空运输，系数为6000），此票快件由2件纸箱组成，封装后A箱长宽高分别为60cm、40cm、30cm，快件实重8kg，B箱长宽高分别为60cm、40cm、30cm，快件实重17kg，请计算该票快件的计费重量。

解法1：

A箱：体积重量＝长（cm）×宽（cm）×高（cm）÷6000

＝（60×40×30）÷6000

＝12kg

由于体积重量大于实际重量，所以该箱的计费重量应为12kg。

B箱：体积重量＝长（cm）×宽（cm）×高（cm）÷6000

＝（60×40×30）÷6000

＝12kg

由于体积重量小于实际重量，所以该箱的计费重量应为17kg。

该票快件的计费重量＝A箱计费重量＋B箱计费重量

＝12kg＋17kg

＝29kg

解法 2：

体积重量 = A 箱体积重量 + B 箱体积重量

$= (60 \times 40 \times 30) \div 6000 + (60 \times 40 \times 30) \div 6000$

$= 12kg + 12kg$

$= 24kg$

实际重量 = A 箱实际重量 + B 箱实际重量

$= 8kg + 17kg$

$= 25kg$

由于体积重量小于实际重量，所以该票快件的计费重量为 25kg。

想一想

现在你知道在“任务导入”中快递公司的做法对吗?

解析：该票快件由广州寄往青岛，采用航空运输，系数为 6000。

体积重量 = $(30 \times 30 \times 20) \div 6000 = 3kg$

由于体积重量大于实际重量，计费重量为 3kg

因此，快递公司按照 3kg 收取运费的做法是正确的。

三、快件资费计算

资费是营业款的核心组成部分，与快件的计费重量直接挂钩，是快递员在收件现场需要准确计算的款项。各快递企业在实际操作中，存在以下两种资费计算方式。

（一）首重续重计算原则

计算公式为：

$$资费 = 首重价格 + 续重 \times 续重价格$$

$$续重 = 计费重量 - 首重$$

其中，首重是指快递企业根据运营习惯规定的资费计算时的起算重量，也可以称为起重。起算重量的价格为首重价格。一般快递企业都将国内件首重确定为 1kg，将国际件首重确定为 0. 5kg。

续重是指快件首重以外的重量。例如，一票重量为 10kg 的快件，如果首重为 1kg，续重就是 9kg。

例题 4：一票从上海寄往广州的快件（航空运输，系数为 6000），采用纸箱包装，纸箱的长宽高分别为 60cm、40cm、30cm，快件实重 5kg，计算其运费（见表 2 -6 -1）。

表 2－6－1　运费

区间	首重 1kg	1kg＜重量≤20kg	20kg＜重量≤50kg
上海—广州	13 元	6 元/kg	5 元/kg
深圳—广州	10 元	2 元/kg	1 元/kg

解：体积重量＝（60×40×30）÷6000＝12kg

体积重量大于实际重量，计费重量为 12kg，则

资费＝首重价格＋续重×续重价格

＝13＋（12－1）×6

＝79（元）

例题 5：一票从深圳寄往广州的快件（陆路运输，系数为 12000）采用纸箱包装，纸箱的长宽高分别为 60cm、40cm、30cm，快件实重 22.6kg，计算其运费（见表 2－6－1）。

解：体积重量＝（60×40×30）÷12000＝6kg

体积重量小于实际重量，按照快递行业向上进位制原则，计费重量为 23kg，则

资费＝首重价格＋续重×续重价格

＝10＋（20－1）×2＋（23－20）×1

＝51（元）

（二）单位计价原则

计算公式为：

资费＝单位价格×计费重量

单位计价是指按照平均每千克的价格来计算资费。单位计价不区分首重和续重，明确平均每千克的价格，由价格乘以重量即可。这种计费方式与普通的运输计价方法类似。

例题 6：一票从深圳寄往广州的快件（陆路运输，系数为 12000）采用纸箱包装，纸箱的长宽高分别为 60cm、40cm、30cm，快件实重 9kg，计算其运费（见表 2－6－2）。

表 2－6－2　运费

区间	20kg 及以下	20kg＜重量≤50kg
上海—广州	6 元/kg	4 元/kg
深圳—广州	3 元/kg	2 元/kg

解：体积重量＝（60×40×30）÷12000＝6kg

体积重量小于实际重量，计费重量为 9kg，则

资费＝单位价格×计费重量

＝3×9

=27（元）

例题7：一票从上海寄往广州的快件（航空运输，系数为6000）采用纸箱包装，纸箱的长宽高分别为60cm、40cm、30cm，快件实重22.6kg，计算其运费（见表2-6-2）。

解：体积重量=（60×40×30）÷6000=12kg

体积重量小于实际重量，按照快递行业向上进位制原则，计费重量为23kg，则

资费=单位价格×计费重量

=6×20+4×（23-20）

=132（元）

四、国际快件资费计算

在国际快递业务中，一般采用首重续重计算方法，资费计算公式为：

资费=首重价格+续重×续重价格

续重=计费重量-首重

需要注意的是，国际快件中快递企业一般要征收燃油附加费。燃油附加费是快递企业收取的反映燃料价格变化的附加费，一般随国际油价的浮动而变化。快递企业一般每周或每月更新燃油附加费费率。

例题8：某客户要发送一票从杭州到英国的快件，托寄物为7.8kg半成品手套，快递企业运价表显示到英国的快件首重为500g，价格为80元，续重为每500g增加30元，燃油附加费为280元。该企业最小计重单位为0.5kg，请计算这票快件的运费。

解：托寄物为7.8kg，按照快递行业向上进位制原则，计费重量为8kg，则

资费=首重价格+续重×续重价格

=80+（8×2-1）×30

=530（元）

总运费=530+280=810（元）

在国际快递业务中，如果寄件人选择运费到付，则在计算运费的过程中，可能会遇到本国货币与外币之间的兑换问题，在兑换过程中需要使用汇率。如果在A国某快件的运费为X，A国对B国的汇率为Y，则如果使用B国的货币支付运费，费用为X除以Y。

例题9：某客户要发送一票从北京到美国的快件，托寄物内容为6kg衣服，运费由美国客户支付，快递企业运价表显示到美国的快件首重为500g，价格为60元，续重为每500g增加25元，燃油附加费为50元，美元兑人民币汇率为7.057。该企业最小计重单位为0.5kg，请计算这票快件的运费。

解：托寄物为6kg，计费重量为6kg，则

资费=首重价格+续重×续重价格

=60+（6×2-1）×25

=335（元）

总运费 $=335+50=385$（元）

换算成美元 $=385\div7.057\approx54.6$（美元）

例题10：某客户要发送一票从广州到日本的快件，快件重量为4kg，运费由日本客户支付，快递企业运价表显示到日本的快件首重为500g，价格为50元，续重为每500g增加30元，燃油附加费为40元，日元兑人民币汇率为0.0649。该企业最小计重单位为0.5kg，请计算这票快件的运费。

解：托寄物为4kg，计费重量为4kg，则

资费 = 首重价格 + 续重 × 续重价格

$=50+(4\times2-1)\times30$

$=260$（元）

总运费 $=260+40=300$（元）

换算成日元 $=300\div0.0649\approx4622.5$（日元）

相关知识与拓展

常见货币名称及货币代码如表2-6-3所示。

表2-6-3　常见货币名称及货币代码

货币名称	货币代码	货币名称	货币代码
人民币元	CNY	美元	USD
日元	JPY	欧元	EUR
英镑	GBP	德国马克	DEM
瑞士法郎	CHF	法国法郎	FRF
加元	CAD	澳大利亚元	AUD
香港元	HKD	奥地利先令	ATS
芬兰马克	FIM	比利时法郎	BEF
爱尔兰镑	IEP	意大利里拉	ITL
卢森堡法郎	LUF	荷兰盾	NLG
葡萄牙埃斯库多	PTE	西班牙比塞塔	ESP
印尼卢比	IDR	马来西亚林吉特	MYR
新西兰元	NZD	菲律宾比索	PHP
俄罗斯卢布	RUB	新加坡元	SGD
圆（韩币）	KRW	泰铢	THB

注：欧洲一些国家的货币已被欧元取代，原货币停止流通。

五、保价费和保险费计算

（一）保价费的计算

保价费 = 快件的声明价值 × 保价费率

例题 11：某快递企业的保价服务条款规定，国内快件声明价值 500 元及以下的，保价费为 1 元/票；声明价值 501～1000 元的，保价费为 2 元/票；声明价值 1000 元以上的，按照声明价值的 5‰费率收取保价费，按四舍五入取整。现张某要寄一个快件，声明价值 5000 元，请计算保价费。

解：保价费 = 快件的声明价值 × 保价费率

= 5000 × 5‰

= 25（元）

（二）保险费的计算

保险费 = 保险金额 × 保险费率

例题 12：某保险公司的快件保险费率为 2%，有一客户为自己所寄的快件投保 8 万元，则此客户应缴纳的保险费用是多少？

解：保险费用 = 80000 × 2% = 1600（元）

六、收取营业款

营业款是指客户在享受快递服务时所需要支付给快递公司的费用总和，包括资费、包装费、附加服务费、保价费等。快递员在收寄快件时，需要计算该票快件的营业款，填写在运单指定位置，并根据计算结果向客户收取相应金额的费用。

（一）营业款组成

1. 资费

资费是快递企业在为寄件人提供快递承运服务时，以快件的重量为基础，向客户收取的承运费用。资费也称为狭义的快件服务费用，当不产生包装费、附加服务费、保险费或保价费等时，快件资费就是快件服务的总计费用。

一些公司在收取资费时，还同时收取燃油附加费。

2. 包装费

包装费指的是快递企业为了更好地保护寄递物品的安全，为寄件人提供专业包装而产生的包装费，包括包装材料费和包装人工费。

通常，如果包装材料属于公司专用物料，包装不收取人工费。例如，收寄快件时，快递企业提供专门的包装纸箱，一般只收取一定的纸箱费用，不收取人工费用。

如果是快递企业帮助客户向外界寻求包装服务的，则一般需要收取包装人工费。

例如，某机械需要用木格包装，快递企业应客户需求请木格包装专业公司对机械进行包装，此时一般需要根据木格包装专业公司的要求，向寄件人收取包装材料费和包装人工费。

3. 附加服务费

附加服务费是快递企业为客户提供正常快递服务以外附加服务所加收的服务费。例如，代收货款服务中代收货款一般是电子商务商家提出的，除了投递商品以外，还要快递企业协助收取货款。快递企业提供的增值业务一般都要在运费的基础上额外收取附加服务费。

（二）营业款结算方式

营业款的支付方可以是寄件方、收件方或第三方，快递员在收取快件时，须与客户共同确认营业款的支付方，并在运单上明确标注是寄付、到付，还是第三方付，作为收取营业款的依据。款项收取又分为现结和记账两种，因此营业款的结算方式具体可包括寄付现结、到付现结、寄付记账、到付记账、第三方记账五种。下面从支付方式的角度来介绍各种结算方式。

1. 现结

现结是指在收取或派送快件时，客户在收派现场将营业款支付给快递员的一种支付方式。现结支付包括寄付现结和到付现结两种结算方式。客户可选择现金支付、电子支付、刷卡支付或支票支付。由于单票快件的营业款额通常不会太高，现结支付主要以现金支付和电子支付为主。

（1）寄付现结指的是寄件人在完成寄件后，在寄件现场把营业款支付给快递员的一种结算方式。

（2）到付现结指的是收件人验视快件外包装无误后，对于到付的快件，在派件现场把营业款交给快递员的一种结算方式。

2. 记账

记账是指快递企业与客户达成协议，在一个规定的付款周期内结算营业款的一种支付方式。快递企业给每一个记账客户一个记账账号，在账号中记录客户每一次快递服务所产生的费用（包括寄付、到付和第三方付所产生的费用），作为营业款结算的依据。付款周期可以是每周、每月、每季度、每年。记账包括寄付记账、到付记账、第三方记账三种结算方式。

（1）寄付记账是指由寄件人（个人或企业）与快递企业达成协议，快递企业赋予客户一个记账账号，客户在约定的付款周期内支付营业款。

（2）到付记账是指由收件人（个人或企业）与快递企业达成协议，快递企业赋予客户一个记账账号，客户在约定的付款周期内支付营业款。

（3）第三方记账是指寄件人和收件人之外的第三人（个人或企业）与快递企业达成协议，快递企业赋予其一个记账账号，第三人在约定的付款周期内支付营业款。第三方支付营业款的情况比较复杂，须由寄件人或收件人与第三方客户达成协议，第三方客户同意代寄方或收方支付该费用。由于第三方支付营业款采取记账方式，快递员在收取此类快件时，需注意核对第三方客户的付款信息。

（三）验收营业款

快递员收取营业款时，如果客户支付现金，快递员须注意真假币的区分，避免收取假币，给个人或公司造成损失；如果客户使用支票支付，则须对支票的填写和支票的真假进行辨识。

1. 识别假币的方法

（1）纸张识别。人民币纸张采用专用钞纸，具有耐磨，有韧度，挺括，不易折断，抖动时声音发脆响等特点。而假币纸张绵软，韧性差，易断裂，抖动时声音发闷。

（2）水印识别。其特点是层次分明，立体感强，透光观察清晰。而假币特点是水印模糊，无立体感，变形较大，用浅色油墨加印在纸张的正、背面，不需迎光透视就能看到。

（3）凹印技术识别。真币的技术特点是图像层次清晰，色泽鲜明、浓郁，立体感强，触摸有凹凸感。如 1 ~ 10 元券人民币在人物，字体，国徽，盲文等处都采用了这一技术。而假币图案平淡，手感光滑，花纹图案较模糊。

（4）荧光识别。如在紫光灯下 1990 年版 50 元和 100 元券人民币的纸币面额阿拉伯数字 100 或 50 和汉语拼音 YIBAI 或 WUSHI 有金黄色荧光，但整版纸张无任何反映。而假币一般没有荧光暗记。个别的虽有，但与真币比较，颜色有较大差异，并且纸张含有较明显的蓝，显示白荧光。

（5）安全线识别。真币的安全线是立体实物与纸张融为一体，有凸起的手感。假币一般是印上或画上的颜色，如加入立体实物，会出现票面皱褶、分离的现象。此外还可借助仪器进行检测，可用紫光灯放大镜，磁性鉴别仪等简便仪器对可疑票券进行多种检测。

2. 支票基本常识

支票是出票人签发的，委托办理存款业务的银行或其他金融机构，在见票时无条件支付确定金额给收款人或者持票人的票据。支票无金额起点的限制，可支取现金或用于转账。支票有效期 10 天，可以挂失。

（1）收取支票注意事项。

①支票正面不能有涂改或折叠的痕迹，否则本支票作废。

②受票人如果发现支票填写不全，可以补记，但不能涂改。

③支票的有效期为 10 天，日期首尾算一天，节假日顺延。

④支票见票即付。

⑤出票单位现金支票背面有印章盖模糊了，可把模糊印章打叉，重新再盖一次。

⑥收款单位转账支票背面印章盖模糊了（不能以重新盖章方法来补救），收款单位

可带转账支票及银行进账单到出票单位的开户银行去办理收款手续，俗称“倒打”，这样就不用到出票单位重新开支票。

（2）支票的分类。

支票按支付票款的方式分为现金支票、转账支票和普通支票三种（见表2－6－4）。

表2－6－4　　　　支票的分类

支票类型	支票图例
现金支票只用于支取现金，它可以由存款人签发，用于到银行为本单位提取现金，也可以签发给其他单位和个人用来办理结算或者委托银行代为支付现金给收款人	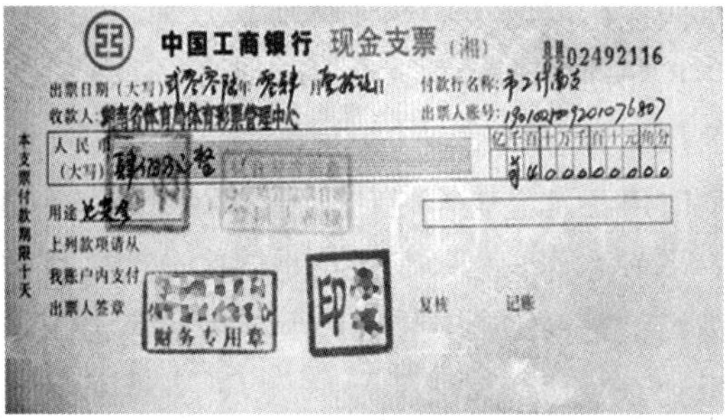
转账支票只用于转账，它适用于存款人给同一城市范围内的收款单位划转款项，以办理商品交易、劳务供应、清偿债务和其他往来款项结算	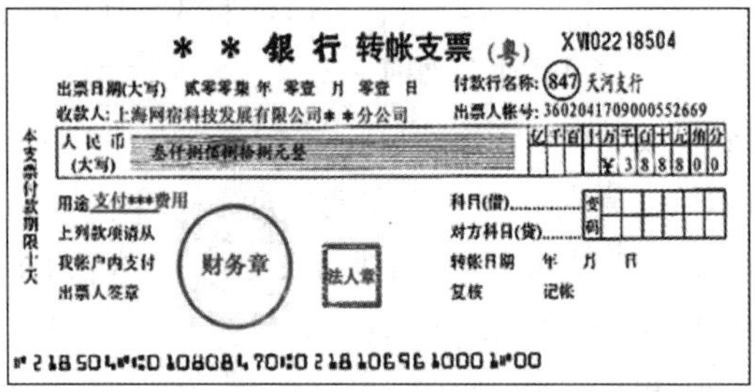
普通支票可以用于支取现金，也可以用于转账，但在普通支票左上角划两条平行线的为划线支票，只能用于转账，不能支取现金	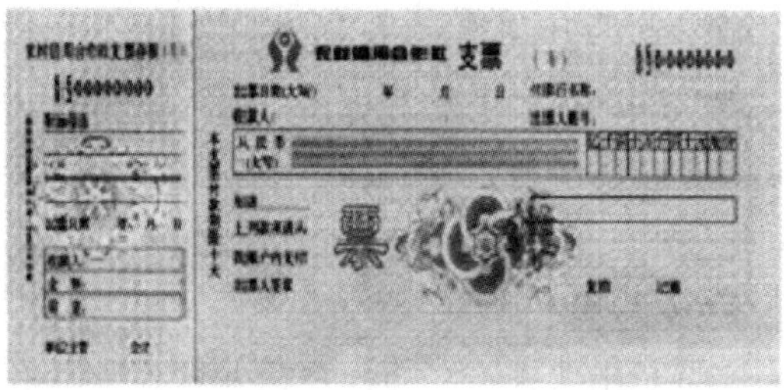

（四）发票知识

发票是单位和个人在购销商品、提供或者接受服务以及从事其他经营活动中，开具、取得的收付款凭证。发票是财务收支的法定凭证，是会计核算的原始凭证，是税务稽查的重要依据。发票与收据的最大区别在于，发票须由经销商向税务机关购买，在销售后，要凭发票向国家缴纳税款，而收据仅是收费的证明，不是经销商纳税的依据。快递企业为客户提供快件寄递服务，收取资费，并有义务为客户提供发票。发票的种类有以下几种。

1. 从税目上划分

（1）增值税专用发票。全国统一式样（发票票面冠以各省、自治区、直辖市的名称，如广东增值税专用发票、上海增值税专用发票等）。增值税发票能抵扣一定比例的税款，根据商品的性质，一般商品抵扣17%的税款，特殊商品抵扣13%的税款。增值税发票一般是面向公司和单位的。

（2）营业发票。冠以本辖区名称且在辖区内统一式样的发票（由税务机关统一印制和供应，用票户申请领购使用，如广东广州营业发票等）。

2. 从形式上划分

（1）手写发票。又称手工票，其是指用手工书写形式填开的发票。这类发票按版面设计又可分为常规式发票及剪开式发票。

（2）机打发票。又称机外发票，其是指利用计算机填开并使用其附设的打印机打印出票面内容的发票。这类发票包括普通计算机用及防伪专用计算机用（如防伪税控机）的发票；按发票版面设计来分，这类发票又可分为折叠式发票和平推式发票。

（3）定额发票。其是指发票票面印有固定的金额（定额）的发票。这类发票主要是防止开具发票时大头小尾以及方便一些特殊领域或有特殊需要的企业使用。在快递行业中多用于个人客户。

任务七　收寄后续处理

知识目标

1. 掌握快件、运单交接的内容；
2. 掌握营业款交接的内容；
3. 掌握6S管理。

能力目标

学生能够理解快递员收寄快件后的交件、交单、交款操作，掌握其流程和关键点。学生能够对工作场所实施6S管理。

任务导入

讨论并分享：快递员收寄完快件回到营业网点还需要做哪些工作？

任务分析：快递员在完成快件收寄操作后，需要在网点完成后续的处理工作，并将整理好的快件、运单和营业款交给网点仓管员。

一、快件交接

（一）快件交接准备

1. 复核快件和运单

快件在运回营业网点的过程中，由于运输颠簸可能会使快件或运单受损，在交接快件和运单之前，要对快件和运单进行复核，确保快件和运单完好，且两者相符。

（1）检查快件外包装是否牢固。检查方法与包装快件中的检查方法一致，即通过"看、听、感、搬"四个动作，对快件的包装进行检查。如果检查有异常。须在营业网点摄像头监控下（至少两人同时在场），拆开包装，对快件进行检查并重新加固包装。

（2）检查快件上的运单粘贴是否牢固。检查运单的随件联是否缺少，运单是否破损。如果运单缺少或严重破损，需要重新填写一份运单替换原运单。如果重新填写运单，应及时告知客户重新开单的原因，并把新的运单号码告知客户，以便客户查询。如果运单粘贴不牢固，要用胶带重新加固粘贴。

（3）核对数量。核对运单数量与快件数量是否相符，一张运单对应一票快件。如果运单数量与快件数量不相符，则须及时找出数量不符的原因并跟进处理。

（4）检查运单填写是否完整。要特别注意客户的电话号码、客户签名是否完整正确，运单信息的完整性直接影响快件的信息流。

2. 登单

登单是指快递员收取快件之后，需要在收寄清单上登记快件信息或扫描快递单上的条码或二维码，在系统中上传快件信息。登记的内容包括快件的运单号、重量、付款方式、目的地、日期时间以及业务员的姓名或工号等。

收寄清单的制作方法主要有手工登单和电脑系统打印清单两种。由于电子运单的普及，目前快递企业以电脑系统打印收寄清单为主。有的快递企业为了绿色环保，实施无纸化办公，使用电子收寄清单，不需打印。

（1）手工登单。

手工登单是指快递企业提供专门的清单样式，快递员按照样式中的要求将快件信息抄写在清单的相应位置。收寄清单一般为一式两联，抄写完毕后，将其中一联交给仓管员，另一联快递员留底保管。手工登单需注意抄写字迹工整，内容准确，尽量减少笔误。

（2）电脑系统打印清单。

电脑系统打印清单是指在快递企业的操作系统中设计特定的清单样式，仓管员对快递员交回的快件和运单扫描完毕后，将数据上传至电脑系统，再通过电脑系统把快件信息打印出来的一种清单。电脑系统打印清单效率高，节省时间且不易出错。

（二）快件交接处理

快递员须将当班次收寄的快件及时交给仓管员，同时还要上交运单底联（快递企业收件存根联）以备查用，具体操作如下。

1. 快件交接处理

（1）当面交接。快递员与仓管员交接快件和运单时，须当面交接。交接双方共同确认快件和运单信息无误。如果出现问题可现场解决或将快件和运单退回给快递员处理，便于明确双方责任。

（2）交接签字。交接双方在确认快件和运单信息无误之后，需要在收寄清单或特定的交接表格上，针对交接信息，双方签字确认。然而随着信息化的发展和员工素质的提升，部分快件公司已经简化了交接签字的环节，双方达成共识，交接的信息直接以系统信息为准。

（3）运单与快件一起交接。由于快件与运单是一一对应的关系，即一票快件对应着一张运单。快件和运单底联（快递企业收件存根联）须同时交接，便于仓管员对运单和快件进行对比，及时发现运单或快件遗失的问题。

2. 优先快件的交接处理

优先快件是指由于对时限要求较高或客户有特殊时限要求等，需要优先处理的快件。在快件运输的过程中，客户因急需把某件物品快速送达目的地，提出对该票快件优先收寄的要求，快递企业在接到此类需求之后需要做出相应的反应，尽量满足客户的要求。

在处理优先快件时，应遵循以下原则。

（1）优先处理。在收到优先快件处理需求时，应优先处理。例如，客户选择“即日到”产品，此产品要求业务员在中午 12：00 之前将快件取回，快递员则优先处理此类快件。

（2）单独交接。在优先快件交接过程中，网点仓管员要对快件单独进行交接，以保证快件的处理速度。

（3）登记备案。在优先快件交接过程中，应登记备案，以保证对快件状态进行监控。

3. 保价快件的交接处理

在处理保价快件时，应遵循以下原则。

（1）单独存放。在处理保价快件的过程中，应与其他快件分开，单独存放。

（2）单独交接。在处理保价快件的过程中，要对快件单独进行交接，以保证快件的处理速度。

（3）登记备案。在处理保价快件的过程中，应登记备案，以保证对快件状态进行监控。

（4）分开操作。与其他快件分开操作，以免混淆，提高处理的准确性。

4. 到付快件与代收货款快件的交接处理

到付快件是指寄件人和收件人商定，由收件人在收到快件时支付快递费用的一种快件。代收货款快件是快递企业接受寄件人委托，在投递快件的同时，向收件人收取货款的快件。因为到付快件与代收货款快件均需向收件人收取费用，在处理快件时应遵循以下原则。

（1）检查是否贴有相应的贴纸，如“到付贴纸”或“代收货款贴纸”。

（2）检查相应的收款单据是否具备。

5. 国际快件单据的交接

国际快件因涉及报关等业务，要求将快件详情单等详细单据资料提前汇总，整理后进行交接。

（1）整理单据。

单据要分类整理、单独存放，即文件按文件类逐票整理；包裹按包裹类逐票整理。

①文件类快件单据：将快件详情单的第一联收集汇总即可。

②包裹类快件单据：将快件详情单第一联、形式发票、装货单、报关委托书等资料一并整理。

（2）交接单据。

国际快件的单据要单独交接给仓管员，不能与国内快件单据混交。

二、营业款交接

营业款交接主要指快递员与快递企业指定的收款员之间的交接，即快递员把当天或当班次收取的营业款，移交给快递企业指定的收款员。这里的营业款主要包括散单营业款、月结营业款等。其中散单指当面结清的营业款，月结为定期结算的营业款。

快递员与收款员之间的营业款须当日结清。快递企业都规定了每日的交接时间，快递员须在规定的结算时间之前将当日的营业款移交给收款员。营业款移交不得延误，不得留在快递员处过夜。例如，某公司规定结算时间为18：30，则快递员须在每天的18：30之前将当天的营业款移交给收款员。

交接营业款时需使用规定的票据和结算凭证，即快递员将营业款交给收款员时，须出示相应的收款账单或结算凭证；款项移交后，收款员开具相应的票据证明营业款已经移交。营业款移交的具体手续如下。

（1）交款准备：快递员整理当天所收取快件的收款资料（如收寄清单），备好当天须上交的营业款，包括现金和支票。

（2）出具交款清单：交款清单指的是收款员凭以向快递员收取营业款的款项清单，清楚地记录该快递员每一票快件应收取的费用，是收款员向快递员收取营业款的依据。

（3）核对交款清单：快递员核对收款员出具的交款清单，可通过收寄清单（手抄或打印）核对交款清单内容。如核对有差异，应及时与收款员确认。

①如果营业款差异是快递员造成的，直接按照收款员的交款清单移交营业款。

②如果营业款差异是收款员汇总或录入人员录入差错造成的，快递员可申请延迟

交款，待更正交款清单后再移交营业款，但延迟交款须经部门负责人同意签字。

（4）交款签字：交款清单无误，快递员按照交款清单的营业款总额移交现金或支票。如有支票，应在交款清单中登记支票号。款项移交后，交接双方在交款清单上签字。收款员向快递员开具收款票据，证实已接收的金额。

三、预定收寄信息复核

收寄信息复核是指快递员在当班次工作结束后，将实际收寄信息与信息处理系统中的预定收寄信息相复核的过程。

（一）预定收寄信息复核的内容和方法

1. 核对当班次收寄信息的数量

快递员在当班次工作结束后，需检查呼叫中心下单通知，核对本人当班次的预定收寄信息是否已经全部完成收件操作。

2. 核对预定收寄信息与实际收寄信息是否匹配

（1）核对预定收寄信息快件是否已经全部收取。

（2）依照订单信息逐一地核对订单信息中的内容是否与快件详情单内容一致，核对内容主要包括寄件人姓名、寄件人联系方式、收件人姓名、收件人联系方式、寄递物品内容等信息。

（二）预定收寄信息复核异常的处理方法

1. 预定收寄信息未全部下载

当发生快递企业信息系统中显示快递员当班次应有 10 条预定收寄信息，而快递员在当班次仅收到 9 条收寄信息的情况时，一般由呼叫中心客服人员针对遗漏信息主动联系寄件人。如果联系到寄件人，首先予以致歉，如果客户仍需发件，则安排快递员尽快上门收取；如果客户取消发件，则再次致歉。

2. 预定收寄信息已下载但未处理

当快递员收到 5 条上门收件订单信息，但实际收件仅有 4 件，则首先要确定此件是否已收取。

（1）如果确定未收取，一般由呼叫中心客服人员针对遗漏信息主动联系寄件人。如果联系到寄件人，则另外预约取件时间；如果没有联系到寄件人，第二天再次联系。如果成功联系到寄件人，首先予以致歉。如果客户继续发件，则安排快递员尽快上门收取；如客户取消发件，则再次致歉。

（2）如不确定是否收取，则应仔细回想此件是否收取，并查找可能遗忘的角落，如交通工具上、背包里、客户处，如仍未确定是否收取，则需要与客户联系确认是否收取。

（三）复核预定收寄信息的意义

复核预定收寄信息是避免因工作中的差错造成客户流失的有效方法。可以有效地防止人为失误而导致客户不满；也可以及时发现快件问题，及时补救，保障客户的利益，降低客户和企业的损失，减少资源浪费，提高客户的满意度。

四、营业网点“6S”管理

“6S”管理模式首先在日本的企业应用。由于整理（Seiri）、整顿（Seiton）、清洁（Seiketsu）、清扫（Seiso）、素养（Shitsuke）的日语罗马拼音均以“S”开头，故最早简称“5S”。我国企业在引进这一管理模式时，加上了英文的安全（Safety），因而称“6S”管理法。快递企业营业网点“6S”管理一般由专人负责，快递员需要积极配合、共同完成。营业网点的全体工作人员要从以下几个方面完成“6S”操作。

（1）整理。整理是改善作业现场的第一步。将工作场所的任何物品区分为必要的和非必要的，必要的留下来，非必要的都处理掉。整理的目的是改善作业环境，增加作业面积，保证作业路径通畅，减少错分、错发等差错事故。

（2）整顿。把留下来的必要物品按使用频率确定位置，定位、定量摆放，并加以标识。使工作场所工具、物料一目了然，减少寻找物品的时间，消除过多的积压物品。

（3）清扫。维护整理、整顿之后的工作成果，将工作场所清扫干净，使工作现场保持最佳状态。可将作业区域划分为若干个责任区，责任到人。

（4）清洁。将整理、整顿、清扫进行到底，并且制度化、规范化，保持工作环境处在美观、清洁的状态。清洁就是创造整洁环境，维持上面“3S”成果。

（5）素养。培养每位员工形成良好的习惯。通过宣传、培训、激励等方法，将外在的管理要求转化为员工内在的素养，使前面的4个“S”固化成每日的习惯，自觉坚持。

（6）安全。重视员工安全教育。贯彻“安全第一、预防为主”的原则，建立防伤病、防污、防火、防水、防盗、防损等措施，消除事故隐患，规范安全操作，确保正常运营。

“6S”管理重在细节，也难在细节，并不是简单地“大扫除”，它是通过规范现场、现物，使得现场管理规范化、日常工作部署化、物资摆放标准化、区域管理整洁化、人员素养整齐化、安全管理常态化，是提高服务质量的一个重要环节。

案例

某快递企业营业网点“6S”管理制度

某快递企业营业网点的“6S”管理制度标准如表2－7－1所示。

表 2－7－1　　“6S”管理制度标准

区域	标准
地面墙面	(1) 地面区域划分清晰，统一标注区域线、通道线； (2) 每季度更新划线，如有 40% 划线磨损即重新换新； (3) 网点操作场地地面保持干净，无垃圾、无积水； (4) 拖把、扫把、垃圾桶等清洁工具定位放置，摆放整齐； (5) 墙面保持干净整洁，无破损、无蛛网； (6) 墙体张贴物整齐干净，无涂鸦； (7) 未经规划，墙面不得悬挂任何物品
快件	(1) 快件上盘，保证所有快件在托盘上，不能摆放在非指定区域内； (2) 托盘上快件摆放整齐，不能超出货区线； (3) 码放快件时遵循轻拿轻放、大不压小、木不压纸、重不压轻、标签朝外的原则，小件装框，易碎件单独码放； (4) 快件摆放限高 1.5m； (5) 滞留件入笼，不乱堆、乱搭
工具、物料	(1) 工具、物料定位摆放，摆放区设置“××放置处”标识牌； (2) 工具表面保证干净整洁，制定管理责任人，定期进行点检，如有损坏及时更新维护； (3) 托盘、塑料筐要正面朝上相扣，叠放整齐，累计高度不超过 1.5m； (4) 物料要分类上架，摆放整齐，无杂物堆积
办公区域	(1) 饮水机、垃圾筐定位摆放，摆放区划线； (2) 电脑桌面整洁无灰尘； (3) 地面无垃圾，每日清洗； (4) 人员离开后，椅子必须推入柜台内部； (5) 人员短暂离开，关闭显示器，离开两小时以上，关闭电脑电源
消防器材	(1) 灭火器放入灭火器箱内或悬挂（如悬挂，顶部距离地面 1.5m）； (2) 灭火器保持在有效期内，专人负责，定期检查； (3) 消防设施周围 $1m^2$ 内无遮挡； (4) 警示线定位，留出消防通道； (5) 消防应急灯、安全指示牌干净整洁，外观完好，正常使用； (6) 消防器材区域张贴有灭火器操作指引； (7) 消防栓门上有消防栓及火警电话标识、责任人标识、消防设施点检卡； (8) 电线线路无破损、裸露，电线不凌乱，线路不私拉乱接； (9) 设置专用充电区域及线路、区域内电动车摆放整齐、无夜间充电
安全防盗	(1) 安装防盗窗、确保无损坏； (2) 监控设备、摄像头专人负责，定期检查，确保可使用、显示正常、无故障、无死角

项目三　快件中转作业

任务一　快件中转处理

知识目标

1. 掌握快件中转处理流程；
2. 掌握中转中心作用、功能、作业区域规划；
3. 掌握分拨批次；
4. 掌握中转中心各类常用设备的安全使用。

能力目标

学生能够熟知快件中转处理的流程，能够根据岗位操作规范，进行快件中转处理。

一、处理流程

（一）概念

快件中转处理流程，是运作员对进入中转中心的快件进行分拣封发的全过程，包括快件到站接收、分拣、总包封装、快件发运等环节。在快递行业中，所有快件均需要参加中转环节。根据中转中心在快件服务全程中所处的不同位置及所承担的功能，在快件处理方式上存在包进包出、散进包出、包进散出以及散进散出四种方式。

（1）包进包出，是指快件以总包的形式进入中转中心，经分拣封发后，再以总包的形式发往下一环节。包进包出的情况主要存在于图 3-1-1 中的 A 中转中心，此中转中心承担着中转枢纽的功能。

（2）散进包出，是指快件以散件的形式进入中转中心，经分拣封发后，以总包的形式发往下一环节。散进包出的情况主要存在于图 3-1-1 中的 B 中转中心，此中转中心前端连接收寄处理点，后端连接另一中转中心。

（3）包进散出，是指快件以总包的形式进入中转中心，经分拣封发后，以散件的形式发往派送处理点，如图 3－1－1 中的 C 中转中心。

（4）散进散出，是指快件以散件的形式进入中转中心，经分拣后，再以散件的形式发出。此中转中心两端连接收寄网点和派送网点。如图 3－1－1 中的 D 中转中心。

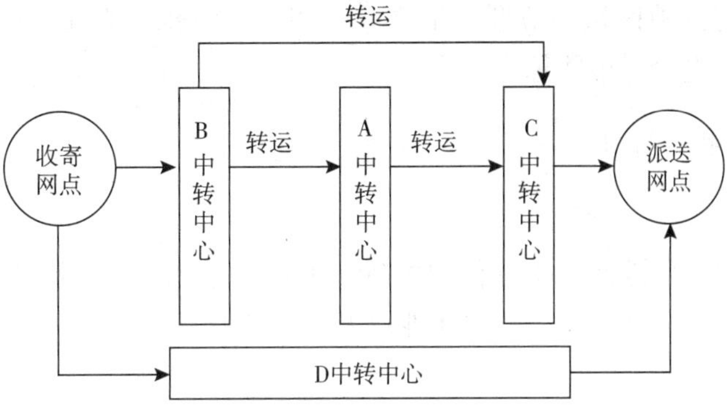

图 3－1－1　快件中转处理流程

（二）处理流程描述

快件中转处理流程具体活动描述如表 3－1－1 所示。

表 3－1－1　快件中转处理流程具体活动描述

编号	流程活动	说明
001	引导到站车辆	引导快件运输车辆准确停靠，并核对车牌号码，查看押运人员身份
002	验收车辆封志	检查车辆封志是否完好，核对封志上的印志号码
003	拆解车辆封志	使用不同的工具，按照正确的方法将车辆封志拆解下来
004	卸载总包	把总包快件从运输车厢内卸出，注意安全，按序码放
005	验收总包	查点总包数目，验视总包规格，将异常总包交主管处理
006	扫描称重	对总包进行逐袋扫描比对，称重复核，上传信息并将扫描信息与交接单核对
007	办理签收	交接结束后，交接双方在快件交接单上签名盖章，有争议事宜的在交接单上批注
008	拆解总包	解开总包，倒出包内快件，检查总包空袋内有无漏件
009	逐件扫描	逐件扫描快件条码，检查快件规格，将问题件剔出，交有关部门处理
010	快件分拣	按快件流向对快件进行分类、分拣
011	快件登单	逐件扫描快件的完整信息，扫描结束及时上传信息，打印封发清单
012	总包封装	制作包牌，将快件装入包装并封口
013	总包堆码	将总包按一定要求堆位、码放
014	办理交运	将建好的总包，按发运车次、路向填制交接单并比对
015	交发总包	交接双方共同核对总包快件数量，检查总包规格、路向
016	装载车辆	按照正确装载、码放要求将总包快件装上运输车辆
017	车辆施封	交接双方当面施加车辆封志，保证封志锁好并核对号码
018	车辆发出	交接完毕，在总包快件交接单上签名盖章，引导车辆按时发出

二、中转中心概述

快件中转处理中心（简称中转中心）是快件传递网络的重要节点，起着对本区域业务组织管理及与其他区域业务联结的重要作用。在中转中心能实现多项快件作业，包括分拨、分拣、查验、集装等。

（一）中转中心作用

1. 集中作业

中转中心是对快件进行集中操作的场所，主要通过将下属区域的快件集中到中转中心，实现集中式的、规模化的整体作业以及实现机械化、自动化作业，以提高作业效率，降低成本。

2. 衔接作用

中转中心是实现区域与区域之间网络互相联通的节点，可实现不同运输和不同层次网络的衔接。不同运输工具的衔接，主要表现为小批量快件运输通过中转中心集中为大批量快件运输；不同运输方式的衔接，主要表现为陆路运输通过中转中心简单加工操作后转换为航空运输等。

3. 信息作用

中转中心的信息管理包括区域内外各类快件信息的汇总、分类、处理、传输、交换。中转中心统一管理信息平台使各快递网络节点联结成有机的整体。

4. 区域内的组织、管理、结算

中转中心负责对运输线路、运输工具、承运商等营运资源进行开发、管理、考核，实现对区域内营运资源的优化配置。中转中心的管理职能包括协调、管理下属区域，指挥、组织各项快件作业，并对快件作业情况进行监控。一些中转中心还是快递网络的基本结算单位，承担区域内部以及区域与总公司的结算工作。

（二）中转中心功能

1. 集散功能

集散功能即快件的基本运输功能，包括将快件从各分散的片区、网点运输到中转中心，以及将分拨到该区域的快件及时运送到各片区、网点进行派送。

2. 分拣功能

分拣功能即对发运到本区域的快件按片区、网点等进行分类。

3. 查验功能

查验功能即根据航空、快件运输标准、快件通关规定以及目的国海关的快件监管规章等，对快件的品质、规格进行检查。

4. 操作功能

操作功能包括对快件的再包装，加贴标签、标识，集装处理等快件理货工作。

5. 分拨功能

分拨功能是指将快件在中转中心集中后，根据发运目的地进行分类，并安排中转运输的过程。

（三）中转中心作业区域规划

1. 接收作业区

在接收作业区主要完成进站快件的卸货、交接暂存等操作，接收作业区一般分为卸货平台区、总包拆解分类操作区和暂存区等。

2. 快件查验区

在快件查验区主要完成快件的品质检查、单证检查、包装检查以及对快件的再包装、加贴标识等操作。对快件查验区要求较高的是以航空运输前端检查或国际快件报关操作为主要操作任务的中转中心；而以转陆路运输或分拨派送为主的中转中心，一般不单独设立快件查验区。

3. 快件分拣区

快件分拣区是中转中心的重要区域，对场地的要求较高，主要设施有自动分拣线、带式传送机以及分拣格架等。

4. 封发作业区

在封发作业区主要完成出站快件的集装、加贴标签、出库、交接装运等操作，封发作业区一般分为装货平台区、集装操作区、待发快件暂存区等。

5. 异常处理区

异常处理区的主要功能是对异常快件进行分类存放及集中处理。

6. 库房

一般来说，快件中转中心的库房不以快件仓储为目的，其主要功能是存放快件物料。

7. 办公区

在办公区主要完成信息处理、组织调度、行政管理及信息查询等工作，办公区一般分为信息处理区、调度区、配载区、行政服务区、财务结算区以及计算机室等。

8. 贵重物品暂存区

贵重物品暂存区的主要功能是暂时存放贵重物品和敏感物品。

9. 总包堆码区

总包堆码区的主要功能是卸载中转的总包在该区堆码。

（四）分拨批次

为保障快件及时中转和派送，中转中心每天需完成多个不同时间要求、不同目的地的分拨作业任务。在实际作业中将每一个不同时间要求、不同目的地的分拨作业任务称为分拨批次，即中转批次。分拨批次的制订是为保证与运输资源有效、快速、精确地衔接，根据作业资源的情况进行统筹分析，确定每个分拨作业任务的具体时间。

分拨批次的编码由分拨所在地和分拨开始时间组成，分拨所在地按网点编码规则编写，分拨开始时间以24小时制表示。其编码格式如下。

分拨批次：中转中心（中转站）代码+进港（或出港）代码+时间

例如，北京分公司中转中心4点30分的进港分拨批次表示为BBKJG0430（见图3－1－2），意思是4点30分以前到达北京中转中心的货开始进行分拨。

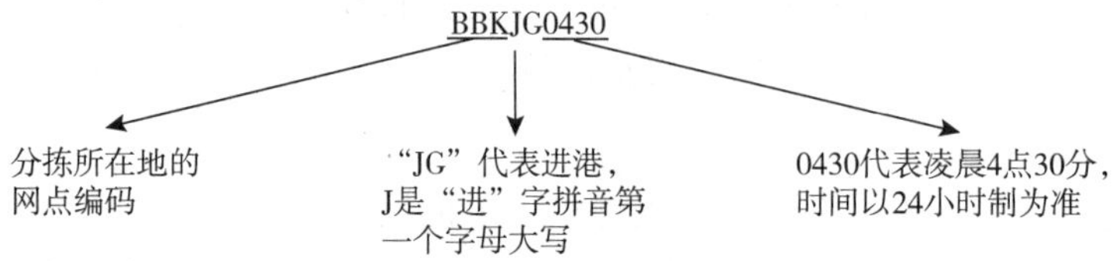

图3－1－2　分拨批次编码示意

三、中转中心各类设备的安全使用

（一）手动液压托盘搬运车

手动液压托盘搬运车亦称地牛，是一种轻小型的利用人力提升货叉的装卸、搬运设备，用于搬运装载于托盘上的货物。其货叉可以和滚轮做成一体，也可与滚轮分开。工作时，货叉插入托盘，上下摇动手柄，使液压千斤顶提升货叉，托盘或容器随之离地，然后用手动或电力驱动使之行走，待货物运到目的地后，踩动踏板，货叉落下，放下托盘。地牛多用于仓库收发站台的装卸或车间内各工序间不需要堆垛的场合（见图3－1－3）。

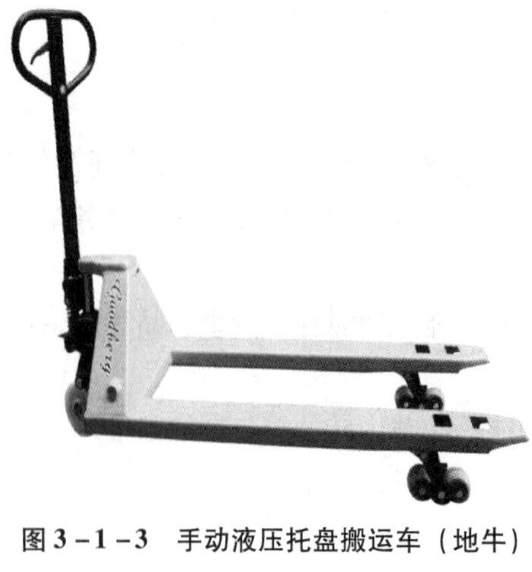

图3－1－3　手动液压托盘搬运车（地牛）

1. 手动液压托盘搬运车的结构

手动液压托盘搬运车（以下简称搬运车）由以下五个部件组成。

（1）小手柄：控制手动液压托盘搬运车状态的控制柄。小手柄中间是定位挡，此挡位车既不会上升也不会下降；往上拨是空挡，也就是下降的挡位、泄压挡位；往下拨是挂挡，就是闭合油封可以让其液压上升。

（2）舵柄：操纵架体与机身起升、下降和行走的控制杆。舵柄来回上下压，可使机身慢慢上升，提拉舵柄上的小手柄，可使机身下降，拉住舵柄前进可使搬运车载货行走。

（3）液压起升系统：密封的起升系统能满足大多数的起升要求。

（4）车轮及承载滚轮：前后车轮均由耐磨尼龙做成，滚动阻力很小。车轮装有密封轴承，运转灵活。

（5）架体与机身：采用抗扭钢焊接而成，货叉叉尖做成圆头楔形，方便插入托盘且不损坏托盘，导轮能够引导货叉顺利地插入托盘。

2. 手动液压托盘搬运车操作

（1）在车辆启动前，安全状态下，舵柄右旋转呈 90°，小手柄保持在中间状态。

（2）两臂伸直，双手掌握舵柄，舵柄与地面呈 90°。推动搬运车，使货叉与托盘插槽保持在一条直线上。

（3）推进搬运车，搬运车与托盘进行接触，用劲要小，搬运车不能撞击托盘。

（4）下压小手柄之后，将舵柄上下压动，升起托盘。托盘与搬运车间距不能过大，使托盘与地面无接触即可。

（5）将小手柄复位，双手拉动搬运车之前，查看后方是否有障碍物。因为若是推动搬运车，前方货物会挡住视线，所以此时应采取拉动搬运车的操作。

（6）将托盘运至指定地点时，往上提小手柄，释放液压，货叉放到底部。

（7）搬运车处于静止状态时，要保持搬运车在安全状态，不影响其他作业。

3. 使用注意事项

（1）不要超载。

（2）要检查地面条件是否允许使用。

（3）正确装载货物。

（4）操作时穿戴好安全鞋和手套。

（5）每次使用前做一次彻底的操作检查。

（6）使用正确的举升技术装配机器。

（7）不要忽视在操作过程中可能存在的潜在危险。

（二）平板手推车

平板手推车是人力搬运车，轻巧、灵活、转向方便，但因靠人的体力装卸、保持平衡和移动，所以仅适合装载货物较轻、搬运距离较短的场合使用。平板手推车一般采用自重轻的铝合金作为车体，车轮要求阻力小而且耐磨（见图 3-1-4）。

由于输送货物的种类、性质、重量、形状、道路条件等的不同，平板手推车的构

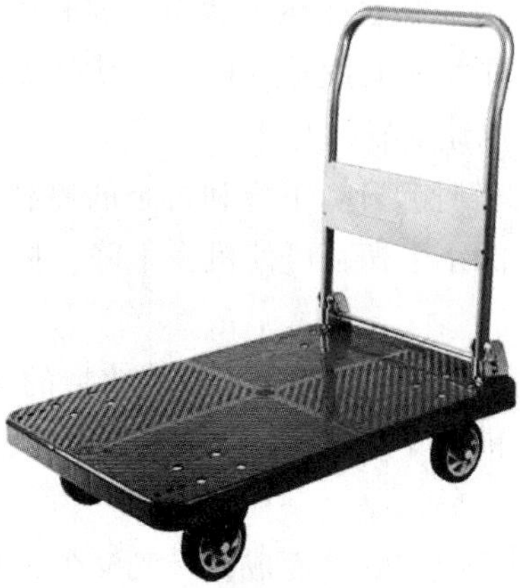

图 3－1－4　平板手推车

造形式也是多种多样的。平板手推车是有手推扶手的四轮车，根据手柄的不同，可分为单手柄、双手柄、带挡板手柄、固定手柄式和折叠手柄式等；根据层数不同，可分为单层、双层和三层；根据车底部的不同，可分为平底式和骨架底式。铝合金平板手推车的选择应根据货物的形状及性质决定。

1. 使用注意事项

（1）不要让编织袋、绳子等卷入车轮。

（2）不要超过其最大载重量。

（3）推动时尽量选择好的路况，避免颠簸，减少碰撞，避免用力过猛。

2. 日常保养防护

（1）定时维护，保持手推车表面清洁。

（2）将车放在场地内通风、干燥及方便操作处，防止日晒雨淋。

（3）定时打润滑油，检查螺栓是否松动并及时更换磨损车轮。

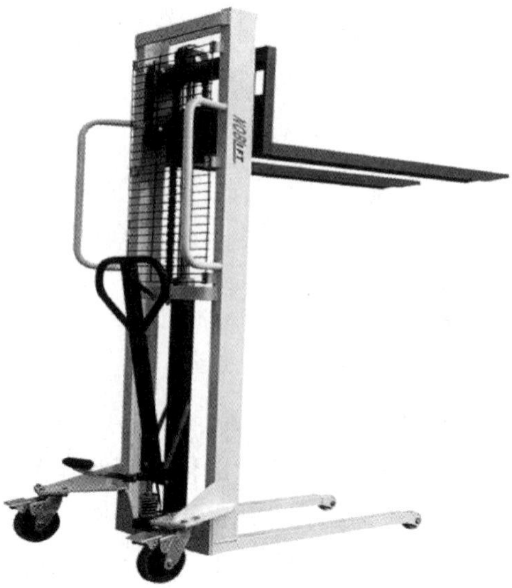

图 3－1－5　手动液压堆高车

（三）手动液压堆高车

手动液压堆高车（以下简称堆高车）是一种结构紧凑、运输灵活、操作简单、回转半径小的环保无动力装卸机械，广泛应用于车间、工厂、车站、码头、仓库等的货物搬运与堆垛。可实现单元化运输，减少零部件碰撞、划伤，减少堆放面积，减少搬运工作量，提高搬运效率（见图 3－1－5）。

1. 操作方法

（1）双手握住堆高车手柄向前推，同

时调整方向对准货架托盘位。

（2）距离货架大约30cm时停下堆高车，踩下刹车，拉下舵柄；双手握住堆高车控制手柄，上下摇动，调整货物高度到托盘位置。

（3）双手握住堆高车手柄，松开刹车向前推，货叉对准货架托盘位插入托盘槽中。

（4）踩下刹车，双手握住堆高车控制手柄，上下摇动，提升货叉，叉取托盘。

（5）松开刹车，将堆高车向后托出货架，提起舵柄，降低货叉高度到距离地面不超过30cm。

（6）搬运托盘到理货区，踩下脚刹，将货叉降至最低，拉出堆高车。

（7）将堆高车舵柄回位，并将堆高车停在指定设备存放区。

2. 注意事项

（1）装载：装载货物时，货物重心应放置在货叉载荷中心位置，不要装偏、偏载；作业时避免货物撞击货叉；严禁超负荷作业。

（2）推行：应在坚硬、平坦的路面上作业，注意避开空洞、不平的路面，以防发生托底、翻车等情况；在行走时为保证安全，应降低货叉高度。

（3）卸货：卸载前首先固定好底轮或另一人扶好，防止在搬运货物过程中堆高车溜滑失控；严禁作业人员站在堆高车上作业。

3. 维护保养

（1）每天清洁设备上的油污、杂物。

（2）油箱内加注清洁的机械油，各转动、移动部位及轴承每月定期加注润滑油。

（3）不得随意拆卸设备，以免出现伤害事故或零件缺失现象。

（四）叉车

叉车可以托取和升降货物，实现对货物的堆垛、拆垛、装卸和短距离的搬运工作。叉车在装卸搬运机械中应用最为广泛。叉车由自行的轮胎底盘以及能垂直升降和前后倾斜的货叉、门架等组成，主要用于件货的装卸和搬运，是一种既可进行短距离水平运输，又可堆垛、拆垛和装卸卡车、铁路平板车的机械，在配备其他取物装置以后，还能用于散货和多种规格品种货物的装卸作业。叉车的类型很多，且分类方法有所不同，按动力装置的不同可以分为内燃式叉车和电动式叉车；按结构又可以分为平衡重式叉车、前移式叉车、侧面式叉车等。

1. 平衡重式叉车

平衡重式叉车是叉车中应用最广泛的一种，它的特点是货叉在车身的正前方伸出，货物重心落在车轮轮廓之外。为了平衡货物重量产生的倾覆力矩，保持叉车的纵向稳定性，在车体尾部配有平衡量，平衡重式叉车要依靠叉车前后移动才能叉卸货物。由于其结构上无支撑臂，而是以较长轮距和平衡重块来平衡载荷，所以平衡重式叉车的重量和尺寸较大，作业时需要较大的空间。平衡重式叉车的动力较大、底盘较高，具有较强的地面适应能力和爬坡能力，适宜室外作业（见图3-1-6）。

2. 前移式叉车

前移式叉车具有两条前伸的支腿，支腿前端有两个轮子，货叉可沿叉车纵向前后移动。取货、卸货时货叉伸出，叉卸货物以后或带货移动时，货叉退回到接近车体的位置，因此叉车在行驶过程中具有好的稳定性。前移式叉车一般采用蓄电池作为动力，起重量在3吨以下。它的优点是车身小、重量轻、转弯半径小、机动性好，不需在货堆间留出空地，前轮可做得较大。缺点是行驶速度低，主要用于室内搬运作业，但也能在室外工作（见图3－1－7）。

图3－1－6　平衡重式叉车

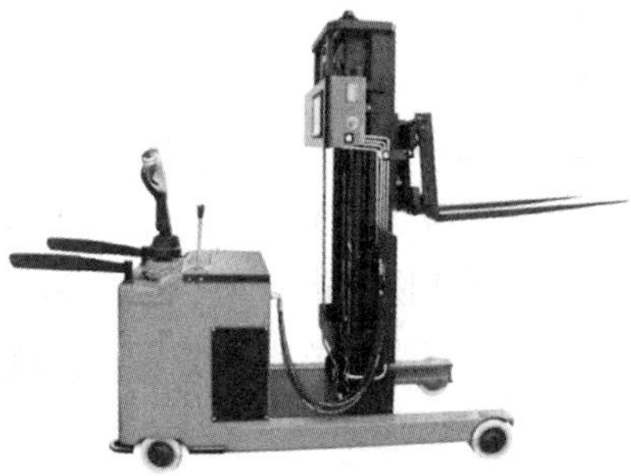

图3－1－7　前移式叉车

3. 侧面式叉车

侧面式叉车的门架、起升机构和货叉位于叉车的中部，可以沿着横向导轨移动。货叉位于叉车的侧面，侧面还有货物平台。当货叉沿着门架上升到大于货物平台高度时，门架沿着导轨缩回，降下货叉，货物便放在叉车的货物平台上（见图3－1－8）。

图3－1－8　侧面式叉车

侧面式叉车作业的主要特点如下。

（1）侧面式叉车门架和货叉在车体一侧，因此在出入库作业的过程中，车体进入通道，货叉面向货架或货垛，这样，在进行装卸作业时不必再先转弯然后作业，这个特点使侧面式叉车适合于窄通道作业。

（2）有利于装卸搬运条形长尺寸货物，因为长尺寸货物与车体平行，不受通道宽度的限制。

（五）托盘

为了使物品能有效地装卸、运输、保管，一般将其按一定数量组合放置于一定形状的台面上，这种台面有供叉车从下部叉入并将台板托起的叉入口，以这种结构为基本结构的平板台板和在这种基本结构基础上所形成的各种形式的集装器具，都可统称为托盘。

托盘从结构上分类，主要有平托盘、带有上部结构的托盘（立柱式托盘、箱式托盘、笼式托盘等）以及滑板托盘等；从材质分类，主要有塑料托盘、木托盘、金属托盘、纸质托盘和复合材料托盘等。不同结构及材质的托盘产品，其工艺和生产方法的要求不同，产品标准也不同。下面介绍塑料托盘和木托盘。

1. 塑料托盘

塑料托盘强度高，承受力大，使用寿命长，是现代企业运输、包装、仓储必备的重要容器，是仓储搬运的好助手，可以配合叉车使用（见图3－1－9）。

（1）特点。

①方便叉车、液压装卸车等搬运工具作业。

②配有防滑橡胶，保证物料在搬运和运输过程中不会滑落。

③自重小，方便物料的集装化、单元化运输，使用寿命长，并且可循环再用。

（2）管理。

①对托盘应加强管理，不可使用破损状态的托盘。如果破损托盘不经修理而照常使用，不仅会缩短托盘的寿命，而且有可能导致快件破损和人身事故。

②托盘的破损大多有以下原因：叉车司机驾驶操作不规范，货叉损伤盘面；人工装卸空托盘时，托盘跌落，造成损伤。这些情况在操作过程中应加以避免。

（3）维护保养。

①定时维护，保持塑料托盘表面清洁。

②将其放在场地内通风、干燥及方便操作处，防止日晒雨淋。

2. 木托盘

木托盘，是以天然木材为原料制造的托盘，是现在使用最广的托盘（见图3－1－10）。

图3－1－9　塑料托盘

图3－1－10　木托盘

使用木托盘应注意以下事项。

①存放木托盘的厂房要保持干净卫生，而且要随时注意通风，使木托盘存放在干燥的环境下，防止腐烂。

②易燃品、易爆品或违禁品严禁带入仓库，在仓库的外侧要有明确的标志，而且要有专门的人员进行检查。这点尤其需要注意，因为木托盘是木材原料，而且干燥，极易点燃导致火灾发生，造成大量的财产损失和人员伤亡。

③如果托盘破损，要及时进行相应的维护修理。

（六）笼车

笼车底部有可以转向的轮子，且四周是用铁栏或网固定的。作为物品的承载和搬运工具，笼车便于机械化搬运和短距离人力移动，确保物品在搬运过程中不受损坏，同时确保工作人员安全。笼车可以与周转箱编织袋等物流容器配合使用，实现单元化管理，可以附标识牌，明确作业流程。笼车带有安全皮带固定杆，装卸速度快，可连同货车做全程运送（见图 3－1－11）。

图 3－1－11　笼车

1. 操作方法

（1）将笼车移动至需要装件的位置，并用操作片固定。

（2）将快件放入笼车内。

（3）快件装满后上锁或用封车条封住车门。

（4）打开操作片，移动至指定位置。

2. 注意事项

（1）不宜装体积过大或过重的快件。

（2）上锁或封笼应在上面的活动门处操作，并确认下面的活动门已被固定。

3. 维护保养

（1）每次使用时要检查笼身是否完好，轮子是否正常。

（2）每周彻底检修、清洗一次。

（七）航空集装器

航空集装器是航空货运时专用的一种容器，是根据机舱大小形状设计的（见图 3－1－12）。航空集装器主要分为三种类型，即小型航空集装器、大型航空集装器和航空集装板。小型航空集装器主要应用在客机货仓中；大型航空集装器主要应用在货运飞机上；航空集装板是有标准尺寸的，四边带有卡销，中间夹层为硬铝合金制成的平板，快件放置在板上，由绳网固定。

1. 特点

（1）减少快件装运的时间，提高工作效率。航空集装器是指将快件单件集合成组，装入箱内，使运输单位加大，便于机械操作，从而大大提高装卸效率，并减少装卸人

图 3－1－12　航空集装器

员的劳动强度。

（2）减少快件周转次数，提高完好率。进行转运时，不必拆箱，对航空集装器进行装卸搬运操作，而不必直接对快件进行操作，这样可以减少快件损坏，提高完好率。

（3）减少差错事故，提高运输质量。采用集装设备，运作员可以提前按快件的到达站和种类进行集装，成组上机或下机，减少差错事故的发生率。

（4）航空集装器箱体较为坚固，对快件有保护作用。航空集装器结构坚固，强度很大，对快件有很好的保护作用，即使经过长途运输和多次换装，也不易损坏箱内快件，也不怕中途偷窃，基本保证了快件运输质量。

2. 使用前的检查

（1）检查航空集装器各个角是否接缝紧密，各面不能有破损。

（2）门必须能关牢。

（3）检查固定装置是否牢固。

3. 注意事项

（1）在装箱时尽可能使重量均匀分布于集装器底板上。在装卸航空集装器时，若偏心荷重，可能有倾斜或翻倒的危险。

（2）利用航空集装器集装快件时，要注意快件的性质或重量是否会对其他快件产生有害影响。

（3）在抬升、移动、装载航空集装器时，一定要确保各种固定设施都已经使用。

（4）不能直接在地面上拖拉航空集装器，应利用专门的装置进行移动。

（八）输送机

1. 输送机分类

输送机是在一定的线路上连续输送物品的输送设备，又称连续输送机。输送机种类繁多，主要有带式输送机（见图 3－1－13）、链板式输送机（见图 3－1－14）、滚筒输送机（见图 3－1－15）、悬挂输送机（见图 3－1－16）等。输送机一般按有无牵引件来进行分类，具有牵引件的输送机一般包括牵引件、承载构件驱动装置、张紧装置、改向装置和支承件等。牵引件用以传递牵引力，可采用传送带、牵引链、输送链板或钢丝绳等方式。

图 3－1－13　带式输送机

图 3－1－14　链板式输送机

图 3－1－15　滚筒输送机

图 3－1－16　悬挂输送机

带式输送机在快件处理场地被大量使用，一方面，合理的场地规划与带式输送机的合理布局，保证了分拣工作高效、有序地进行；另一方面，带式输送机的使用大大减少了快件搬运工作，降低了劳动强度。带式输送机是根据皮带与其他物体之间在相对运动时存在摩擦力的原理而制成的。根据不同的需要可做成固定式、移动式、伸缩式，带面可对水平角度和有一定的倾斜角度的物体进行传输。

2. 注意事项

（1）开机前要注意带式输送机上有无工作人员，防止发生安全事故。

（2）机器运转时要有专人控制开关按钮，遇到危急情况立即关机。

（3）作业时严禁工作人员踩踏皮带，防止发生安全事故。

（4）严禁在带式输送机运转时，从机器下面捡掉落的快件，防止发生卷手事故。

（九）交叉带式分拣机

交叉带式分拣机，由主驱动带式输送机和载有小型带式输送机的台车（简称

“小车”）连接在一起，当“小车”移动到所规定的分拣位置时，转动皮带，完成把商品分拣送出的任务。主驱动带式输送机与“小车”上的带式输送机呈交叉状（见图3－1－17）。交叉带式分拣机由自动上包系统、主机运行系统、动力电源系统、条码自动识别系统和计算机控制系统等组成。适宜分拣各类小件快件，如文件封类、电商小包裹、纸箱包装快件等。分拣出口多，可左右两侧分拣。

图3－1－17　交叉带式分拣机

1. 结构

（1）自动上包系统由上包平台、理包台、上包机和控制系统组成。

（2）主机运行系统由机架轨道、交叉带式小车及格口滑槽组成。

（3）动力电源系统主机通过变频器控制直线电动机，通电后，直线电动机产生磁力推动小车极板，使小车前进。

（4）条码自动识别系统在快件经过扫描通道时对快件进行扫描，并将扫描信息送计算机控制系统处理，根据分拣要求，快件落入相对应的格口。

（5）计算机控制系统负责交叉带式分拣机硬件控制以及相关信息的处理。

2. 工作步骤

（1）在分拣作业开始前，首先要处理拣货信息，快递分拣作业应当依据订单处理系统输出的分拣单形成拣货资料，然后进行分拣作业。

（2）通过自动分类机的信息输入装置，将有关货物及分类信息输入自动控制系统。

（3）自动分拣系统利用计算机控制中心技术，将货物及分类信息进行自动化处理，并形成数据指令，传输至分拣作业机械（常见的分拣作业机械有交叉带分拣机、滑块式分拣机、摆轮分拣机、摆臂分拣机等）。

（4）利用分拣机条码技术、射频识别技术等自动识别装置，对货物进行自动化分类拣取，当货物通过移载装置移至输送机上时由输送系统移至分类系统，再由分类道口排出装置按预先设置的分类要求将快递货件推出自动分类机，完成分拣作业。

3. 注意事项

（1）开机前要注意设备上有无工作人员，防止发生安全事故。

（2）机器运转时要有专人控制开关按钮，遇有危急情况立即关机。

（3）掌握设备运行规律，发现故障和异常现象，立即停止运行，及时通知维修人员。

（4）不允许将不具备分拣条件的快件（如超大快件、包装有问题的快件）放到分拣机上。

任务二　总包接收

知识目标

1. 掌握总包交接验收内容、注意事项；
2. 掌握车辆封志的种类和拆解；
3. 掌握总包交接验收、信息比对及不符情况处理方法；
4. 掌握场站提货的要求；
5. 掌握航空总包异常处理方法。

能力目标

学生能够完成总包交接验收，辨识和拆解车辆封志，进行总包验视，并能对有问题的总包和封志进行处理。

一、总包交接验收

（一）总包的概念

总包是指将寄往同一寄达地（或同一中转中心）的多个快件，集中装入的容器或包（袋）。总包经封扎袋口或封裹牢固形成一体，便于运输和交接。

（二）交接验收的内容

不管使用哪种运输工具，最后装载快件进入中转中心的都是汽车。中转中心运作员在办理汽车到站快件接收时，需要进行以下工作。

（1）引导快件运输车辆安全停靠到指定的交接场地。

（2）核对快件运输车辆牌号，查看押运送件人员身份。

（3）检查快件运输车辆送件人员提交的交接单内容填写是否有误。

（4）核对到站快件运输车辆的发出站、到达站/终到站、到达（开）时间，并在交接单上批明实际到达时间。

（5）检查车辆的封志是否完好、卫星定位系统记录是否正常。

（6）核对总包数量与交接单载明信息是否一致。

（7）检查总包是否有破损等异常现象。

（8）交接结束后，在快件交接单上签名盖章。

（三）交接验收注意事项

（1）要引导车辆停靠在指定的交接场地，同时注意车辆和人身安全，特别要注意工作人员在引导车辆时不能站在车的正后方。

（2）要核对交方车辆和押运人员的身份是否符合业务要求。

（3）检查交接单的内容填写是否完整、有无漏项、章戳签名是否规范正确。

（4）明确车辆的到达时间是否延误。

（5）检查车辆封志是否正常，有无拆动痕迹，卫星定位信息有无非正常停车或非正常开启车门的记录。

（6）必须在交接单上注明接收时间。

（7）如果总包数量与交接单信息不符，需双方当面查清核实或在交接单上批注实收数量。

二、拆解车辆封志

（一）车辆封志概念

车辆封志是固封在快件运输车辆车门的一种特殊封志，其作用是防止车辆在运输途中被打开，保证已封车辆完整地由甲地运到乙地。

（二）车辆封志种类

车辆封志大体上可分为两大类：一类是实物封志，是有形的封志；另一类是信息封志，是无形的封志。

1. 实物封志

实物封志是传统的封志，也是目前绝大多数快递企业普遍使用的封志。实物封志成本较低，但是操作相对烦琐，且大多不能重复使用。

实物封志从材质上主要可分为以下三类：一是纸质类，如封条、封签等；二是金属类，如铅封、施封锁（见图3－2－1）等；三是塑料类，一般称塑料封志。快递企业经常使用的是金属类和塑料类的封志。

2. 信息封志

信息封志是全球定位系统（GPS）与地理信息系统（GIS）结合的信息记录。它通过对车辆的运行和车门的开关进行即时记录来明确责任，事实上起到一种震慑作用。信息封志操作简单，但是技术要求高、投资大。

图 3-2-1　施封锁

（三）拆解车辆封志

不同材质的车辆封志，拆解方法略有不同。对于施封锁，交接人员应该使用施封锁专用钥匙开启，并妥善保管钥匙以备查询及循环使用；对于金属封志、铅封、塑料封志等，交接人员应该使用剪刀或专用钳来拆解封志，剪开封绳。

拆解车辆封志，首先，要认真检查封志是否已被打开，封志上的印志号码或封志标签是否清晰可辨。如果铅封印志模糊、塑料封志反扣松动，能被拉开，则需要在交接单上进行批注。其次，扫描封志上的条码并与上一环节所发信息比对，如果是手工登记，注意需与交接单内容进行核对。最后，在拆解时，需要注意不得损伤封志条码或标签。

案例

车辆封志典型案例

近年来，随着我国快递业的迅猛发展，快递从业人员窃取快件的侵财犯罪时有发生。司法实践中，对该类行为的定性争议较大，特别是对快件处理中分拣、装卸环节窃取快件的行为，应认定为盗窃罪还是职务侵占罪认识不一，以致出现同案不同判现象。盗窃罪与职务侵占罪最本质的区别是前者必须转移占有，而后者无须转移占有。因此，职务侵占罪的客观行为表现为侵吞基于职务已经占有的本单位财物，不包括窃取、骗取等转移占有的方式。在对快递员窃取型侵财犯罪定性时，先要考察行为人是否基于职务已经占有了本单位的财物，在此基础上再结合快递服务的运作流程特点做出准确认定。

一是收寄、仓管、派送环节。根据快递业务的特点，快递企业对快件的现实支配控制在快递的不同环节有所不同，特别是上门收寄、末端派送环节，快递企业对快件的支配控制几乎为零，相反，快递员则对快件有绝对的支配控制。因此，快递企业在这些环节以工作职责的形式委托快递员代为保管快件，快递员基于职务占有了快件，不仅要依职责妥善保管快件，还要承担返还责任和快件损坏、灭失的赔偿责任。同样具有代为保管职责的还有仓管员。在仓储保管环节中，仓管员需对快件进行入库扫描登记并将其合理放置，妥善保管。通常在有代为保管职责的环节，单位可以根据职责要求直接追查到相应的责任人。由此可见，代为保管职责的赋予，是快递企业（上位者）基于与快递员、仓管员（下位者）之间的信赖关系，授予下位者一定程度处分权限的直接反映。因此，这些环节的快递员基于职务占有了快件，如果侵吞快件，应构成职务侵占罪。

二是快件处理环节。在快件处理环节中，装卸货、拆包、分拣、封装等与上述收派、仓储有本质上区别，快件处理主要是流水线操作方式，且全程监控，这无疑体现了快递企业（上位者）对快件具有现实的支配控制作用，虽然分拣员和搬运工短暂接触、过手快件，在物理上的确占有了快件，但从规范认同度上，其物理性事实占有仅仅是辅助快递企业（上位者）实现对快件的控制，且快递企业（上位者）亦未赋予其代为保管的工作职责。因此短暂接触、过手快件并不能认定其已基于职务占有了快件，在分拣、搬运过程中窃取快件的，应认定为盗窃罪。

三是运输环节。根据快递业务流程，快件处理的最后环节，寄往同一寄达地（或同一中转中心）的多个快件，要集中放置在袋箱或容器中并予以封扎，这称为总包的封装。总包装载到指定的运输工具上后，发运人与运输人员进行交接，由发运场地负责人将车辆封志加封在车门指定位置，运输人员监督车辆施封过程，双方在交接单上签字确认。可见，经封志的车辆已经具有了封缄物的性质。根据封缄物的占有归属区别说，即包装物归受托人占有，内容物归委托人占有，封缄物的外包装，即车辆由运输人员占有，车辆内的快件由快递企业占有。运输人员拆除车辆封志取走快件，即打破了快递企业对快件的占有，构成盗窃罪。如果在同城运输的场合，车辆未经封志，亦无押运人员，表明快递企业已委托运输人员代为保管运输中的快件，运输人员基于职务占有了快件，其侵吞车辆内快件的，应构成职务侵占罪。

三、总包接收处理

（一）总包接收验视

接收进站总包是处理环节的总进口，中转中心必须严格把关，进行一丝不苟的检查，守住“大门”。接收验视总包时，应将总包实物信息与信息系统内信息进行比对，对异常情况要当场及时处理，明确责任。

总包接收验视的内容主要包括：总包发运路向是否正确；总包规格重量是否符合要求，是否与交接单上的重量一致；袋牌或标签是否有脱落或字迹不清、无法辨别的现象；总包是否有破损或拆动痕迹；总包是否有水湿、油污、出现异味等现象。

（二）总包与系统内信息比对

（1）用条码扫描器逐一扫描总包袋牌或标签上的条码，防止漏扫和误扫，条码污染、受损无法扫描时，应手工键入条码信息。

（2）扫描过程中挑出有破损、拆动痕迹或水湿、油污的总包。

（3）扫描结束后，通过系统内比对功能与上一环节装车时总包信息进行比对，检查总包有无漏发、误发。

（三）总包与系统内信息不符情况处理

通过与信息系统内的信息进行比对，比较总包实际情况与系统内信息是否相符，如果不相符，需要根据具体情况分别处理。不符的情况主要包括路向不符、数量不符和重量不符等。

1. 路向不符

扫描所有总包后，与系统内数据进行比对，出现总包发运路向与系统内信息不一致的情况。一般是由上一环节误装车造成的。

2. 数量不符

扫描所有总包后，与系统内数据进行比对，实际总包数量多于或少于信息系统中的总包数量的情况一般是由上一环节多装或少装造成的。

3. 重量不符

对总包进行称重，总包的重量与信息系统内重量不符。这种情况一般是由总包内快件误封或短少造成的。

总包与系统内信息不符意味着快件封发、运输过程中发生了差错，必然会影响快件的时效，进而影响企业的信誉，在处理过程中应尽力避免这种情况。

（四）总包卸载

总包卸载是将进站总包从快件运输车辆上卸载到处理场地的作业过程。卸载总包时要按规定搬运，不得有猛拉、拖拽、抛扔等任何有可能损坏快件的行为，注意快件的安全。

1. 装卸搬运的合理化原则

（1）减少装卸搬运次数。

（2）缩短移动距离。

（3）作业衔接流畅。

（4）实现机械化作业。

2. 搬运方法

搬运方法一般包括人力负重搬运、人力设备搬运、叉车搬运、输送带传送等。

四、场站提货

提货人须提供运单号码、单位介绍信（收货人为单位）、收货人及提货人本人有效证件原件办理提货手续。本人有效证件包括居民身份证、临时居民身份证、护照证件、往来港澳通行证、港澳居民来往内地通行证（回乡证）、台湾居民来往大陆通行证（台胞证）、中国人民解放军军官证、武警警官证、中国人民解放军士兵证、中国人民解放军文职干部证、军队离退休干部证和中国人民解放军职工证等。证件完好无损，在有效期内都可以作为本人有效证件。有效证件丢失，也可根据派出所开具的身份证明，加盖派出所公章作为提货有效证件。若代他人提货，则须准备运单上提货人有效证件和代提人有效证件。

五、航空总包异常处理

（一）取包少件

取包少件是指提取总包时发现实际到达的快件总包数量少于航空提货单上的总包数量。

1. 原因分析

（1）由于交发总包时未点清数量，航空提货单上数量错误。

（2）由于安检扣件或部分落货导致到达快件总包数量少于实际封发总包数量。

2. 处理方法

（1）接发员确认快件外包装航空标签上件数情况，请机场提货处查看是否有快件遗漏在机场仓库，同时与航空提货处协商提货事宜。

（2）如果机场同意提取总包，接发员应及时提取，并在航空提货单上注明实提数量及少提数量；如果机场不同意提取总包，则由发货方航空部门通过出港航空公司发送传真至到港提货处确认实际发件件数，对少件原因进行查询，并确认提货事宜。发货方航空部门将情况反馈至提货方航空部门，接发员及时提取快件并在航空提货单上注明实提件数及少提件数。

（3）提货完毕后，通过与信息系统内数据对比，查找出少提快件的详细资料。

（4）提货方航空部门在提货现场完成操作之后，尽快在信息系统中填写提货信息，对于提货中出现的单货不符情况进行异常登记，选择异常类型，详细说明异常原因、异常内容等信息。

（5）接发员在以后提货时对少提快件进行跟踪寻找。

（6）快件遗失 1 个月后仍无法查找到快件具体下落时，由接发员至航空提货处，凭航空提货单开具航空公司的遗失证明。

（二）取包多件

取包多件是指提取总包时发现实际到达的快件总包数量多于航空提货单上的数量。

1. 原因分析

（1）由于交发总包时未点清数量，航空提货单上件数错误。

（2）到达件数多于实际发件数，导致实际到达的件数多于航空提货单上标明件数。

2. 处理方法

（1）接发员确认快件外包装航空标签上件数情况。

（2）接发员确认发货方航空部门发件情况。

（3）若航空提货单标明的件数错误，则由发货方航空部门通过出港航空公司确认，接发员提取多出的快件；如果提货时间紧张，无法及时提取多出的快件，为不影响整体作业计划，应留待下个提货批次提取快件。

（4）若到达件数多于实际发件数，接发员须确认多出总包内快件是否为本企业快件，如非本企业快件，应归还航空公司，不得私自拆封多出快件，更不得将快件占为已有；如非本企业快件，但已提回企业，仍须及时归还航空公司。

（三）取包破损

取包破损是指提取总包时发现总包包装或总包单件外包装破损。

1. 原因分析

（1）由于快件包装不当导致外包装破损。包装不当包括包装材料强度不够、过度包装等。

（2）由于野蛮装卸、搬运导致外包装破损。

2. 处理方法

（1）总包单件出现外包装破损，应由接发员确认快件破损程度，若破损处可能导致内件外漏，须当场拍照，并要求航空公司开具破损证明，然后将异常信息上报航空部门。

（2）总包出现外包装破损，导致内装快件外漏的，应立即拍照，当场拆解总包，清点快件或利用条码扫描器逐件扫描进行件数统计，如果内装快件件数少于袋牌标明的件数，经确认后要求航空提货处开具破损、少件的证明，并将异常信息上报航空部门。

（3）破损异常操作处理完后，应尽快在信息系统中填写提货信息，同时新增提货破损异常登记，选择异常类型，详细说明异常原因、异常内容等信息。

（四）有件无提单

有件无提单是指提取总包时发现快件配载航班已到达，快件总包也同时到达，但航空提货单未到。

1. 原因分析

（1）航空提货单错发目的地。

（2）航空提货单未装机或因人为原因途中遗失。

2. 处理方法

（1）接发员及时通知航空部门信息处理人员，信息处理人员在接收到异常信息后及时联系发货方航空部门。

（2）发货方航空部门收到异常信息反馈后，将航空提货单传真至提货方航空部门。

（3）接发员凭航空提货单传真件至提货处办理提货手续提取快件。

（4）提货完成后，信息处理人员在系统中填写提货信息，增加“有货无单”异常登记。

（五）有提单无件

有提单无件是指提取总包时发现快件配载航班已到达，也有航空提货单，但快件未到达。

1. 原因分析

航班快件落货。

2. 处理方法

（1）接发员向航空提货处确认此航班快件是否已核对完毕，前往查询柜台询问具体情况并提供航空提货单号码以确认快件配载情况。

（2）接发员无法得到快件实际配载情况下，应联系发货方航空部门通过出港航空公司查询异常原因及正确航班号，并将确认信息反馈至提货方航空部门安排提货。

（3）在信息系统中填写提货信息，增加“有单无货”异常情况记录。

（六）总包单件无详情单

总包单件无详情单是指总包单件在运输途中丢失详情单。

1. 原因分析

（1）快递员收件环节详情单粘贴不牢固，导致详情单丢失。

（2）在运输过程中操作不规范，造成详情单脱落。

2. 处理方法

（1）接发员应尽快将总包单件提取回企业，通过信息系统对比，确认单号，补齐系统内记录；如果无法确认单号，须将此件航班号、快件详情、重量、尺寸、外包装照片等信息上报业务主管并发布在内部网上，待相关业务区确认单号后及时参加中转。

（2）信息处理人员尽快在信息系统中填写总包单件无详情单的异常记录。

（七）部分落货

部分落货是指提取总包时发现部分总包或总包单件未跟随航班到达。

1. 原因分析

因为飞机舱位限制，导致部分总包或总包单件未配载原计划的航班，而改配其他航班。

2. 处理方法

（1）发货方航空部门及时对航班发出及快件配载情况进行查询。

（2）如发现异常情况，立即通知出港航空公司进行处理，便于快件到达后能第一时间提出，同时确认所落总包或总包单件改配的航班号，及时将异常信息反馈至提货方航空部门。

（3）若接发员未收到任何异常反馈，提货时才确认部分落货，则应与机场协商提取事宜。

（4）若机场同意提取，接发员应及时提取总包或总包单件，并在航空提货单上注明实提件数及少提件数。

（5）若机场不同意提取，则应由发货方航空部门通过出港航空公司发送传真至到港航空公司确认实际发件件数，并确认提货事宜，发货方航空部门将传真情况及所落快件改配航班号反馈至提货方航空部门，通知接发员凭传真至货运处办理提货手续，接发员及时提取快件并在航空提货单上注明实提数及少提数。

（八）航班延误或取消

航班延误或取消导致快件不能按时到达。

1. 原因分析

由于不可抗力原因，比如天气状况恶劣、能见度低、雷雨、大雾天气或出现航空管制，都可能会造成航班延误甚至取消。

2. 处理方法

（1）接发员等待通知，由航空部门负责此航班跟踪情况并及时反馈结果。

（2）若航班取消，应及时与发货方航空部门联系反馈，同时跟踪改配航班情况。

（3）提货完毕后，须及时上报航班延误原因并在信息系统中注明。

相关知识与拓展

《航空运输危险品目录（2019 版）》发布

依据《中华人民共和国民用航空法》第一百零一条“危险品品名由国务院民用航空主管部门规定并公布”的规定，在以往发布的《航空运输危险品目录》的基础上，按照国际民航组织的相关文件要求，民航局制定了《航空运输危险品目录（2019 版）》。

该目录自 2019 年 1 月 3 日起施行，民航局 2016 年 12 月 30 日发布的《关于公布航空运输危险品目录 2017 版的公告》同时废止。

《航空运输危险品目录（2019 版）》（以下简称《目录》）依据《民用航空危险品运输管理规定》（交通运输部令 2016 年第 42 号）以及国际民航组织 2019—2020 版

《危险物品安全航空运输技术细则》（Doc 9284 - AN/905）的相关内容编写。

《目录》列出了航空运输中常见的3468种危险品。根据航空运输的不同要求，所列危险品可分为以下三类。

（一）在符合相关规定的情况下，可以进行航空运输的危险品，这些危险品按照联合国编号的顺序排序，共3185种。

（二）在正常情况下禁止航空运输，但满足相关要求后，航空运输时不受限制的危险品，这些危险品共2种，它们没有被赋予联合国编号。

（三）在任何情况下均禁止航空运输的危险品，这些危险品按照英文名称首字母排序，共281种。它们没有被赋予联合国编号，且在《目录》的“类别或项别”栏、“次要危险性”栏以及“包装等级”栏均标有“禁运”字样。需要强调的是，由于科技的不断发展，危险品的种类不断增加，《目录》不可能将在任何情况下均禁止航空运输的危险品全部列出。所有在正常运输条件下，易爆炸，易发生危险性反应，易起火或易放出导致危险的热量，易散发导致危险的毒性、腐蚀性或易燃性气体或蒸汽的任何物质，在任何情况下都禁止使用航空运输。

任务三　快件分拣

知识目标

1. 掌握快件中转关系；
2. 掌握总包拆解、异常处理、特殊快件处理方法；
3. 掌握快件分拣方法及主要事项；
4. 掌握快件差异报告的缮制及回复。

能力目标

学生能够完成总包拆解、异常处理、特殊快件处理方法；能够按照岗位要求进行快件分拣，能够正确处理滞留快件，处理快件差异。

一、直封和中转

快件分拣分为快件直封和中转两种基本方式。快件的直封和中转，是各快递企业依据快件流量、流向的变化以及交通运输和网络结构等因素在一定时间内所确定的。

快件的直封，就是快件中转中心按快件的寄达地点把快件封发给到达城市中转中心的一种分拣方式。这种分拣方式中途不需要再次分拣封发，可直接进行快件的配送处理。

快件的中转，就是快件中转中心按寄达地点把快件封发给相关的中途中转中心，经过再次分拣处理，然后封发给寄达城市中转中心的一种分拣方式。采取快件中转组织分拣，可使快件处理量相对集中，便于合理组织、处理快件和采用机械设备分拣。中转范围可以是一个县、一个市、一个省甚至几个省。

二、总包拆解

总包拆解，就是开拆已经接收的进站快件总包，将快件由总包转换为散件。总包拆解实质上是对总包内快件的接收，其特点是交接双方不是面对面的当场交接，而是一种“信誉交接”。因此，为了能够分清交接双方的责任，要求对上一环节封装的快件总包开拆后，还能恢复其“原始状态”。所以，开拆总包时，对封扎总包袋口的扎绳必须严格按规定操作；对总包空袋的袋身必须严格检查，并妥善保管，不得随意乱扔。这样，一旦出现问题件，有利于辨明拆封双方的责任。总包拆解主要分机械拆解和人工拆解两种方式。

（一）机械拆解

机械方式拆解总包，是指利用机械设备把总包悬挂提升，实现人机结合拆解总包的一种方式。利用机械拆解可以大幅减轻拆解人员的劳动强度，提高劳动效率。目前，快递企业采用的总包拆解机械设备主要有简易提升机（电动葫芦）、推式悬挂机等机械设备。

1. 安全要求

（1）作业前，根据使用的设备，操作人员应按要求着装，留有长发的女工要把头发盘起，戴好工作帽，头发不能外露，以免卷入机器。

（2）设备开启后，检查本工作台设备运行是否正常。

（3）如果快件总包体积和重量超过规定限度，不得使用机械拆解，要注意剔出，改手工方式处理。

（4）应根据拆解出的快件的体积和重量按设备的使用要求分类，进行摆放。

（5）严禁将其他与设备无关的物品放在设备上，不得使用任何物品刻划、摔打设备。

（6）严禁无故使用急停开关或中断设备电源。

（7）如果总包拆解设备非正常运转或停止运转，拆解人员均不得自行处理，应通知专业人员进行维修。

（8）设备运转时，严禁身体任何部位接触设备。

（9）作业结束，清理设备场地，关闭开启按钮。

2. 机械方式拆解总包操作步骤

（1）验视快件总包路向，将误发的总包剔除出来。

（2）使快件总包袋依次进入开拆轨道，处理完一袋总包后再开拆下一袋总包。

（3）拆塑料封志时，拴有包牌的一面剪口剪在扣齿处、保持包牌不能脱落；拆绳封的快件总包时，应该剪断一股绳，不可损伤其他部分，保持包牌在绳扣不脱落。

（4）扫描包牌条码信息。扫描不成功或无条码的，手工键入总包信息。

（5）核对拆出的封发清单登记内容。

（6）逐件扫描快件条码，与接收的信息比对。

（7）每个总包开拆完毕，将快件贴有运单的面向上，整齐放到传输机传输分拣。

（8）拆解易碎物品总包时，调整升降高度，将总包袋口接近工作台，轻拿轻放，取出快件后，检查快件有无水湿、渗漏、破损等情况。

（9）如果快件总包内有保价快件、优先快件，验视快件包装，将运单填写的内装物品名称与清单相核对，单独封发处理。

（10）将不能机械化分拣的快件，转交其他工作人员进行手工处理。

（11）快件总包拆解完毕后，检查总包空袋内有无遗留快件、清单后，将总包空袋移出作业台。

（12）拆解时遇到问题件及时通知主管处理。

（13）拆解结束，注意将拆解实际件数（拆解系统统计）与系统信息进行比对。

（14）工作结束，关闭设备电源，退出拆解系统。

（15）检查作业场地周围有无遗漏快件，清扫作业场地，上缴扫描工具、专用钳等用品用具集中保管。

（二）人工拆解

人工拆解总包是比较普遍的方式，绝大多数快递企业都采取人工拆解总包的方式。随着技术的发展，也有一部分资金雄厚、业务量大的快递企业开始逐步采用机械设备拆解总包。无论采用何种拆解方式，其作业流程和操作步骤基本相同。人工拆解总包的操作步骤及要求主要如下。

（1）验视总包路向，并检查快件总包封装规格，不能拆解误发的总包，应剔除出来交作业主管。

（2）扫描包牌条码信息。扫描不成功或无条码的，手工键入总包信息。

（3）拆解铅封时，剪断容器封口封志的扎绳，不要损伤其他部分；保持包牌在绳扣上不脱落。拆解塑料封扣时，剪口应在拴有包牌一面的扣齿处，以保证包牌不脱落。

（4）倒出快件后，应利用三角倒袋法或翻袋等方式检查总包空袋内有无遗留快件。

（5）检查由容器内拆出的封发清单所填写内容是否正确，并将快件封发清单整齐存放。

（6）如有易碎快件，必须轻拿轻放，小心地从容器中取出。

（7）逐件扫描快件条码，同时验视快件规格。

（8）拆出的破损、水湿、油污、内件散落等快件以及不符规格的快件，应及时交作业主管处理。

(9) 区分手工分拣快件和机械化分拣快件，将需要机械分拣的快件运单向上，按顺序摆放。

(10) 超大、超重不宜机械分拣的快件和破损、易碎物品快件要单独处理。

(11) 拆解结束时，检查作业场地有无遗留快件和未拆解的总包。

(三) 总包拆解异常情况处理

在总包拆解中会遇到一些异常情况，包括：总包内快件与封发清单不一致；未附封发清单；拆出的快件有水湿、油污等；拆出的快件外包装破损、断裂、有拆动痕迹；拆出的快件属封发错误；封发清单更改划销处未签名、未签章；详情单条码污损不能识读；快件详情单地址残缺；有内件受损并有渗漏、发臭、腐烂变质现象发生的快件。总包拆解过程中，可能会存在严重异常情况，如快件多件破损或内件混杂，必须及时解决。

1. 多件破损

(1) 原因分析。

①由于封发环节对快件包装没有进行仔细检查，快件包装不够坚固，导致多件破损。

②由于快件在车厢内没有按照“大不压小、重不压轻”的原则进行摆放，碰撞挤压导致多件破损。

③有尖锐棱角的特殊形状快件穿透包装，刺破其他快件包装，导致多件破损。

④卸载后由于拖车翻倒，多个总包碰撞挤压导致多件破损。

(2) 处理原则。

①及时性原则是多件破损异常情况处理的第一原则，只有及时处理，才能避免破损扩大，使造成的损失和影响降到最小。

②责任清晰原则是指根据问题产生的原因分清责任，分别追究。

(3) 处理方法。

在总包拆解过程中，发现总包中多个快件出现破损，应根据不同情况加以处理。多个快件破损如果均为较小破损，不影响运输，可以直接进入分拣环节；如影响运输，应进行加固包装，再进入分拣环节。对于有尖锐棱角的快件，处理时首先应注意安全，并将其棱角进行防护性包装，避免其在运输过程中继续损坏其他快件。

2. 内件混杂

(1) 原因分析。

①由于快件包装不够坚固，导致严重破损，内件散落出来，混在一起。

②快件在车厢内碰撞挤压导致多件破损严重，内件散落出来，混在一起。

(2) 处理原则。

①及时性原则：发现内件混杂必须及时处理，根据运单将散落的内件归拢，重新进行封装，避免混杂情况的加重。

②准确性原则：根据运单上填写的内件物品名称和重量将相关物品单独隔离、准确遴选，确定快件内的正确物品，在监控下双人会同封装。同时应及时、详细地进行记录，并进行拍照及录像，以便留存。

③客户至上原则：出现内件混杂是比较严重的情况，应从保护客户利益出发，对快件进行妥善处理，尽量减少客户损失，对于内件混杂导致的快件损失应该加以赔偿。

（3）处理方法。

①对于内件混杂总包，首先进行拍照，会同作业主管在监控下根据总包清单清点所有破损快件运单，然后对照运单查找每个快件内物品，并进行称重复核。

②如果重量基本一致，由包装人员对快件重新包装，进入下一环节；如果重量与运单上重量相差较多，说明内件可能遗失，应与上一环节联系，查找丢失的物品，并追究相关人员责任。

③将情况上报客服部门，对出现问题的所有快件单号、收寄方地址及内件进行记录。

④如果发现散落出的内件中有禁限寄物品，应及时报告作业主管，根据规定加以处理。

⑤如果混杂的内件发生渗漏，应立即进行隔离，以防污染其他快件，然后通知相关人员与发件人沟通联系。

（四）特殊快件处理

1. 优先快件处理方法

所谓优先快件，是指因时限要求或客户有特殊要求等，需要优先处理的快件的统称。为了保证服务质量，在整个处理流程中对于优先快件要优先处理、及时处理，确保时效性要求。

（1）优先快件主要包括以下两种类型。

①时限要求高的快件。如果同时有即日达、次日达快件需要发送，应优先发送即日达快件。

②客户明确要求在规定时间内送达的快件。

（2）处理方法。

①接收优先快件总包应验视发运路向是否正确，根据赶发班次顺序开拆处理，优先快件不得与其他快件混合开拆分拣。

②验看优先快件总包内是否全部是优先快件。

③优先快件是否正确粘贴“优先快件”“即日达”或“航空件”贴纸。

④检查快件包装是否完好，有无污损等情况。

⑤优先进入分拣环节，提醒分拣人员注意优先快件。

2. 保价快件处理方法

（1）概念。

快件保价是指客户向快递企业声明快件价值，快递企业与客户之间协商约定由寄件人承担基础资费之外的保价费用。快递企业以快件声明价值为限，承担快件在收派、处理、运输过程发生的遗失、短少、损坏的赔偿责任。

由于保价快件是价值较高或客户非常重视的物品，同时快递企业承担更多的赔偿责任，因此应单独放置接收的保价快件总包，加强管理。

（2）处理方法。

①接收保价快件总包应认真执行交接验收制度，由于保价快件是价值较高或客户非常重视的物品，接收验视应比普通总包更加严格。在指定区域或指定窗口交接，尤其应注意总包是否破损或有拆动痕迹。

②保价快件不得与其他快件混合开拆分拣。

③保价快件总包应两人会同开拆处理，对照清单，逐件进行核对，防止快件丢失损毁，并注意快件外包装是否破损或有拆动痕迹。如果快件外包装有破损或有拆动痕迹，应上报作业主管，由指定部门在监控范围内开箱验视，并在交接单上签字盖章。

④对保价快件必须逐件称重，及时发现保价快件重量变化。如果快件重量减轻或内件短少，应上报作业主管，由指定部门在监控范围内开箱验视，并在交接单上签字盖章，由发现短少的上一环节承担责任。

⑤保价快件必须层层交接，每个环节必须交接签字。

⑥保价快件应尽可能减少中转环节，降低风险。

3. 更址快件处理方法

更址快件指快递企业根据寄件人的申请将收件人的地址按照寄件人的要求进行更改的快件。更址快件也可以称为改寄件。如果更改后的新地址与原来的地址在同一城市，可以直接利用原来的运单对地址进行修改后派送；如果更改后的新地址与原来的地址不在同一城市，可以利用原来的运单对快件更址，也可以重新填写一份新的运单。

（1）快件更址的条件。

快件在发出之后，快件的状态是随时都在改变的，并非每票快件都可以进行更址的操作。如果快件已经派送至收件方客户手中，那快递企业就无法完成快件更址的操作，同样客户也就不再需要对快件进行更址了。所以不同类型的快件更址需满足相应的条件。

①同城快件和国内异地快件服务快件：快件还未派送至收件方客户处。

②国际快件及港澳台快件服务快件：快件尚未出口验关前。

（2）快件更址的申请。

客户需要对快件进行更址时，应该致电快递企业的客户服务热线，由客户服务工作人员进行登记备案。为保证更改信息的准确无误，确保客户的权益不受损害，客服工作人员应详细记录寄件方客户的地址、联系人名称、联系方式、收件人地址、快件详情单号等快件信息，同时为了避免地址更改过程中产生的风险，快递企业应要求寄件人本人提交书面申请，签字确认后递交给快递企业人员。

（3）更址快件的接收核验。

寄件人提出更址申请后，快递企业信息部门根据申请在系统内进行相应设置，当快件到达原址中转中心后，扫描员进行逐件扫描时，扫描到此快件，扫描器会发出警报声，提醒扫描员将快件拿出单独放置，进行更址处理。

（4）利用原运单对快件更址的处理方法。

①接到客服部快件需更址的通知。

②找出快件，确认单号无误。

③在备注栏注明“客服××通知原单更址”，如果免费改寄，需在“备注”栏填写快件更址的信息，例如“客服××通知原单免费改寄”。

④填写“更址快件”贴纸。

⑤将填写好的“更址快件”贴纸粘贴在快件运单袋收件方地址栏位置上，安排快件参加最近的中转班次进行中转，条码扫描器扫描时视同正常件操作。

⑥处理人员在接收到改寄的快件后，视同普通快件按标准流程安排派送。

（5）填写新运单对快件更址的处理方法。

①如果原运单付款方式为寄付，新运单付款方式为到付。

处理人员取出快件上的原运单，在备注栏内填写快件更址的信息，例如“客服部××通知，快件更址重新开单改寄，新单号×××”；将原运单进行派件运单扫描，“派件存根”联交本地输单员正常录入，原运单其他各联废弃；处理人员填写一份新运单，在“备注”栏内填写快件更址的信息，例如“客服部××通知，快件更址重新开单改寄，原单号×××”；在“寄件人签名”栏内注明“更址”字样；新单为到付，在“到付”方框内打钩，按计费重量计算从原收件地至新收件地之间的实际运费；其他各栏按运单填写规范填写；将新运单单号告知客服部查询员，方便客户查询；将新运单按规范粘贴在快件上，安排快件参加最近的中转班次进行中转。

②如果原运单和新运单付款方式均为到付。

处理人员取出快件上的原运单，在备注栏内填写“客服部××通知，快件更址重新开单改寄，新单号×××”；处理人员填写一份新运单，在“备注”栏内填写快件更址的信息，例如“客服部××通知，快件更址重新开单改寄收双程，原单号×××”；在“寄件人签名”栏内注明“更址”字样；其他各栏按运单填写规范填写；原运单仍然使用时，按计费重量计算从原收件地至新收件地之间的实际运费；原运单作废，只使用新运单时，按计费重量计算从原寄件地至新收件地之间的实际运费；将新运单单号告知客服部查询员，方便客户查询；原运单、新运单都使用时，将新运单放在原运单上并与需要改寄的快件重新进行包装整理，运单袋内应该有新运单和原运单两份运单，且新运单在上面；当原运单作废，只使用新运单时，则将新运单直接粘贴在快件上，并将原运单全部覆盖，处理完毕后安排快件参加最近的中转班次进行中转；目的地营业网点处理人员接到客服通知有到付收双程运费快件要到达时，须留意此票快件。快件中转到目的地营业网点后，视同普通快件按标准到件流程安排派送，新运单和原运单均须做派件出仓扫描。

4. 撤回快件处理方法

（1）撤回快件的概念。

撤回快件是指快递企业根据寄件人提出的申请，将已发送的快件退还寄件人的一种特殊的服务。

快件在尚未投交收件人之前所有权属于寄件人，所以寄件人有权要求撤回所寄邮件。快件撤回属于有偿服务，寄件人在向快件服务组织提出撤回申请时，快件服务组织应告知寄件人需要承担的撤回费用并告知费用标准。

（2）快件撤回的条件。

①同城和国内异地快件服务：快件尚未首次派送。

②中国香港、澳门和中国台湾快件服务：快件尚未封发出境。

③国际快件服务：快件尚未封发出境。

（3）快件撤回的申请。

①客户在发送快件的时候，可能会因为自己的疏忽导致快件物品发错，或者由于客户搬迁、业务变化等原因，导致已经发出的快件需要撤回，无论何种原因，客户在有快件撤回需求的时候需要第一时间致电快递企业的客户服务电话（或登录企业网站）提出申请。

②快递企业客户服务人员，根据查询快件相关状态，回复客户是否可以对快件进行撤回，只要快件尚未派送或尚未封发出境，快件是可以进行撤回操作的。

③在确定快件可以进行撤回操作后，由快递企业发送“快件撤回申请单”给寄件人，寄件人签字盖章回传给快递企业后，快递企业方可进行快件撤回的后续操作。

（4）撤回快件的处理方法

①快递企业接到撤回申请后，如快件尚未发出，可以直接办理快件撤回手续。

②快递企业接到撤回申请后，如快件已经发出尚未派送，由处理人员填写一份新的运单，寄件方栏按原运单的收件方资料填写，收件方栏按原运单的寄件方资料填写，按包装规范将新运单和需撤回的快件重新包装整理。处理完毕后，安排撤回快件参加最近的中转班次进行中转。

三、快件分拣

（一）人工分拣

人工分拣是分拣最初的形态，以人工为主，仅需较少的设备投入。但随着电商的发展，订单分拣量迅速增大，配送路由增多，且人工成本、配送处理速度、管理效率和用户体验等都发生了变化，纯人工分拣无法满足大规模配货的要求。为响应市场需求，各种分拣设备随之产生并投放使用，其中，电商物流走在最前列，已经大规模普及自动化设备。但在大件、超重、异形等无法使用分拣机处理的超规格包裹的分拣中，人工分拣仍发挥着重要作用。

（二）机械分拣

机械分拣以机械（如输送机）作为主要的输送工具，通过在各分拣位置配备作业人员进行分拣。这种分拣方式投资不多，也可以在一定程度上减轻劳动强度，提高分拣的效率，适用于订单波动较小、订单量较稳定、各分拣区域工作量相似的物流配送场地。但是这种分拣方式仅在局部提高某一作业的效率，灵活性相对较低，需在满足设计条件的前提下达到整体分拣效率的最优。如果遇到分拣量激增，超出分拣线负荷的情况，就要进行人员调配以协助分拣。

（三）自动化、智能化分拣

这种方式是指快件从进入分拣设备到指定的位置为止，所有的作业均是分拣设备按照指令自动完成的，因此，这种分拣方式的分拣设备处理能力强，分拣的快件种类广、数量大，是当下快递中转中心最受青睐的分拣方式（见图3－3－1）。

图3－3－1 智能化自动分拣设备

（四）分拣注意事项

（1）分拣人员遵守安全和着装规范，对上岗人员进行安全教育。

（2）文件类快件单独分拣，防止丢失和污染。

（3）所有快件需按名址、邮编、区号进行有序分拣，严防快件错分，导致快件延误。

（4）发现破损、污染的快件，应通知操作现场仓管员前来处理，处理好可以中转继续进行分拣，不能在当班次中转，则做留仓扫描，待处理后安排下一个班次中转。

（5）发现禁运物品，应不予中转，按国家规定处理。

（6）发现有毒有害物品，及时告知现场负责人员，情况严重应立即报告当地政府相关部门。

四、中转中心滞留快件处理

（一）滞留原因

（1）快件包装出现破损或因某种原因被其他快件污染，有可能影响快件内件的安全。

（2）快件详情单脱落、无法进行分拣。

（3）快件分拣时发现一票多件快件缺件。

（4）快件未能赶上当班次网络车。

（5）中转中心运作员工作失误，导致快件在分拣、建包或装车发运时漏发。

（6）转运快件属航空违禁品，不能上飞机，只能转陆运，导致快件滞留。

（二）滞留快件的处理

（1）对于快件包装出现破损或污染、无详情单的快件，以及一票多件缺件，分拣主管缮制快件差异报告，将问题通知上一环节，保管滞留快件，待上一环节回复核查意见后，再行处理。

（2）由于中转中心运作员原因，导致在分拣、建包或装车发运时漏发的快件，再次包装后的快件和未能赶上当班次网络车的快件，进行二次分拣时作为优先件处理，确保赶上最近一次的网络车。

（三）滞留快件的保管

（1）所有已上报的滞留快件必须存放在专用房间，如因条件限制未能配置专用房间，须存放在指定的笼车内。专用房间或笼车必须加锁，钥匙由分拣主管负责。

（2）存放在专用房间内的快件每周必须盘点一次，将盘点结果汇总并以邮件或传真形式发送给客服部核对。

（四）滞留快件的核销

（1）客服部将滞留快件处理意见反馈至分拣主管。

（2）根据客服反馈的处理意见，对滞留快件进行相应处理。

（3）对已处理的滞留快件信息进行核销。

五、快件差异报告

（一）缮发差异报告的相关规定

（1）一般应由各中转中心办理，并经主管人员签发。

（2）快件差异报告应当按顺序编号，每年换编一次。每份快件差异报告均需留底存查，保存期不少于 1 年。

（3）缮发快件差异报告，一般一式两份，其中一份由档案部门登记存档，如发生差错事项，且性质严重，涉及赔偿等事项时，快件差异报告应增加相应份数抄送相关部门并抄送上级主管部门。

（4）缮发快件差异报告后，交主管人员审阅签发并填写日期和加盖经办人员名章。

（5）快件差异报告寄发后，如需对方答复的，应及时催复。

（6）为便于相关部门查找和处理，缮制快件差异报告时应做到文字工整，事由清楚，内容具体。

（二）差异报告的回复

差异报告的回复，又称复验。当收到需要答复的快件差异报告后，应及时将处理结果缮发，复验答复。快件差异报告的回复一般一式两份，一份附答复寄回发验，另一份附答复存档。

（三）差异报告缮写示例

示例情况：未收到总包。

快件差异报告

验单号码第 2019082601 号

由沈阳中转中心（营业网点）发至北京中转中心（营业网点）
验明各种差错和不合事项如下： 我公司于 2019 年 8 月 26 日在接收北京至沈阳干线班车过程中，应接收 260 件，实接收 259 件，缺少 No. 10008 总包，经查车辆封志完好无损，无拆动痕迹，请你公司速查 No. 10008 总包下落，速答复。
附件：车辆封志
经手人员：张 × × 主管人员：王 × × 发验部门章 2019 年 8 月 26 日

快件差异回复

验单号码第 2019082701 号

答复沈阳中转中心（营业网点）验单号码第 2019082601 号

对于上列验单查明答复如下：

经核查，系我部门工作人员李××工作失误，误将 No. 10008 总包发往杭州中转中心。该总包将于今日由杭州中转中心发往你处，确认后通知我部门。对发生的错误致以歉意。

附件：

主管人员：高××

复验部门章

2019 年 8 月 27 日

任务四　快件封发

知识目标

1. 掌握快件封发原则和注意事项；
2. 掌握总包的堆码、注意事项；
3. 掌握快件总包的发运路由规划；
4. 掌握总包装车发运原则和建立车辆封志。

能力目标

学生能够完成快件封发、堆码，按要求进行装车、建立封志，正确选择发运路由。

一、总包封发原则

（一）封发原则

（1）经过登单工序的快件在封装时，应一张清单对应封装一个总包。

（2）要按照“大不压小、重不压轻、结实打底、方下圆上、规则形状放下、不规则形状放上”的原则装袋。

（3）文件类快件与物品类快件应分别封装总包。

（二）封发注意事项

（1）对贴有优先或限时标签的快件应单独封装，在总包包袋加挂优先、限时快件标识或使用不同颜色的包袋进行区分，以便做到优先发运，保证时限。

（2）对标有易碎、怕压标识的快件应单独封装，分别加挂易碎、怕压标识。

（3）保价快件、代收货款快件应单独封装，加挂单独交接标识，必须在袋牌、封发清单、总包路单上注明内件重量，封发清单上应加注保价金额或代收货款金额。

（4）装袋称重和封发总包应由两人（或以上）共同进行，并在清单上共同盖章或签字。

（5）应使用印有企业标识、易识别的专用总包空袋。重复使用的总包空袋应按规定进行检查，及时发现遗留小件、包袋破损、油污、水湿等问题。

二、总包的堆码

完成封装的快件总包及其总包单件和卸载中转的总包，按某些共同特性和码放原则，整齐排列码放到一个指定的位置，这个过程既是总包集中码放的过程，又是堆位的形成过程。根据中转中心场地情况，总包堆码一般分为两种方式：一种是库房面积较大，在库房内设置总包堆位，用伸缩胶带机装车发运；另一种是库房的面积较小，需将总包堆位设置在拖车上。

（一）堆位堆码

完成分拣封发的快件总包，按某些共同特性和码放原则，整齐排列码放到一个指定的位置。这个过程既是总包集中码放的过程，又是堆位形成的过程。

（1）总包堆码要遵循“三不”原则：不阻塞通道、不阻塞消防栓和灭火器、不超高。

（2）代收货款、到付快件和优先快件应单独码放。对码放有特殊要求的总包单件，如易碎快件，应按要求码放。

（3）快件总包应立式放置，整齐划一，排列成行。高度以一层为宜。

（4）根据不同航班、车次及赶发时限的先后顺序建立堆位。车次或航班的代码和文字等相近、相似的堆位要相互远离，以免混淆。

（5）搭载同一个航班或同一个车次的总包，即使寄达不同目的地，也应集中堆放。对同一个车次，不同卸交站点的总包快件，应按方便装车的顺序码放。

（6）堆放总包时，不得有扔、摔、拖、拽等损伤快件的行为。应保护袋牌和包签不被损坏或污染。

（7）对于较轻的总包，应用手握住袋口向上提起，放到指定堆位；对于较重的总包，双手抓住袋身或专用提带向上提起，放到指定堆位。

（8）各堆位之间应有明显的隔离或标志，可设置隔离带。堆位之间要留有通道，通道宽度一般为20～30cm。

（9）堆放在托盘上的总包，应按照托盘的载重标准和安全要求码放。

（二）拖车堆码

拖车的应用比较广泛，特别是快件总包以航空方式发运时，要先将总包堆码在拖车上，方便拖运、过地磅称重等。

1. 装拖车前的安全检查

检查轮胎气压是否充足；检查牵引杆的转向是否灵活；检查牵引杆放下后制动装置是否有效。

2. 装载拖车的要求

（1）大包、重包堆在下部，袋身底部向外，包口朝内，底部不超过拖车两边各10cm。

（2）较小的总包放在中间，压住大包包口，填放在低凹和空隙间。

（3）逐层码放，易碎包放在上层，自下至上逐层稍窄，最上层要压住下层包口，码放高度不宜超过护栏。

（4）拖车牵引距离较远时，应罩上网罩，再用绳索扎牢固。

（5）将所装拖车上总包车次、路向、堆名及数字标注清晰。

（6）一辆拖车需要拼装两个或两个以上堆位总包的，堆位之间必须使用绳网分隔，分隔方法有调端分隔（即两个堆位总包从两端护栏杆向中移装，中间必须有绳网将两堆分开）和逐层分隔（即先将后装的总包在拖车上码好后，用绳网隔断再装另一堆总包，码好后分别写明各堆的名称和包数）。

（三）堆码注意事项

（1）根据不同航班和车次及赶发时限的先后顺序建立堆位。

（2）车次或航班的代码和文字等相近、相似的堆位要相互远离。

（3）总包快件堆码时，不得有扔摔及其他损坏快件的行为。

（4）码放在托盘或移动工具上的总包快件，应结合工具的载重标准和安全要求码放，但码放高度不宜超过工具的护栏或扶手。

（5）快件总包堆码时要注意保护袋牌和包签不被损坏或污染。

三、总包的路由规划

快件总包接发处理要按堆位进行堆码，堆位设置的依据是干线快件运输班车的路由。其中，路由是指快件总包根据起止点不同，依据快件时限要求选择符合实际需要的运输途径。

（一）以北京为起点跨区干线班车的路由规划

规划北京至各地干线班车，快件总包按先远后近的顺序装车。

1. 北京—沈阳

北京—廊坊—天津—唐山—秦皇岛—葫芦岛—锦州—盘锦—沈阳。

2. 北京—上海

北京—廊坊—天津—沧州—德州—济南—枣庄—徐州—宿州—蚌埠—滁州—南京—常州—无锡—苏州—上海。

3. 北京—深圳

北京—保定—石家庄—邯郸—安阳—新乡—郑州—许昌—漯河—信阳—孝感—武汉—咸宁—岳阳—长沙—株洲—衡阳—郴州—韶关—广州—东莞—深圳。

4. 北京—成都

北京—保定—石家庄—阳泉—太原—临汾—西安—汉中—广元—绵阳—德阳—成都。

（二）以上海为起点跨区干线班车的路由规划

规划上海至各地干线班车，快件总包按先远后近的顺序装车。

1. 上海—沈阳

上海—苏州—无锡—常州—南京—淮安—临沂—莱芜—淄博—滨州—沧州—天津—唐山—秦皇岛—葫芦岛—锦州—盘锦—沈阳。

2. 上海—东莞

上海—杭州—金华—衢州—上饶—鹰潭—南昌—赣州—河源—惠州—东莞。

3. 上海—武汉

上海—湖州—宣城—芜湖—铜陵—安庆—黄石—武汉。

4. 上海—成都

上海—湖州—宣城—芜湖—铜陵—黄石—武汉—荆州—宜昌—恩施—广安—重庆—遂宁—成都。

5. 上海—西安

上海—苏州—无锡—常州—南京—蚌埠—阜阳—周口—漯河—平顶山—洛阳—三门峡—西安。

6. 上海—深圳

上海—宁波—台州—温州—福州—泉州—漳州—汕头—汕尾—深圳。

（三）广州至昆明干线路由

规划广州至昆明干线班车，快件总包按先远后近的顺序装车。广州至昆明干线路由为广州—肇庆—玉林—南宁—百色—文山—玉溪—昆明。

四、总包装车发运

（一）总包装车原则

装车时遵循“大不压小、重不压轻、先出后进、易碎件单独摆放”的原则。

装载陆运车辆要求和注意事项如下。

（1）装载陆运车辆应由两人或两人以上协同作业。

（2）装载时应文明作业，杜绝抛掷拖拽、摔打、踩踏、踢扔及其他任何有可能损坏快件的行为。

（3）要按“重不压轻、大不压小、结实打底、方下圆上、规则形状放下、不规则形状放上”的原则装载快件总包。总包袋口一律向外，做到有序、整齐、稳固。

（4）一票多件的快件要集中装码，避免与其他快件混放。

（5）装载易碎物品，注意轻拿轻放，放置底部距下落点小于30cm时脱手，装载禁止倒置、翻滚、日晒的快件或对堆码有重量、层数极限标识要求的快件，应按操作标准作业。

（6）装载粗糙包装的快件应戴专用防护手套。

（7）装载体积偏大或偏重的总包和快件，应佩戴专用防护腰带，穿好防护鞋，并应双人协同作业或使用机械设备。如果使用机械设备装载，禁止野蛮粗暴操作及有其他任何有可能损坏快件的操作。

（8）发生有渗漏、破损现象的总包和快件不得装载，交专人处理。

（9）装载时要保证车辆载重的均衡。在非满载情况下，应注意均匀分配车辆的前后两端和左右两侧的堆码的高度和重量，应防止有倒落和偏重的现象发生。

（10）码放的快件之间不可留有缝隙，每层之间要交错，载重车辆均衡码放，保证车辆转弯或刹车时不散堆。

（11）装载有两个以上卸交站点的车辆，要按“先出后进”或“先远后近”的顺序装载并使用隔离网，即先卸下的快件后装载，后卸的快件先装载；路途远的快件先装载，路途近的后装载。

（12）遇到雨雪天气注意防水，在中转中心各场地之间倒换快件时用苫布盖好总包快件，装车时要防止总包快件被雨淋湿。

（二）建立车辆封志

在车辆的施封中，无论是实物封志还是信息封志，都是为保证运输车辆安全快速地把快件运达目的地而建立的一种控制手段。

车辆封志一般有门锁、特制塑料或金属条码封志、全球定位系统（GPS）与地理信息系统（GIS）结合的信息封志等。以使用塑料条码封志施封操作为例，说明如下。

1. 建立车辆封志的操作步骤

（1）总包装载结束后，由车辆的押运人员或驾驶员将车门关闭。

（2）场地负责人将车辆封志加封在车门指定位置，车辆押运人员或驾驶员监督车辆施封过程。

（3）将塑料条码封志尾部插入车辆锁孔中，再穿入条码封志顶部的扣眼中，用力收紧，并检查施封是否完好。

（4）将施封的条码号登记在出站快件的交接单上。

（5）车辆押运人员或驾驶员与场地负责人在交接单上签字确认。

2. 建立车辆封志的注意事项

（1）施封前要检查车辆封志是否符合要求，GPS 是否正常。

（2）施封时，场地人员与司押人员必须同时在场。

（3）施封后的封志要牢固，不能被抽出或捋下。

（4）施封过程中要保证条码完好无损。

（5）核对封志的条码号与出站快件交接单登记的号码是否一致。

项目四　快件派送作业

任务一　派送准备及规划

知识目标

1. 掌握快件交接操作；
2. 掌握派送路线规划；
3. 掌握派件装车的原则。

能力目标

学生能够完成快件交接操作，根据快件类别和派送地址等要素规划派送路线，并在此基础上完成装车操作。

任务导入

案例分析

苏阿姨一直有在网上购物的习惯，她在家时就自己直接收取快递，自己无法直接收取快递时一般都是要求将快递放在居住小区的一个叫某某佳的超市里，等有时间再去取。某某佳超市按小的邮件 1 元、大的邮件 2 元收取费用。5 月 11 日，苏阿姨在网上买的 1 箱共 6 罐、价值 1800 元的奶粉到了，快递员电话通知她收件，但刚好苏阿姨不在家，应苏阿姨的要求，快递员将快递件放在某某佳超市，由于当时某某佳超市里货物比较多，该店要求快递员将邮件放到店门口。

但在 5 月 14 日苏阿姨去取邮件时，被告知邮件丢了，于是苏阿姨要求某某佳超市赔偿快递件的损失，但某某佳超市负责人认为他没有责任，因为没有签收快递件，不能证明他收了快递员送的邮件，他不应承担赔偿责任，要求苏阿姨向快递员索赔。幸亏通过超市监控，快递员证实确实是将快递件放在超市外，避免了被索赔的风险。

想一想：快递员应如何做才能避免此类事件再次发生呢？

任务分析

从这个案例可以看出，快递员按苏阿姨的要求，将快递送到指定的地点，已经完成了他的职责，但因为没有与被委托人某某佳超市履行签收手续，差点被追责。有的快递员因怕麻烦，没有履行签收手续，甚至自己代为签收，一旦出现类似情况，给自己带来不必要的麻烦及追责的风险，建议每一个快递员都应有防范职业风险意识，积极查找职业风险点，并做出相应防范措施，将职业风险降到最低或零。在送快递时最好能直接送达并要求物主签收，如果无法直接送达的，应物主要求其他人代收的，一定要代收人签收，这样既能保障快递件的安全，也能降低因邮件丢失所承担被索赔的风险。

资料来源：http：//www. spb. gov. cn/xw/yzshjd_ 1/jdsw/201810/t20181015_ 1673650. html.

快件派送是快递服务的最后一个环节，也是快递企业收集快递服务反馈信息，同客户建立与维护良好关系的另一个重要机会和渠道。

一、快件交接

快件由上一环节到达营业网点后，由网点仓库管理人员（俗称仓管员）负责对快件进行分拣。分拣完毕后，处理人员根据收件人名址、重量、快件类型等将快件交接给相应的快递员。

（一）交接原则

1. 当面交接原则

快递员应当面与仓管员交接快件，双方共同确认快件状态。

2. 交接验收原则

快递员接收快件时，应仔细核对快件数量、重量、外包装、运单、名址等内容，验收无误后再进行交接。

3. 签字确认原则

双方在确认快件无误后，需要在派件清单上对交接信息进行双方签字确认。

随着信息技术在快递行业的普及，部分快递企业已简化了交接签字的环节，交接的信息以系统信息为准。

（二）检查交接快件

1. 核对总件数

快递员清点接收实物总数是否与交接清单数量相符。如不相符，需要立即向仓管员反馈，双方再次确认交接件数。

2. 核对一票多件快件的件数

一票多件的快件需检查运单注明的件数是否齐全。如不齐全，需要立即向仓管员反馈，与其确认是否件未到齐或者遗失。如果件未到齐，仓管员根据客服人员的通知或客户的要求确定是否安排派送。

3. 核对代收货款快件的件数

代收货款快件涉及向收件人收取相应的款项，通常金额较大，存在一定的风险，在交接时通常要求将代收货款快件的数量单独清点，并在派件清单中注明。

4. 核对保价快件的件数

保价快件通常具有高附加值、易碎、对客户重要性高的特点，在交接时需要特别注意。为了更好地实现对客户的承诺，很多快递企业针对保价快件有单独的收派及处理流程，而且快件流转的每个环节的交接都需交接双方签字确认。

5. 检查快件外包装

(1) 检查快件外包装是否完好，封口胶纸是否正常，有无撕毁重新粘贴痕迹。若快件轻微破损且重量无异常，网点仓管员对快件进行登记，快递员对快件加固包装并试派送；若快件破损严重，且重量与运单填写重量不符，须将快件滞留在营业网点，由营业网点仓管员按照相关规定处理。

(2) 检查快件是否有液体渗漏情况。如果有轻微渗漏，则重新加固包装，安排试派送。如果渗漏情况严重，则交由仓管员处理，且需单独存放，防止对人体造成伤害或污染其他快件。

6. 检查快件运单

(1) 检查快件运单，查看是否有脱落、湿损、破损现象，检查运单信息是否清晰明了。如运单脱落，且寻找不见，则交由仓管员处理；如运单粘贴不牢固，则用胶纸加固；如运单模糊不清，将快件交由仓管员，待其确认并在运单上标示清楚后，再重新接收并安排派送；如运单破损严重导致无法识别快件运单单号，仓管员可通过系统查找此快件的单号及相应的信息，打印并粘贴运单后再交给快递员派送。

(2) 检查快件收件人名址是否超出自己负责的派送区域。不属本人派件区域的错分快件要交回给仓管员，以免影响其时效。判断收件人地址是否正确、详细。检查收件人姓名是否正确、具体，收件人应写全名，若出现在姓氏后冠以“先生”“小姐”“职务”的，可先接收该快件并进行试派。

二、派送路线规划

在快递行业中，每一个快递员负责的派送区域称为派送段，快递企业根据每个营业网点的业务量及快递员人数，将营业网点的服务范围划分成多个派送服务段，每一个服务段简称派送段。一个派送段可以是一栋楼、几层楼、几条路段或一定地理范围。

派送路线是指将快递员在派送快件时所经过的地点或路段，按照先后顺序连接起来所形成的路线。合理设计派送路线可以节约派送时间，提高派送效率，派送路线设计主要是整合影响派送运输的各种因素，根据现有的运输工具及道路状况，对派送路线做出选择，及时、安全、方便、经济地将快件准确送达客户手中。

（一）派送路线设计原则

快递员在规划派送路线时，遵循以下原则，但并非只采用某个单一的原则，有时需要结合多个因素考虑，形成最优的派送路线。

1. 保证派送时限

快件派送时限是指从完成快件交接，到成功派送快件的最大时间限度。影响派送时间的因素有：当班次派送件量过大；因客户不在造成的二次派送；天气、交通堵塞、交通管制等不可控因素；派送路线选择不当等。

2. 优先派送优先快件

优先快件是指因时限要求以及客户特殊要求，需要安排优先派送的快件。优先派件类型有：时限要求高的快件，如“即日达”快件优先于“次日达”快件；客户明确要求在规定时间内派送的快件，如附加业务中的等通知派件，是快件到达目的地后暂不派送，待寄件客户通知后才安排派送，此类快件应在客户要求的时间完成派送；二次派送的快件，如果与客户约定了二次派送的时间，也应安排优先派送。为了避免不可控制因素影响快件的派送时限，有需要优先派送的快件时，应优先派送。

3. 优先派送保价快件

保价快件一般具有价值高、重要性强等特点，保价快件一旦丢失，会给快递企业和客户带来非常严重的损失。快递员携带保价快件在路上时间越长，快件丢失或损毁的概率越大。为了降低风险，在不影响其他快件派送时限的情况下，优先派送保价快件。

4. 先重后轻、先大后小

重量和体积较大快件的装卸搬运劳动强度大，占用车辆空间较多，优先派送该类快件既可减轻全程派件的作业难度，也可减少车辆磨损和能耗。

5. 减少空白里程

空白里程是指完成当班次所有快件的派送所行走的路线的实际距离减去能够完成所有派送快件的有效距离。空白里程的产生既增加运输成本，还影响派送时限。产生空白里程的原因有：不熟悉派送路段情况，没有按最短距离规划路线；未将一票多件排在一起，导致一个客户多次派送；派送路线设计出现交叉或重叠，产生折返；信息滞后，没有及时掌握交通管制、路况等信息。

6. 考虑道路情况

快递员要熟悉派送段内每条路段、街道所包含的门牌号。如果有易产生交通拥堵的路段，应掌握易拥堵的时间段；如果派送段内包括商场、学校、超市、医院等场所，需要掌握这些地点人员聚集的高峰期。在设计派送路线时，在不影响快件时效的情况下，尽量避开车流或人流较大的时间段或路段，避免出现派件延误。

（二）派送路线结构

派送路线的主要结构形式有辐射形和环形两种。也可以将两种结构相结合，应用于派送段较大的区域或派送量较大的时期。

1. 辐射形路线

辐射形路线是从营业网点出发，走直线或曲折线的线路，依次派件，至距离营业网点最远的收件人处派件后空车返回（见图 4－1－1）。

2. 环形路线

环形路线是指快递员从营业网点出发单向行驶，绕行一周，途中经过各收件人所处的地点，回到出发的营业网点（见图 4－1－2）。

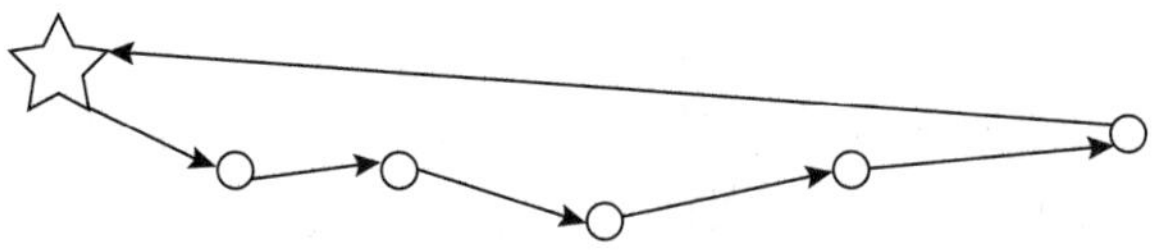

☆表示营业网点；○表示不同的派送地点

图 4－1－1　辐射形路线结构

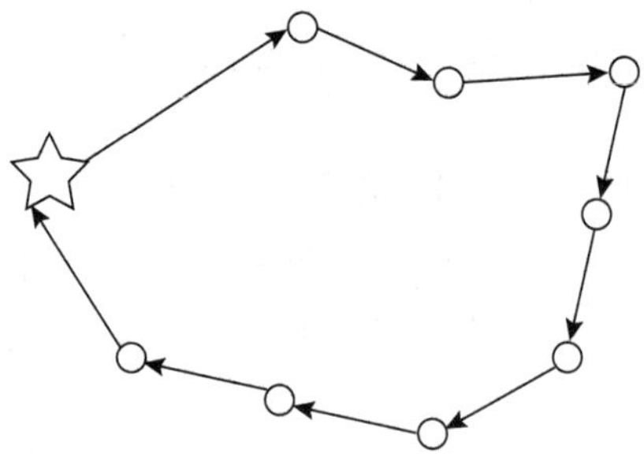

☆表示营业网点；○表示不同的派送地点

图 4－1－2　环形路线结构

（三）派送路线设计方法

传统经验组织法通过派送路段道路、收件地址地理分布、交通状况及经验设计派送路线。针对派送段的不同特点，可以选择单侧行走法和“之”字形行走法，也可两种方法混合使用。

1. 单侧行走

单侧行走是指派送快件时靠路的一侧行走。例如，我国的交通习惯是右侧通行，则派送路线一直沿右侧行进会较顺畅。单侧行走适用于街道较宽，客户集中，派件数量多，行人、车辆稠密的街道。

2. “之”字形行走

“之”字形行走是指派送快件时沿路的两侧穿梭行走，适用于街道较窄，派件数量较少，行人、车辆稀少的街道。

任务实施

派送路线设计应用

如图4－1－3所示，A点为营业网点所在地，B点需要派送一票一小时内到达的快件，C点需要派送一票保价快件，D点需要派送一票普通文件类快件，E点要派送一票重量为1kg的普通包裹，F点要派送一票重量为12kg的普通包裹，G点需要派送代收货款为4000元，重量为1kg的快件。到达各点之间所需的时间（min）已在图上进行标注。请根据快件的情况，合理设计派送路线，并说明选择第一个派送点的理由。

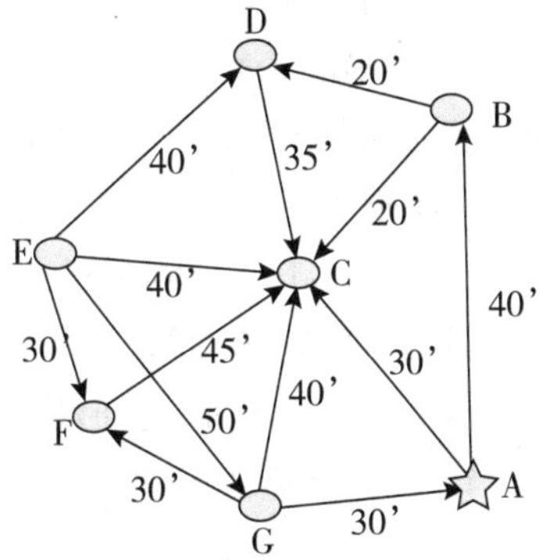

图4－1－3　派送路线设计

解： B点派送的快件属于限时快件，虽然经C点再到B点1h能够到达，但考虑派送途中可能因交通堵塞等延误，因此优先派送B点快件，派送路线A—B。

因C点是一票保价快件，而B—C—D全程55min，B—D—C全程也是55min，因此优先派送保价快件，派送路线B—C—D。

剩余的派送点不走重复路线，尽量选择环形路线，派送路线为D—E—F—G—A。

三、快件排序及装运

（一）快件排序

快件排序是指快递员为安全、高效、准确地完成快件派送，结合快件派送路线及快件时效要求，将本次需要派送的快件按照准确、及时的原则进行整理、排列。快件排序的方法有以下几种。

1. 根据优先快件或按特殊业务排序

对有特殊要求的快件优先进行排序，如等通知派件、保价快件等。

2. 根据快件时效排序

将派送时效要求相同或相近的快件放到一起，先排列时效要求高的快件，再排列时效要求低的快件。

3. 根据由近而远的地址排序

按照派送段由近及远的顺序将快件排列、整理。此条原则主要基于派送的总时间考虑，选择由近及远的方式派送，不仅可以节省劳动强度，还可以节省派送总时长。

4. 根据快件大小排序

先派送大件，可以减轻快递员派送的劳动强度。

（二）快件装运

派送快件的装运是指按照派送顺序将快件进行集装，妥善捆扎并安全装载在运输工具上。为了防止快件在派送途中散落、遗失，有条件的快递员应将快件装于运输工具的车厢内，并锁好厢门。不具备条件的快递员需将快件用捆扎绳捆扎固定为一个集装单元或固定在运输工具上。捆扎快件时，应根据快件的数量、重量以及体积大小，结合装运快件的工具（电动摩托车、电动三轮车等）合理确定捆扎方式，派送途中确保快件不遗失。

一般情况下，规划派送路线后，只要按照“先派后装”的原则将快件装车即可。但有时为了保障快件的安全，有效利用派送车辆空间或装载能力，还应根据快件的性质（易碎、易串味等）、形状、体积、重量等做出适当调整。

1. 快件装运的原则

（1）安全原则。快件装运的安全原则包括两方面的内容：确保快递员的人身安全和快件的安全，安全原则是快件装运的基本原则。快件装运时，快递员必须按照要求使用和佩戴有关的装备和劳动保护物品，做好自我保护工作；在操作过程中轻拿轻放，严禁野蛮装运。

（2）轻重搭配原则。快件装运时，注意轻重搭配，保持车辆重心稳定，并将重件置于底部，轻件置于上部，避免重件压坏轻件，同时保证快件码放稳定。

（3）集中放置原则。遇到收件客户在同一居民区、同一单元楼、同一单位时，尽量将快件集中放置。一票多件快件应集中码放，必要时捆扎在一起。避免因快件漏派导致迂回行驶，从而延误快件的派送时间。

（4）小件集结原则。必须将零散小件集装在企业统一规定使用的快件袋中再装车。集装时快件的运单及标识一律朝上。不能倒置的快件应按正确方向放置，易碎快件放在快件袋的上层。

（5）合理码放原则。可根据快件的尺寸、特性合理确定码放方法。快件不能装满车厢时，按阶梯形进行码放，避免派送运输途中因车辆颠簸引起倒堆，造成快件挤压损毁。

（6）严禁超载原则。快件装运时不允许超长、超宽、超高、超重。超载存在交通安全隐患，且违反交通法规，有可能引起交通部门的查扣和罚款，影响快件的派送时间或增加派送成本。

（7）易滚动快件垂直摆放原则。装运易滚动的卷状、筒状快件时，要垂直摆放，以防止快件途中倒堆，造成快件自损或压损、砸损其他快件。

（8）适当衬垫原则。装运易碎快件或纤维类易被沾污的快件时，要进行适当衬垫，防止快件之间相互碰撞、沾污。

（9）重量分布均匀原则。装运快件时，重量应分布均匀，重心不能偏移，以确保快件安全和交通安全。

（10）适当稳固原则。装载完毕，应进行牢固捆扎或采取其他适当的稳固措施，以免快件遗失或倾倒。

2. 快件捆扎的方法

（1）对于文件封或牛皮纸袋包装的快件，派送时采用集装的方式，将快件排序整理后装进随身携带的背包内。

（2）对于体积较小但无法装进背包的快件，按照派送顺序整理，将派送到同一地址或相近地址的快件，叠放在一起，使用捆扎绳将其捆绑在一起。如果快递员的交通工具为电动摩托车或电动三轮车，可将快件摆放在尾箱或车厢中。

（3）体积较大或重量较重的快件，件数较少时，直接将快件捆扎在车辆尾架上即可；件数较多时，须使用面积较大的板以拓宽车辆尾架的面积，便于捆扎快件。使用电动三轮车派件的，也可将体积较大的快件放于车厢顶部，并用捆扎绳捆绑牢固。

3. 快件捆扎注意事项

（1）捆扎前，检查快件的重心是否偏移，如重心偏移，须重新摆放快件再进行捆扎。

（2）注意捆扎力度，捆扎须确保快件捆扎牢固，同时力度也不要太大，避免勒坏快件包装。

（3）在雨雪雾天气中，捆扎快件时，注意在快件上加盖防雨用具，如雨布、雨衣、塑料薄膜等。

（4）如为不规则快件，注意捆扎方式，如快件较长，注意与车辆长度平行捆扎，不能横着捆扎，阻碍路人或车辆行走。

（5）对于特别大，特别重，超出快递员运载能力的快件，应由专门的派送车辆和人员负责。

（6）表面有突出钉、钩、刺的快件，须单独携带，不得与其他快件捆扎。

（7）按照国家规定，装载高度不超过地面 1.5m，长度不超过车身 0.2m，两轮摩托车载物宽度不超过车把 0.15m，三轮摩托车载物宽度不超过车身。

任务二　快件派送及后续处理

知识目标

1. 掌握派件的流程；
2. 掌握特殊件派送和派后处理。

能力目标

学生能够熟知派件的流程和相关操作技能，学生熟知异常件的处理和派件后的后续操作。

一、派件流程

派件流程是快递员将快件交给客户，并在规定的时间内，完成后续处理的过程。快件派送分为按址派送和网点自取派送两种方式。此外，快递员也可以通过智能快件箱投递快件。

（一）按址派送流程

按址派送是指快递员从接收需要派送的快件开始，在规定的时间内到达客户处，将完好快件交给客户，并由客户在运单上签收后，在规定的时间内，将无法派送的快件统一带回收寄处理点，完成运单、快件、款项交接的全过程（见图4－2－1）。

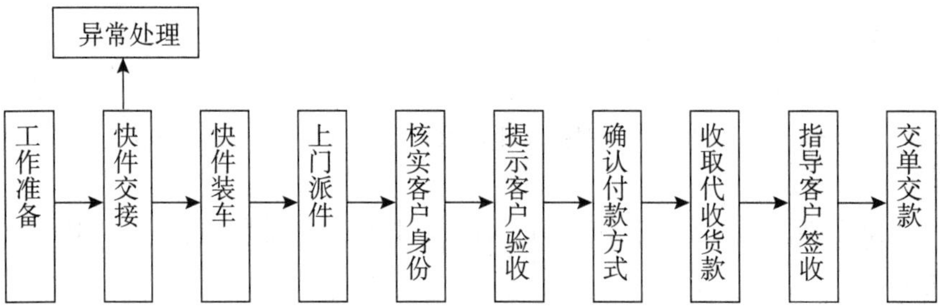

图4－2－1　按址派送流程

1. 工作准备

与收寄快件一样，快递员派件前要着公司制服，戴好工牌，整理好仪容、仪表。也要准备好派件需要使用的操作设备、用品用具、证件、发票等。

2. 快件交接

快递员领取自己所属片区的快件，并与仓管员当面确认件数。同时要检查快件外包装、封签及运单，如有异常，将异常快件交回仓管员。

3. 快件装车

整理快件，根据快件的时效要求、快件特性和派送段的交通状况等因素规划派送路线，在此基础上进行装车操作。

4. 上门派件

快递员携带快件到达收件地址处，按照相关规定停放投递车辆，电话联系收件人通知派件。离开投递车辆前，应锁牢装载快件的车厢，避免快件丢失。

5. 核实客户身份

查看客户或客户委托代为签收人的有效身份证件。

6. 提示客户验收

将快件交给客户进行检查。因外包装破损或其他原因客户拒绝接收，应礼貌地做好解释工作并收回快件。

案例

先验视再签收

一家珠宝公司委托某快递公司把货物从南京发往上海的珠宝公司，上海珠宝公司门市部工作人员收件时没有验货直接签收，把塑料外包装随意拆开丢在垃圾箱里。等到闲暇时打开纸盒包装才发现，本应在盒子里面的59件金饰品竟然不翼而飞，于是报警并等待警方介入调查。所幸，从南京快递公司员工上门收件开始，到快件被送到上海珠宝公司门市部，整个封装、分拣、运输、装卸、封发等全网运行以及投递沿线都有监控视频可查。警方一路追踪，在派送线路、投递时长、员工行为举止等方面寻找着蛛丝马迹，不放过任何一个可疑线索。功夫不负有心人，警方最终查明：上海快递公司负责最后投递的员工崔某见财起意，在外包装袋封口附近划出一个口子，取出59件金饰品，再把划痕用胶带封住送往收件人，金饰则被寄往老家隐匿起来。最后，崔某以职务侵占罪被提起诉讼，判处有期徒刑5年6个月，59件金饰品完璧归赵。

当快递员上门派件时，大多数人可能习惯性地先签名，再打开包装，很少考虑包装内物品是否为约定物、是否损毁等问题。正是因为平时的疏漏，才给罪犯带来了可乘之机。所以，对用户而言，必须提高自我保护意识，绷紧“先验视后签收”这根弦，免除后顾之忧。

7. 确认付款方式

确认到付快件的具体付款方式。到付的快件，客户选择现付则按照运单上的费用收取；客户选择记账则在运单账号栏注明客户的记账账号。

8. 收取代收货款

有代收货款业务的快件，向客户收取代收货款。

9. 指导客户签收

请客户在运单的签收栏用正楷字签名，将派件底联撕下带回营业网点，将收件人底联给客户留存。由于电子运单的普及，现在，很多快递企业已经实施快递电子签收，客户无须再等待撕下纸质运单、签字的过程，只要在快递员的手持终端设备上签名即可。

客户签收的快件，快递员应立即扫描做派送成功处理，并上传到系统中。

10. 交单交款

快递员完成派件后，检查核对已派送和无法派送快件的数量之和，确保与领取时快件数量一致。清点已派送成功的快件运单“派件存根”联，并将收取的款项一起交给营业网点仓管员。将无法派送的快件带回营业网点，当面交给营业网点仓管员。

（二）网点自取派送流程

网点自取是指客户上门至快件所在的收寄处理点自取，快递员将快件交由客户签收后，在规定的时间内，完成运单、款项交接的全过程（见图4－2－2）。

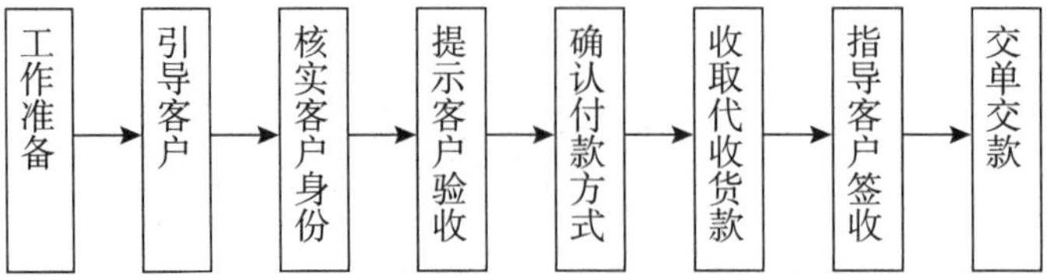

图4－2－2　网点自取派送流程

网点自取是指引导客户到达营业网点的取件柜台前取件。具备条件的可在视频监控下完成客户自取件操作过程。网点自取各个流程具体操作与按址派送业务流程操作相同，此处不再赘述。

（三）智能快件箱投递快件

快递员使用智能快件箱投递快件应首先征得收件人同意，收件人不同意使用智能快件箱投递快件的，快递员应当按照运单上的名址提供投递服务。快递员到达智能快件箱进行投件操作，进入智能快件箱屏幕主界面，首先登录以确认身份信息，然后开始录入快件信息进行投递。

投递流程为：将快件条码对准智能快件箱红外线扫描口进行扫描，在屏幕弹出界面输入收件人手机号码，并在屏幕上选择合适的空闲箱格，此时选定箱格门自动弹开，快递员将快件放入，关闭箱格门即完成一个快件的投递操作。快件投入箱格后，系统自动向收件人手机发送提示信息，告知快件箱地址和提取码。快递员可以按照上述流程操作继续投递，直至所有快件投递完毕。投递完成后，返回主界面，退出登录后方可离开。

使用智能快件箱投递快件时，登录快递员界面会显示超期件数量，如果有超期件，快递员应取出并联系收件人，征求收件人同意后再次放入智能快件箱。快递企业对智能快件箱投递的快件设有保管期限，保管期限内不向收件人收费，超过保管期限，收件人需要缴纳超期费方能取件。

快件出现外包装明显破损、重量与寄递详情单记载明显不符等情况的，快递员不得使用智能快件箱投递。寄递详情单注明快件内件物品为生鲜产品、贵重物品的，快递员也不得使用智能快件箱投递，与寄件人另有约定的除外。

案例

丰巢智能柜取件操作流程

第1步：根据收到的短信提示找到丰巢智能柜。

第2步：点击丰巢智能柜屏幕，唤醒菜单后，点击“取件”。

第3步：在丰巢智能柜屏幕上根据提示输入取件码，输完后点击取件，柜门自动弹开，取出快件后关闭柜门，当场验货，快件无误方可离开。此外，也可以用微信或支付宝扫描丰巢智能柜屏幕上的取件二维码取件，更加方便快捷。如果快件存放超过24h，系统会提示，需要关注“丰巢智能柜”微信公众号/支付宝服务窗才可以取件（见图4－2－3）。

1.关注“丰巢智能柜”微信公众号/支付宝服务窗，绑定手机号　2.收到微信/支付宝取件通知　3.微信/支付宝扫描柜机取件二维码　4.收件人取件

图4－2－3　丰巢智能柜取件操作流程

（四）派件注意事项

（1）派件前充分准备，避免派件过程中因物料或工具短缺而无法正常工作。例如，代收货款快件一般需向客户出具收款收据或发票，如果没有携带相关票据，将影响派送工作的正常进行；到付快件收款时可能需要找零，如果不提前准备零钱，也可能会因无法找零而延误派送时间。

（2）派件前应检查是否有快件处理的相关要求和操作变更通知，避免因不了解情况而影响快件派送。

（3）快件装车后，快递员要检查作业现场有无遗漏快件。检查工作台上、分拣箱内、工作台下，确认没有遗漏的快件后，将分拣箱归位后，方能出发派件。

（4）派件途中应确保快件安全。应将零散快件装包并随身携带，大件绑带加固且不离视线。如果确实无法随身携带且要离开视线的情况下，须将快件妥善放置或安排人员看管快件。

（5）派送途中注意交通安全，遵守交通规则。

二、特殊件派送

（一）增值快件的派送

1. 签单返还快件的派送

签单返还快件是指快递企业在派送快件后，将收件人签收或盖章后的回单返回寄件人的业务。

（1）签单返还快件派送方法。

派件前，快递员应检查快件运单，若快件运单上增值业务栏勾选“签回单”业务或快件运单上贴有“签回单”贴纸，则快递员需检查确认回单运单及回单的完整性。

快递员派件时，应按照寄件人的要求，将回单交由指定的人员签收或按指定的方式签收、盖章。对于签署完毕的回单，快递员应查看回单各联的用途，将收件人留存的一联留给收件客户。

（2）回单回寄。

将客户签好的回单寄回给原寄件人，回单寄递流程与正常收寄流程一致。回寄回单操作中，不得夹带其他任何托寄物。

2. 保价快件的派送

（1）保价快件的交接要求。

快递员在快件交接环节，必须仔细检查保价快件的外包装和保价封签。保价封签粘贴在快件包装箱骑缝线上，并由寄件人签字。如果封签损毁或无寄件人签字，则属保价封签异常。发现保价快件外包装破损或封签异常，应先向网点仓管员报告，拍照留存后，由指定人员跟进处理。

（2）保价快件的派送要求。

为了确保保价快件的安全，派送保价快件时，快递员需提醒客户当场检查快件外包装及保价封签是否完好无损，客户验视无异议后，签收快件。

非常贵重的保价快件可与客户协商由客户到网点自取。

3. 限时快件的派送

（1）限时快件的派送要求。

快递员在接收快件后，在客户要求的时限内，优先派送限时快件。限时快件要派送到户，如果收件人单位不允许进入，快递员应联系收件人，通知收件人到单位门口或前台接收。

（2）限时快件派送注意事项。

①对周日及节假日派送的限时快件，快递员在出发前应先与收件人联系，确保快件及时准确派送。

②限时快件的送达时限保证只在第一次派送时有效，如果第一次派送时无人签收或客户拒收，第二次派送时间则不受承诺时限保证的限制。

③限时快件的派送信息应严格按规定及时、准确地进行录入。应在收件人签收后当场上传签收信息，对于拒收、拒付件，应询问拒收、拒付原因，客户签字确认后，当场通过手持终端上传快件异常派送的信息。

4. 代缴关税快件的派送

为了方便客户和保证派送时限，对国际快件报关时需要缴纳的关税、检疫费等，一般都由快递企业为客户垫付，因此，快递员需要向客户收取垫付的关税、检疫费等，该过程被称为归垫。

（1）关税的收取方式。

①关税记账。快递企业与客户签订关税定期结算协议，进口国际快件产生关税时，先予以派送，垫付的关税定期与客户结算。

②关税现结。快递企业与客户没有签订关税记账协议，快件派送时，客户现场支

付快递企业垫付的税费。

③关税记账转第三方。收件人本人不支付关税，经收件人与第三方（付款方）共同确认后，由第三方支付快件关税。

（2）代缴关税件派送交接。

派送交接检查时，对有征税标识的快件，需检查是否附有相对应的税单及发票。在核对税款金额时，应以税单为准。

（3）代缴关税快件的派送。

①对于关税现结客户，应提前通知客户征收关税事宜，以便客户提前准备税款，同时也节省派件时间。如果征收税款时客户有异议，通知客服部门进行解决。对于关税现结客户，应做到“银货两讫”，足额收取关税后，将快件交付客户签收。

②对于关税记账客户，派送时应与客户说明情况，客户确认无误后，将快件交付客户签收，并将记账账号清楚地填写在运单相应位置。

③对于关税记账转第三方付款的快件，快递员需在确定第三方已付款或第三方已做出付款承诺的情况下，才可以将快件交付收件客户。不能先将快件交付客户，再收取关税。

④收取关税时，如果有正本税单，在收费时不需要另外开具发票；如果没有正本税单，向客户开具收款发票。

⑤如果客户因故未支付税款，快递员应在运单上批注拒绝支付的原因及拒绝支付税款的金额，请客户签名确认，将快件带回营业网点移交仓管员。仓管员按问题件处理并报客服部备案。

（二）问题件的派送

1. 延误快件的派送

延误快件是指快件的派送时间超出快递企业承诺的服务时限，但尚未超出彻底延误时限。对延误快件要进行归因分析，明确是企业内部因素还是外部因素造成的，以及企业对此次延误的可控性，从而为补救行为提供依据。对于可控性较强的延误，快递企业应努力减短延误的时长。

（1）延误快件的派送。

对于延误的快件，快递员派送时应主动向客户致歉，并解释延误的原因，以及将要采取的补救措施。

由于中转延误、天气原因、交通堵塞等导致快件错过当班次派送时间，应及时与客户进行协商沟通，客户要求立即安排派送的，应第一时间采取补救措施安排派送。

（2）延误快件的赔偿。

延误快件的赔偿应免除本次服务费用（不含保价等附加费用）。由于延误导致内件直接价值丧失，应按照快件丢失或损毁进行赔偿。

2. 外包装破损快件

客户签收、验收时发现快件外包装轻微破损，但没有影响快件的实际使用价值并同意签收的，按正常流程进行派送。

客户发现外包装破损拒收快件或拒付到付款时，首先向客户道歉，并将客户拒收、拒付的原因标注在运单上，请客户签字确认，通过手持终端上传快件异常派送的信息。

3. 错发快件

快递员到达收件地址进行派件时，发现该地址无此收件人，此时应电话联系收件人，询问收件人的详细地址。如果收件人地址属于本人派送范围，应在运单上注明正确地址，按正常流程进行派送；如果收件人地址不在本人派送范围内，在系统中填写（勾选）无法派送的原因，注明正确的地址及收件人姓名，将快件带回营业网点，交仓管员跟进处理。

如果无法与收件人取得联系，应电话联系寄件人，说明快件无法派送的原因，并询问快件的处置方法，并在运单上注明。

不能在没有核实正确地址或收件人身份的情况下将快件派出。

（三）客户有特殊要求的快件

1. 改寄件

改寄件是指快递企业受用户委托，变更原派送地址，寄往新地址的快件。

（1）改寄件的处理。

改寄申请应由寄件人本人提出，寄件人告知客服部门改寄后的收件人地址、姓名、电话等信息；快递企业应告知寄件人改寄费用及改寄费用标准。

接到客服部门的改寄通知后，营业网点仓管员在快件运单上粘贴“改寄件”标识，并注明改寄后的收件人详细名址。

改寄件需要收取改寄服务费。改寄服务费的金额和结算方式应在运单上注明。

（2）改寄件的派送。

快递员接收到带有“改寄件”标识的快件时，应先确认收件人名址，再确认快件资费的收取方式及金额，派件时加收改寄服务费。

2. 撤回快件

对尚未首次派送的国内快件，如果寄件人提出申请，快递企业可提供撤回服务。在快件寄递的任何一个环节，接到客服部门的撤回通知后，都需要及时对快件进行撤回处理（粘贴快件，撤回贴纸并标注撤回费用），不能使快件进入下一个寄递环节。提供撤回服务时，快递企业应告知寄件人需要承担的费用及收费标准。

快递员如果在快件首次派送途中接到撤回通知，应立即停止该票快件的派送，在快件运单上注明“快件撤回”字样，待返回营业网点后，交由仓管员跟进处理。

快递员派送带有“撤回”标志的撤回快件时，先确认快件资费的收取方式及金额。若为需要加收撤回服务费的到付快件，除收取撤回服务费外，还需收取到付服务费用；

若为寄付快件，直接收取撤回服务费。

三、派送异常处理

（一）客户搬迁、离职

快递员到达收件地址，发现客户已搬迁或客户离职时，处理方法如下。

（1）联系收件人确认派送地址。拨打收件人电话确认新地址，按照“改寄件”流程操作。

（2）无法与收件人取得联系的快件，在运单上批注无法派送的原因并署名或填写工号，将快件带回营业网点并移交仓管员，办理交接手续。

（二）客户外出

1. 个人快件

快递员到达客户处，发现客户因外出不能本人签收时，首先电话联系收件人，确认由他人代收还是再次派送。

如果客户指定他人代收，派件时需认真核实代收人员的有效证件。确认代收人员身份后，告知代收人的代收责任，由代收人员签收快件，将代收人员的证件类型及号码批注在运单备注栏内。

如果客户要求再次派送，快递员应与客户约定再次派送的时间。约定时间在本班次内的，按约定时间派送；约定时间超出本班次工作时间范围的，在运单备注栏批注“约定再派”，并将快件带回营业网点，交予仓管员跟进处理。

2. 单位快件

对于收件人为单位或单位内某一部门的快件，当派送时遇到放假情况时，如果单位收发室有收发人员值班，可由收发员代签收；如果没有设置收发室或收发室无人值班，则下一班次免费派送快件。

（三）客户拒收、拒付

1. 因内件不符拒收、拒付

派送电商快件时，如果寄件人与快递企业签订协议，允许收件人“先验货，再签收”，快递员按协议要求提示客户验视快件。如果客户验视，发现内件不符，拒绝签收快件、拒付运费或拒付代收货款时，快递员在运单上批注拒收、拒付原因，在手持终端上对问题件扫描，并将快件带回营业网点，交予仓管员跟进处理。

2. 客户拒付费用并抢夺快件

如果遇到收件人拒付运费或拒付代收货款且不归还快件时，快递员应保持冷静，避免与客户发生冲突，不与客户争执，保证自身安全。

如果经协商仍无法收回快件，快递员须及时向派送处理点负责人通报情况，并尽快向客服部门备案说明。

如果收件人暴力抢件，拨打110求助。

（四）快件丢失

快递员发现快件丢失应立即上报营业网点负责人及客服部门。在不影响其他快件安全和派送时效的情况下，应第一时间寻找丢失快件。如果当班次无法找回丢失的快件，则按时派送其他快件。

（五）突遇交通事故

快递员派送途中如遇交通事故，应及时与营业网点主管人员和客服部门取得联系，报告突发事故的具体情况和所在位置。

事故造成交通堵塞时，如果预计短时间内能疏通，则按原计划路线正常派送；如果预计长时间不能通行，改走其他路线，并向营业网点主管人员汇报。

如因交通事故不能继续完成派送任务，第一时间报案并向营业网点负责人及客服部门报告，保护好现场及快件；如有人员伤亡，拨打120急救电话求援，耐心等待交警及营业网点增援人员。

（六）误派快件

发现误派快件应及时将情况向营业网点负责人汇报。快递员应尽快到错派客户处向客户致歉并说明错派的原因，尽力取回快件，送达正确的收件人。

（1）取回快件：尽快将快件派送给正确的客户。如果错派快件已被客户开拆的，需由快递员会同客户重新封装快件，批注误拆原因，并共同在重封处签字（章）证明。

（2）无法取回快件：首先通知客服部门，其次联系营业网点主管人员，反馈处理情况。

案例

粗心快递员错投包裹　细心民警帮忙找回

2018年11月某日，宁夏回族自治区吴忠市红寺堡区的谭某报警称通过某快递企业邮寄的1500万元的发票包裹丢失，请求帮助找回。民警立即到该快递公司仔细查询了包裹物流信息。原来是快递员因为疏忽，不慎将包裹错投给红寺堡镇的马某某。

民警联系马某某获知，马某某收到过一个包裹，但因为不是自己的东西，摸着好像又没有什么东西，随手便将未拆封包裹丢到门前的垃圾桶中。获得这一信息，民警又联系环卫部门确定该区域的垃圾中转站位置，在垃圾中转站、废品收购站等地继续寻找该包裹。经过3个多小时的努力，该包裹在垃圾中转站内被找到，包裹内的1500

万元发票完好无损。

资料来源：http：//nxwz. wenming. cn/dfcz/201811/t20181113_ 5542038. shtml.

（七）错、漏收取应收款的处理

派送后发现错、漏收取应收款的情况，应立即与客户联系，真诚地向客户致歉并说明错、漏收取应收款的情况，争取客户的谅解与支持，约定款项结算时间。

四、派送后续处理

（一）无法派送的快件

无法派送的快件，一般是指快件到达营业网点后，遇特殊情况不能正常派送，需要退回寄件人或按照寄件人注明的要求进行相应处理的快件。

1. 无法派送快件的处理方法

（1）首次无法派送时，应主动联系收件人，约定再次派送的时间。快递员须将无法派送的快件进行正确批注后带回营业网点，交予仓管员处理。

（2）第二次派送仍不成功，可通知收件人自取，并告知收件人自取的地点和工作时间。收件人仍需要上门派送的，事先告知收件人收费标准和服务费用，收件人同意后，按正常流程派送，并收取加收的服务费用。

（3）若联系不到收件人或收件人拒收快件，快递企业应在彻底延误时限到达之前联系寄件人，协商处理办法和费用，主要包括：寄件人放弃快件的，应在快递企业的放弃快件声明上签字，快递企业凭放弃快件声明处理快件；寄件人需要将快件退回的，应支付退回的费用。

2. 无法派送快件处理的注意事项

（1）一般快件的退回是由于拒付到付运费、客户迁移等无法派送，电子商务快件多是由于客户对商品不满意而进行的退、换货。退回批注时，要区分引起退回的原因，明确责任。

（2）在确定为无法派送的快件前，必须联系收件人。如果无法联系到收件人，应在运单上批注原因。

（3）收件人不接电话、关机，应保留电话拨打记录，以便明确责任。

（4）因快件派送要求与快递企业运营规则冲突而导致快件无法派送时，应向收件人做出解释，并与客户协商到网点自取。

3. 无法派送快件的移交与保管

（1）无法派送快件的移交。

快递员在规定的时间，将当班次无法成功派送的快件带回营业网点，向仓管员移交无法成功派送的快件，并在交接记录表上签字。

仓管员对交回的快件进行检查，检查外包装是否破损，并对快件进行复重，核对快件重量与运单重量是否相符。若有明显差异，需要快递员确认签字，并检查外包装是否破损或有物品外露。

仓管员对交回的无法派送快件进行接收并入仓扫描，将扫描数据上传信息系统。须将无法派送快件信息上报至客服部门，并跟进处理。

（2）无法派送快件的保管。

无法派送的快件必须存放在营业网点指定的库房或笼车内。存放快件的库房或笼车必须加锁，钥匙由专人保管。

对存放在营业网点无法派送的快件定期进行盘点，将盘点结果汇总并与客服部门进行核对。

（二）上交运单底联

快递员返回营业网点后，对当班次成功派送快件的“派件存根联”进行整理，审核无误后，交予网点仓管员进行归档。

（1）整理运单。按照寄付、到付、代收货款、代缴关税等对运单底联进行分类整理。

（2）核对数量。核对运单与无法派送快件的数量之和，是否与派送前交接的快件总数平衡一致。如果数量不一致，须及时找出数量不符的原因并跟进处理。

（3）核对签收信息。逐票核对运单是否有收件人（代收人）签名及签名是否清晰、完整。如果字迹潦草难以辨认，快递员应用正楷加以注明。电子运单需确认完成签收操作。

（4）运单交接。快递员将装订好的运单交予网点仓管员，办理交接手续。

（三）款项交接

快递员完成派件后须在当班次将收取的到付资费、代收货款、代缴关税等应收款与财务人员进行结算，必须当日结清，以保证企业资金正常流转。款项交接流程如下。

（1）整理收款资料。快递员整理当班次派送快件的收款资料。

（2）清点资金。清点当班次收取的资金，包括现金、支票、电子支付、POS 机收款票据等。

（3）资金核对。将收取的资金与收款资料进行核对，检查有无漏收款的快件。

（4）领取交款清单。向财务人员领取本人当班次收取的到付款、代收货款、代缴关税等快件交款清单。

（5）核对交款清单。将交款清单应收款项逐一与快件收款资料进行核对，如有差异，及时查清差异原因，进一步跟进处理。

（6）交款签字。按交款清单移交资金。移交支票时，须在交款清单中登记支票号码。款项移交完毕，核验无差错，交接双方在交款清单上签字。

参考文献

［1］国家邮政局．快递封装用品　第 1 部分：封套：GB/T 16606.1—2018［S］．北京：中国标准出版社，2018.

［2］国家邮政局．快递封装用品　第 2 部分：包装箱：GB/T 16606.2—2018［S］．北京：中国标准出版社，2018.

［3］国家邮政局．快递封装用品　第 3 部分：包装袋：GB/T 16606.3—2018［S］．北京：中国标准出版社，2018.

［4］国家邮政局．快递末端投递服务规范：YZ/T 0145—2015［S/OL］．［2020 - 03 - 17］http：//www.spb.gov.cn/zcfg/ghjbz/201508/W020150914620961811173.pdf.

［5］国家邮政局．快递安全生产操作规范：YZ 0149—2015［S/OL］．［2020 - 03 - 17］http：//www.spb.gov.cn/zcfg/ghjbz/201508/W020160127359605709021.pdf.

［6］国家邮政局．快递专用电动三轮车技术要求：YZ/T 0136—2014［S/OL］．［2020 - 03 - 17］http：//www.spb.gov.cn/zcfg/ghjbz/201508/W0201508063961661776 67.pdf.

［7］国家邮政局．快递代收货款服务规范：YZ/T 0134—2013［S/OL］．［2020 - 03 - 17］http：//www.spb.gov.cn/zcfg/ghjbz/201508/W020150806396167423691.pdf.

［8］国家邮政局．智能快件箱：YZ/T 0133—2013［S/OL］．［2020 - 03 - 17］http：//www.spb.gov.cn/zcfg/ghjbz/201508/W020150806396168758952.pdf.

［9］国家邮政局．快递电子运单：YZ/T 0148—2015［S/OL］．［2020 - 03 - 17］http：//www.spb.gov.cn/zcfg/ghjbz/201508/W020160127359605748182.pdf.

［10］高斌、陶伯刚．快递服务概论［M］．北京：人民邮电出版社，2013.

［11］杨萌柯，周晓光，刘艳辉．智能快递柜管理系统实训［M］．北京：北京大学出版社，2017.

［12］杨国荣，徐兰．快递实务［M］．2 版．北京：北京理工大学出版社，2017.

［13］中华人民共和国国务院．快递暂行条例［M］．北京：法律出版社，2018.

附　录

附录一　快递行业特许经营（加盟）合同（示范文本）

GF－2011－2511

快递行业特许经营（加盟）合同

（示范文本）

国　家　邮　政　局
国家工商行政管理总局　制定

二〇一一年二月

使用说明

1. 本合同文本为示范文本，依据《中华人民共和国合同法》《中华人民共和国商标法》《商业特许经营管理条例》（国务院令第 485 号）、《快递市场管理办法》（交通运输部令 2008 年第 4 号）、《快递业务经营许可管理办法》（交通运输部令 2009 年第 12 号）以及《快递服务》邮政行业标准制订，供当事人签约使用或参考。

2. 本合同中的空白行，供双方当事人填写，以对本合同条款进行选择和补充约定。合同签订生效后，被选择的条款和补充约定的内容视为双方同意的内容。

3. 双方关于快递服务操作规程有具体约定的，作为本合同附件，附在合同正文之后，与本合同具有同等的法律效力。

快递行业特许经营（加盟）合同

合同编号：________________

特许人（加盟授权方）：______________________________
注册地址：______________________________
邮政编码：______________________________
营业执照注册号：______________________________
快递业务经营许可证号：______________________________
法定代表人：____________________联系电话：____________________
电子邮箱：______________________________

被特许人（加盟方）：______________________________
注册地址：______________________________
邮政编码：______________________________
营业执照注册号：______________________________
快递业务经营许可证号：______________________________
法定代表人：____________________联系电话：____________________
电子邮箱：______________________________

特许人与被特许人本着自愿、平等、公平和诚实信用原则，经过充分友好协商，签订本特许经营（加盟）合同。

1. 特许人（加盟授权方）具备的条件

1.1　特许人系依法设立、取得快递业务经营许可证，并有权在第3.1条规定的地域范围内从事快递业务的的企业法人。

1.2　特许人拥有__________快递特许经营权，包括注册商标__________（名称及权属证书号）、企业标志__________（名称、图形）、专利__________（专利号）、专有技术__________（名称及权属证书号）、经营模式等经营资源。

1.3　特许人在中国境内拥有至少2家从事快递服务1年以上的直营店或者由其子公司、控股公司建立的快递服务直营店。

2. 被特许人（加盟方）具备的条件

2.1 被特许人系依法设立、取得快递业务经营许可证的企业法人。

2.2 被特许人具备从事快递服务的经营场所，该经营场所的地址__________，建筑面积_____平方米，营业面积_____平方米。被特许人应当及时向特许人提供经营场所的权属证明。

2.3 被特许人至少拥有熟悉快递服务业务的员工__________名。

2.4 被特许人至少配备供快递服务使用的电话__________部（号码附后）；手机__________部（号码附后），如遇号码变更，被特许人应及时通知特许人。

2.5 被特许人拥有不低于人民币__________万元的注册资金。

2.6 被特许人拥有从事快递服务的机动车__________部（车牌号附后）。

2.7 被特许人拥有与特许人快递服务计算机信息系统网络接入的设施设备。

3. 特许经营权的授予

3.1 在__________（区域或四至）地域范围内，特许人将拥有的：

注册商标权；

企业标记权；

专利权；

其他权利__________

在内的特许经营权授予被特许人独占性使用。被特许人可以在快件揽收与派送、员工制服、经营场所装潢装饰、广告宣传及推广、__________等方面使用特许人已授予的特许经营权。

3.2 未经特许人同意，被特许人不得改变特许人所授予的特许经营权的相关内容，不得扩大特许人授予的特许经营权使用范围。

3.3 特许人应当自本合同签订之日起__________日内，将有关特许经营权的权属证明及其他资料交付被特许人。

4. 合同期限

4.1 本特许经营合同有效期自_____年_____月_____日起至_____年_____月_____日。

4.2 任何一方提出在合同期间解除合同的，应当至少提前__________日用书面形式向对方提出，经双方协商一致，合同终止。

5. 特许经营费

被特许人应当自合同生效后__________日内，按以下第__________种方式向特许人支付特许经营费：

（1）自合同签订之日起_____日内，向特许人一次性支付特许经营费人民币_____元。

（2）被特许人按定期于每年__________月分期向特许人支付特许经营费人民币__________元。

（3）其他方式__________。

6. 履约保证金

双方就履约保证金的约定，具体内容见附件 1。

7. 特许人的义务

7.1 特许人应当向被特许人提供以下__________特许经营产品及服务，并保证其所提供的产品和服务没有品质或权利上的瑕疵：

（1）完整的企业识别及管理系统（硬件及软件）。

（2）统一的经营模式、快递网络使用指导及员工培训。

（3）充足、连续、保证质量的物料供应。

（4）统一的店面装潢、人员着装及设备采购。

（5）统一的广告宣传及促销支持。

（6）异地快件的运输、中转（含仓储）及派送服务。

（7）其他______________________________。

7.2 特许人应当自合同签订之日起__________日内，向被特许人提供有关经营模式、管理制度、店面装潢形式、人员着装标准、网络接入方式等有关特许经营体系的书面资料（经营手册），该书面资料作为本合同的附件，为特许人承诺的一部分。

7.3 本合同有效期内，特许人应当对被特许人或其指定的人员提供不少于__________次或__________次/年的统一培训。

7.4 特许人在特许经营过程中，应当及时向被特许人披露有关特许经营权的重大变化、所涉及的诉讼或仲裁及其他可能对被特许人有重大影响的信息。

7.5 特许人应当自本合同订立之日起 15 日内，按照《商业特许经营管理条例》的规定，向有关行政主管部门备案。

8. 被特许人的义务

8.1 被特许人应当按照特许人订立的收费标准对外开展业务，不擅自提高或降低收费标准。

8.2 被特许人应当按照特许人订立的费用结算标准，按__________（日/月/年）与特许人以及特许人的其他被特许人进行费用结算。

8.3 被特许人在快递服务过程中应当使用由特许人或特许人指定的供应商供应的详情单、封套等物料；未经特许人同意，不使用其他来源的物料。

8.4 被特许人遇股东、经营场所、注册资本等发生变更，遭遇重大债权债务纠纷，或发生与快递经营有关的其他事项的变更，应当及时告知特许人。

8.5 在合同期间以及合同终止后__________（年/月）内，被特许人及其雇员应当保守其所掌握的特许人的商业秘密；未经特许人同意，不披露、使用或者允许他人使用该商业秘密。

8.6 未经特许人同意，被特许人不将特许人授予的特许经营权转让给第三方。

8.7 在本合同有效期内，未经特许人同意，被特许人不使用自己的品牌从事快递服务，也不同时代理其他快递服务公司的快件派送业务，双方当事人另有约定的除外。

8.8 被特许人应当按照特许人订立的服务标准揽收和派送快件。被特许人应当接受特许人对其服务质量进行的检查，对违反特许人服务标准的行为，应当予以改正。

8.9 被特许人应当按照特许人要求的时间、形式保存快递详情单等原始资料，并定期向特许人报送各种报表。

9. 广告宣传

9.1 特许人对其品牌形象进行推广和宣传，可以向被特许人收取广告费，双方约定广告费的收取标准、数额及交付方式如下：____。

9.2 被特许人可以发布与其快递服务有关的宣传广告，可能涉及特许人的知识产权、经营理念、商业秘密等内容时，应当经过特许人审查同意后方可发布。

10. 合同的变更和解除

10.1 双方协商一致，可以书面形式变更本合同的相关条款。

10.2 被特许人可以在本合同订立之日起__________日内向特许人提出无条件解除合同的请求。

10.3 特许人未按照约定向被特许人交付特许经营的权属证明、特许经营体系资料等相关资料，经被特许人书面催告后，特许人仍未交付或提供，导致被特许人无法从事快递服务业务的，被特许人有权书面通知特许人解除合同。

10.4 特许人的特许经营体系存在瑕疵，导致被特许人无法继续从事快递服务活动的，被特许人有权书面通知特许人解除合同。

10.5 被特许人无法达到特许人有关服务质量标准的要求，经督促后__________日内仍无明显改善，已经或可能影响特许人的整体运营形象的，特许人有权书面通知被特许人解除合同。

10.6 被特许人未按合同约定交付本合同项下的各种费用，经特许人书面催告后__________日内仍未交付的，特许人有权单方解除合同。

11. 违约责任

11.1 被特许人擅自超出合同约定的地域范围揽收快件，对特许人及特许人的其他直营店、被特许人造成损失的，应当对损失予以赔偿。

11.2 被特许人未经特许人同意，擅自提高或降低收费标准，对特许人及特许人的其他直营店、被特许人造成损失的，应当对损失予以赔偿。

11.3 被特许人未经特许人同意，披露、使用或者允许他人使用特许人的商业秘密，给特许人造成重大损失的，应当对损失予以赔偿。

11.4 未经特许人同意，被特许人擅自将特许经营权转让给第三方，应当向特许人支付违约金__________元。

11.5 未经特许人同意，被特许人以自有品牌从事快递服务，或者代理其他同类公司快递业务的，应当向特许人支付违约金__________元。

11.6 特许人未按照本合同约定向被特许人提供经营指导、业务培训与协助的，应当向被特许人支付违约金__________元。

11.7 特许人未按照本合同约定向被特许人提供特许经营体系的书面资料，经被特许人书面催告后在__________日内仍未履行的，应当向被特许人支付违约金__________元。

11.8 特许人提供的知识产权、物料及其他特许经营产品存在瑕疵，对被特许人的经营活动造成损失的，应当对损失予以赔偿。

11.9 任何一方未按照本合同约定向对方进行信息披露，给对方造成损失的，应当对对方的损失予以赔偿。

12. 争议解决方式

与本合同有关的一切争议，双方应当协商解决，也可向有关部门或行业协会申请调解；协商或调解不成的，按下列第__________种方式解决：

（1）将争议提交__________仲裁委员会仲裁。

（2）依法向__________人民法院起诉。

13. 其他

本合同一式__________份，双方各持__________份，具有同等的法律效力。

特许人：____________________ 被特许人：____________________

法定代表人：____________________ 法定代表人：____________________

委托代理人：____________________ 委托代理人：____________________

签约日期：____________________ 签约日期：____________________

签约地点：____________________

附件 1：

1. 被特许人自合同签订之日起__________日内，向特许人缴纳履约保证金元。

2. 被特许人应当在银行开设专门账户（账户号：__________）存放履约保证金，履约保证金只能用作以下用途：

____

____

3. 履约保证金的使用方式（程序）：

____

4. 双方对履约保证金的使用有争议时：

____

____

5. 保证金少于______________时，被特许人应当在收到特许人书面通知后______________日内补足。

6. 履约保证金的归还方式：

____

____

7. 履约保证金未能足额按时归还的：

____

____

8. 履约保证金未按约定的用途使用的：

____

____

附录二 某快递企业运单背书

《国内标准快递邮件服务协议》

1. 本《详情单》经寄件人填写后，即成为寄件人与承运人之间订立的合约。本单仅在寄递国内标准快递邮件（以下简称“邮件”）时使用。

2. 寄件人应如实申报所交寄的邮件内容，并准确、详细填写（打印）各项相关内容，不得对所填写（打印）内容进行涂改。因虚假申报（或涂改）产生的法律后果，由寄件人自行承担。

3. 寄件人对交寄的邮件应采用适于运输的足以保护邮件的包装方式进行包装。

4. 寄件人不得寄递具有爆炸性、易燃性、腐蚀性、放射性、毒性的危险品、枪支弹药、毒品、淫秽制品等以及麻醉药品、精神药物、现金、金银及一切国家法律、法规、快递行业主管部门及其他部门规定的禁、限寄物品，违法交寄的法律后果由寄件人承担。承运人收寄邮件时有权依法验视内件，寄件人拒绝验视的，承运人有权拒收。

5. 因国家安全或追查刑事犯罪的需要，承运人有义务配合国家相关行政机关对邮件进行检查及处理。

6. 因承运人原因发生邮件丢失、内件短少、损毁，或邮件传递时限超出承运人承诺时限标准的，承运人将承担赔偿责任，但以下情况除外：

（1）因不可抗力造成损失的（保价邮件除外）。

（2）寄递的物品违反禁寄和限寄规定，被国家行政机关没收或依照有关法律法规处理的。

（3）外包装完好，而内件短少或损毁，签收人签收时未提出异议的。

（4）因寄件人或收件人过失以及所寄物品本身原因造成邮件损失或延误的。

（5）因寄件人填写收、寄件人名址、联系电话不全、错误，导致邮件延误的。

（6）客户自寄件之日起满一年未查询又未提出赔偿要求的。

（7）任何由于邮件的丢失、短少、损毁和延误等原因造成的其他损失或间接损失。

（8）超过寄递限额以上部分的损失。

7. 寄件人单件交寄物的价值限定为5万元。贵重物品务必保价，承运人无审核交寄物价值的能力和义务。承运人按交寄物声明价值的千分之五收取保价费（最低收取1元人民币）。未按规定交纳保价费的邮件，不属于保价邮件。

8. 因承运人原因造成邮件丢失、短少、损毁或延误的，按下列标准进行赔偿：

（1）保价邮件发生丢失、完全损毁的，按保价金额进行赔偿；部分损毁或短少的，按声明价值比例赔偿。

（2）未保价邮件发生丢失、损毁或短少的，按实际损失价值赔偿，最高赔偿金额不超过所付邮费的三倍。

（3）邮件发生延误的（以对外公布的全程时限为标准），免除本次邮费（不含包装箱、单式、保价费等附加费用）。

（4）一票多件邮件的赔偿按与协议客户签订的协议执行。

9. 已按实际价值或声明价值获得赔偿的邮件，其所有权及其相应的其他权利在理赔后即按比例转移到承运人所有。

10. 寄件人或其指定付款人不得以理赔尚未结束或其他理由拒付邮件寄递费用。

11. 寄件人或其指定付款人不支付寄递费用的，承运人对邮件享有留置权。

12. 寄件人可选择不同的付款方式，但如果收件人或和三方不履行付款责任时，寄件人应当支付本邮件寄递费用。

13. 计费重量的确认：以邮件经包装后的实际重量（毛重）与其体积重量相比较，取其大者。体积重量的计算公式为：体积重量（kg）＝长（cm）×宽（cm）×高（cm）/6000。

14. 寄递物实际价值是指其本身的价值，不包括其可能获得的收益、利润、实际用途或在市场上任何其他或间接价值，或特殊的商业价值。

15. 本单第三联为交寄邮件的凭证，凭此联或收据可在邮件交寄之日起一年内办理查询，逾期不再办理。

16. 无法投递的邮件，若联系不到寄件人，或寄件人不作出明确指示的，承运人有权依据国家相关法律法规等的规定对邮件进行处理。

17. 本协议未作规定的，按照国家相应的法律法规及承运人相关规定执行。

18. 因本协议产生的争议由本协议签订地有管辖权的人民法院管辖。

附录三　国家和地区名称代码

序号	中文简称	英文简称	两字母代码	三字母代码	数字代码
	A				
1	阿富汗	Afghanistan	AF	AFG	004
2	奥兰群岛	Åland Islands	AX	ALA	248
3	阿尔巴尼亚	Albania	AL	ALB	008
4	阿尔及利亚	Algeria	DZ	DZA	012
5	美属萨摩亚	American Samoa	AS	ASM	016
6	安道尔	Andorra	AD	AND	020
7	安哥拉	Angola	AO	AGO	024
8	安圭拉	Anguilla	AI	AIA	660
9	南极洲	Antarctica	AQ	ATA	010
10	安提瓜和巴布达	Antigua And Barbuda	AG	ATG	028
11	阿根廷	Argentina	AR	ARG	032
12	亚美尼亚	Armenia	AM	ARM	051
13	阿鲁巴	Aruba	AW	ABW	533
14	澳大利亚	Australia	AU	AUS	036
15	奥地利	Austria	AT	AUT	040
16	阿塞拜疆	Azerbaijan	AZ	AZE	031
	B				
17	巴哈马	Bahamas	BS	BHS	044
18	巴林	Bahrain	BH	BHR	048
19	孟加拉国	Bangladesh	BD	BGD	050
20	巴巴多斯	Barbados	BB	BRB	052
21	白俄罗斯	Belarus	BY	BLR	112
22	比利时	Belgium	BE	BEL	056
23	伯利兹	Belize	BZ	BLZ	084
24	贝宁	Benin	BJ	BEN	204
25	百慕大	Bermuda	BM	BMU	060
26	不丹	Bhutan	BT	BTN	064
27	玻利维亚	Bolivia	BO	BOL	068
28	波黑	Bosnia And Herzegovina	BA	BIH	070
29	博茨瓦纳	Botswana	BW	BWA	072

续 表

序号	中文简称	英文简称	两字母代码	三字母代码	数字代码
30	布维岛	Bouvet Island	BV	BVT	074
31	巴西	Brazil	BR	BRA	076
32	英属印度洋领地	British Indian Ocean Territory	IO	IOT	086
33	文莱	Brunei	BN	BRN	096
34	保加利亚	Bulgaria	BG	BGR	100
35	布基纳法索	Burkina Faso	BF	BFA	854
36	布隆迪	Burundi	BI	BDI	108
	C				
37	柬埔寨	Cambodia	KH	KHM	116
38	喀麦隆	Cameroon	CM	CMR	120
39	加拿大	Canada	CA	CAN	124
40	佛得角	Cape Verde	CV	CPV	132
41	开曼群岛	Cayman Islands	KY	CYM	136
42	中非	Central African Republic	CF	CAF	140
43	乍得	Chad	TD	TCD	148
44	智利	Chile	CL	CHL	152
45	中国	China	CN	CHN	156
46	圣诞岛	Christmas Island	CX	CXR	162
47	科科斯（基林）群岛	Cocos（Keeling）Islands	CC	CCK	166
48	哥伦比亚	Colombia	CO	COL	170
49	科摩罗	Comoros	KM	COM	174
50	刚果（布）	Congo	CG	COG	178
51	刚果（金）	Congo，The Democratic Republic Of The	CD	COD	180
52	库克群岛	Cook Islands	CK	COK	184
53	哥斯达黎加	Costa Rica	CR	CRI	188
54	科特迪瓦	Côte D'Ivoire	CI	CIV	384
55	克罗地亚	Croatia	HR	HRV	191
56	古巴	Cuba	CU	CUB	192
57	塞浦路斯	Cyprus	CY	CYP	196
58	捷克	Czech Republic	CZ	CZE	203
	D				
59	丹麦	Denmark	DK	DNK	208

续 表

序号	中文简称	英文简称	两字母代码	三字母代码	数字代码
60	吉布提	Djibouti	DJ	DJI	262
61	多米尼克	Dominica	DM	DMA	212
62	多米尼加	Dominican Republic	DO	DOM	214
	E				
63	厄瓜多尔	Ecuador	EC	ECU	218
64	埃及	Egypt	EG	EGY	818
65	萨尔瓦多	El Salvador	SV	SLV	222
66	赤道几内亚	Equatorial Guinea	GQ	GNQ	226
67	厄立特里亚	Eritrea	ER	ERI	232
68	爱沙尼亚	Estonia	EE	EST	233
69	埃塞俄比亚	Ethiopia	ET	ETH	231
	F				
70	福克兰群岛（马尔维纳斯）	Falkland Islands (Malvinas)	FK	FLK	238
71	法罗群岛	Faroe Islands	FO	FRO	234
72	斐济	Fiji	FJ	FJI	242
73	芬兰	Finland	FI	FIN	246
74	法国	France	FR	FRA	250
75	法属圭亚那	French Guiana	GF	GUF	254
76	法属波利尼西亚	French Polynesia	PF	PYF	258
77	法属南部领地	French Southern Territories	TF	ATF	260
	G				
78	加蓬	Gabon	GA	GAB	266
79	冈比亚	Gambia	GM	GMB	270
80	格鲁吉亚	Georgia	GE	GEO	268
81	德国	Germany	DE	DEU	276
82	加纳	Ghana	GH	GHA	288
83	直布罗陀	Gibraltar	GI	GIB	292
84	希腊	Greece	GR	GRC	300
85	格陵兰	Greenland	GL	GRL	304
86	格林纳达	Grenada	GD	GRD	308
87	瓜德罗普	Guadeloupe	GP	GLP	312

续 表

序号	中文简称	英文简称	两字母代码	三字母代码	数字代码
88	关岛	Guam	GU	GUM	316
89	危地马拉	Guatemala	GT	GTM	320
90	几内亚	Guinea	GN	GIN	324
91	几内亚比绍	Guinea – Bissau	GW	GNB	624
92	圭亚那	Guyana	GY	GUY	328
	H				
93	海地	Haiti	HT	HTI	332
94	赫德岛和麦克唐纳岛	Heard Island and McDonald Islands	HM	HMD	334
95	梵蒂冈	Vatican	VA	VAT	336
96	洪都拉斯	Honduras	HN	HND	340
97	中国香港	Hong Kong	HK	HKG	344
98	匈牙利	Hungary	HU	HUN	348
	I				
99	冰岛	Iceland	IS	ISL	352
100	印度	India	IN	IND	356
101	印度尼西亚	Indonesia	ID	IDN	360
102	伊朗	Iran	IR	IRN	364
103	伊拉克	Iraq	IQ	IRQ	368
104	爱尔兰	Ireland	IE	IRL	372
105	以色列	Israel	IL	ISR	376
106	意大利	Italy	IT	ITA	380
	J				
107	牙买加	Jamaica	JM	JAM	388
108	日本	Japan	JP	JPN	392
109	泽西岛	Jersey	JE	JEY	832
110	约旦	Jordan	JO	JOR	400
	K				
111	哈萨克斯坦	Kazakhstan	KZ	KAZ	398
112	肯尼亚	Kenya	KE	KEN	404
113	基里巴斯	Kiribati	KI	KIR	296
114	朝鲜	Korea, Democratic People's Republic Of	KP	PRK	408

续　表

序号	中文简称	英文简称	两字母代码	三字母代码	数字代码
115	韩国	Korea, Republic Of	KR	KOR	410
116	科威特	Kuwait	KW	KWT	414
117	吉尔吉斯斯坦	Kyrgyzstan	KG	KGZ	417
	L				
118	老挝	Laos	LA	LAO	418
119	拉脱维亚	Latvia	LV	LVA	428
120	黎巴嫩	Lebanon	LB	LBN	422
121	莱索托	Lesotho	LS	LSO	426
122	利比里亚	Liberia	LR	LBR	430
123	利比亚	Libya	LY	LBY	434
124	列支敦士登	Liechtenstein	LI	LIE	438
125	立陶宛	Lithuania	LT	LTU	440
126	卢森堡	Luxembourg	LU	LUX	442
	M				
127	中国澳门	Macau	MO	MAC	446
128	前南马其顿	Macedonia, The Former Yugoslav Republic Of	MK	MKD	807
129	马达加斯加	Madagascar	MG	MDG	450
130	马拉维	Malawi	MW	MWI	454
131	马来西亚	Malaysia	MY	MYS	458
132	马尔代夫	Maldives	MV	MDV	462
133	马里	Mali	ML	MLI	466
134	马耳他	Malta	MT	MLT	470
135	马绍尔群岛	Marshall Islands	MH	MHL	584
136	马提尼克	Martinique	MQ	MTQ	474
137	毛里塔尼亚	Mauritania	MR	MRT	478
138	毛里求斯	Mauritius	MU	MUS	480
139	马约特	Mayotte	YT	MYT	175
140	墨西哥	Mexico	MX	MEX	484
141	密克罗尼西亚联邦	Micronesia, Federated States Of	FM	FSM	583
142	摩尔多瓦	Moldova	MD	MDA	498
143	摩纳哥	Monaco	MC	MCO	492

续 表

序号	中文简称	英文简称	两字母代码	三字母代码	数字代码
144	蒙古	Mongolia	MN	MNG	496
145	黑山	Montenegro	ME	MNE	499
146	蒙特塞拉特	Montserrat	MS	MSR	500
147	摩洛哥	Morocco	MA	MAR	504
148	莫桑比克	Mozambique	MZ	MOZ	508
149	缅甸	Myanmar	MM	MMR	104
	N				
150	纳米比亚	Namibia	NA	NAM	516
151	瑙鲁	Nauru	NR	NRU	520
152	尼泊尔	Nepal	NP	NPL	524
153	荷兰	Netherlands	NL	NLD	528
154	荷属安的列斯	Netherlands Antilles	AN	ANT	530
155	新喀里多尼亚	New Caledonia	NC	NCL	540
156	新西兰	New Zealand	NZ	NZL	554
157	尼加拉瓜	Nicaragua	NI	NIC	558
158	尼日尔	Niger	NE	NER	562
159	尼日利亚	Nigeria	NG	NGA	566
160	纽埃	Niue	NU	NIU	570
161	诺福克岛	Norfolk Island	NF	NFK	574
162	北马里亚纳	Northern Mariana Islands	MP	MNP	580
163	挪威	Norway	NO	NOR	578
	O				
164	阿曼	Oman	OM	OMN	512
	P				
165	巴基斯坦	Pakistan	PK	PAK	586
166	帕劳	Palau	PW	PLW	585
167	巴勒斯坦	Palestine	PS	PSE	275
168	巴拿马	Panama	PA	PAN	591
169	巴布亚新几内亚	Papua New Guinea	PG	PNG	598
170	巴拉圭	Paraguay	PY	PRY	600
171	秘鲁	Peru	PE	PER	604
172	菲律宾	Philippines	PH	PHL	608
173	皮特凯恩	Pitcairn	PN	PCN	612

续 表

序号	中文简称	英文简称	两字母代码	三字母代码	数字代码
174	波兰	Poland	PL	POL	616
175	葡萄牙	Portugal	PT	PRT	620
176	波多黎各	Puerto Rico	PR	PRI	630
	Q				
177	卡塔尔	Qatar	QA	QAT	634
	R				
178	留尼汪	Réunion	RE	REU	638
179	罗马尼亚	Romania	RO	ROM	642
180	俄罗斯联邦	Russian Federation	RU	RUS	643
181	卢旺达	Rwanda	RW	RWA	646
	S				
182	圣赫勒拿	Saint Helena	SH	SHN	654
183	圣基茨和尼维斯	Saint Kitts And Nevis	KN	KNA	659
184	圣卢西亚	Saint Lucia	LC	LCA	662
185	圣皮埃尔和密克隆	Saint Pierre And Miquelon	PM	SPM	666
186	圣文森特和格林纳丁斯	Saint Vincent And The Grenadines	VC	VCT	670
187	萨摩亚	Samoa	WS	WSM	882
188	圣马力诺	San Marino	SM	SMR	674
189	圣多美和普林西比	Sao Tome And Principe	ST	STP	678
190	沙特阿拉伯	Saudi Arabia	SA	SAU	682
191	塞内加尔	Senegal	SN	SEN	686
192	塞尔维亚	Serbia	RS	SRB	688
193	塞舌尔	Seychelles	SC	SYC	690
194	塞拉利昂	Sierra Leone	SL	SLE	694
195	新加坡	Singapore	SG	SGP	702
196	斯洛伐克	Slovakia	SK	SVK	703
197	斯洛文尼亚	Slovenia	SI	SVN	705
198	所罗门群岛	Solomon Islands	SB	SLB	090
199	索马里	Somalia	SO	SOM	706
200	南非	South Africa	ZA	ZAF	710
201	南乔治亚岛和南桑德韦奇岛	South Georgia And The South Sandwich Islands	GS	SGS	239

续 表

序号	中文简称	英文简称	两字母代码	三字母代码	数字代码
202	西班牙	Spain	ES	ESP	724
203	斯里兰卡	Sri Lanka	LK	LKA	144
204	苏丹	Sudan	SD	SDN	736
205	苏里南	Suriname	SR	SUR	740
206	斯瓦尔巴岛和扬马延岛	Svalbard And Jan Mayen	SJ	SJM	744
207	斯威士兰	Swaziland	SZ	SWZ	748
208	瑞典	Sweden	SE	SWE	752
209	瑞士	Switzerland	CH	CHE	756
210	叙利亚	Syrian Arab Republic	SY	SYR	760
	T				
211	中国台湾	Taiwan, Province of China	TW	TWN	158
212	塔吉克斯坦	Tajikistan	TJ	TJK	762
213	坦桑尼亚	Tanzania	TZ	TZA	834
214	泰国	Thailand	TH	THA	764
215	多哥	Togo	TG	TGO	768
216	托克劳	Tokelau	TK	TKL	772
217	汤加	Tonga	TO	TON	776
218	特立尼达和多巴哥	Trinidad And Tobago	TT	TTO	780
219	突尼斯	Tunisia	TN	TUN	788
220	土耳其	Turkey	TR	TUR	792
221	土库曼斯坦	Turkmenistan	TM	TKM	795
222	特克斯和凯科斯群岛	Turks And Caicos Islands	TC	TCA	796
223	图瓦卢	Tuvalu	TV	TUV	798
	U				
224	乌干达	Uganda	UG	UGA	800
225	乌克兰	Ukraine	UA	UKR	804
226	阿联酋	United Arab Emirates	AE	ARE	784
227	英国	United Kingdom	GB	GBR	826
228	美国	United States	US	USA	840
229	美国本土外小岛屿	United States Minor Outlying Islands	UM	UMI	581
230	乌拉圭	Uruguay	UY	URY	858

续 表

序号	中文简称	英文简称	两字母代码	三字母代码	数字代码
231	乌兹别克斯坦	Uzbekistan	UZ	UZB	860
	V				
232	瓦努阿图	Vanuatu	VU	VUT	548
233	委内瑞拉	Venezuela	VE	VEN	862
234	越南	Viet Nam	VN	VNM	704
235	英属维尔京群岛	Virgin Islands，British	VG	VGB	092
236	美属维尔京群岛	Virgin Islands，U. S.	VI	VIR	850
	W				
237	瓦利斯和富图纳	Wallis And Futuna	WF	WLF	876
238	西撒哈拉	Western Sahara	EH	ESH	732
	Y				
239	也门	Yemen	YE	YEM	887
	Z				
240	赞比亚	Zambia	ZM	ZMB	894
241	津巴布韦	Zimbabwe	ZW	ZWE	716